# 关节维修师

## GUANJIEWEIXIUSHI

主　编：宸　铮

副主编：王成斌

中央民族大学出版社

China Minzu University Press

**图书在版编目（CIP）数据**

关节维修师 / 宸铮主编 . —北京：中央民族大学出版社，2021.6（2022.6 重印）

ISBN 978-7-5660-1856-4

Ⅰ . ①关… Ⅱ . ①宸… Ⅲ . ①关节—运动生理学 Ⅳ . ① G804.2

中国版本图书馆 CIP 数据核字（2020）第 261956 号

**关节维修师**

| | |
|---|---|
| 主　　编 | 宸　铮 |
| 副 主 编 | 王成斌 |
| 策划编辑 | 赵秀琴 |
| 责任编辑 | 陈　琳 |
| 封面设计 | 舒刚卫 |
| 出版发行 | 中央民族大学出版社 |

北京市海淀区中关村南大街 27 号　　邮编：100081

电话：（010）68472815（发行部）　　传真：（010）68933757（发行部）

　　　（010）68932218（总编室）　　　　　（010）68932447（办公室）

| | |
|---|---|
| 经 销 者 | 全国各地新华书店 |
| 印 刷 厂 | 北京鑫宇图源印刷科技有限公司 |
| 开　　本 | 787×1092　1/16　印张：33.75 |
| 字　　数 | 432 千字 |
| 版　　次 | 2021 年 6 月第 1 版　2022 年 6 月第 2 次印刷 |
| 书　　号 | ISBN 978-7-5660-1856-4 |
| 定　　价 | 152.00 元 |

# 序

　　第一次工业革命以来的历次技术革命中蕴藏着一个惊人的"规律"：技术越进步，人们越趋于静止。关于工业革命的标志，第一次是蒸汽机的出现，第二次是电的广泛应用，第三次是计算机和半导体芯片的产生，第四次则是当前大数据和人工智能的大规模采用。闭着眼在大脑中勾勒着四次工业革命的画面，再与之对应回顾人们在每一次工业革命中的生活方式，似乎将那句耳熟能详的"生命在于运动"改为"生命在于静止"，方能更加与当前的第四次工业革命的背景契合。

　　现代社会的便利性诱惑着人们选择毫不费力的生活方式，这是人类的本能。当基本的生活条件得以满足，运动不再是必需的，久坐不动不会立即导致死亡，逃避运动就变得自然而然，从而使人们的身体日渐衰弱。所以，今天的人类很可能处在10多万年前祖先走出非洲以来最不爱运动的时期。从这个角度讲，运动的意义已经不是闲暇时的消遣，不是在朋友圈炫耀马甲线，而是今天的人类平衡现代生活习惯和远古人体设定的一个有效途径。处理好这种平衡，就能显著提升人的生活质量。那么在当前知识呈现几何级数增长的时代背景下，面对着各式各样的训练理念和训练器械，我们该做出何种选择呢？试图通过生物、心理和社会模型了解人的体育运动问题的复杂性，就像通过观察氢和氧了解水一样，无论如何，这个模型都不完美，都有缺陷。因为人类是一个由无数个体组成的复杂而又相互作用的整体，各个部分都并不能展现其整体性和复杂性。本书同样无法解决这个问题，只希望以一个很小的视角为各位读者提供一点体育运动方面的实践参考，仅此而已。

佛陀曾说："众生皆具如来智慧德相，但因妄想、执着，不能证得。"众生皆因执着于一个"我"而产生贪、嗔、痴等诸多妄想，妄想蒙蔽了人的本性中的智慧，以至于人们终日劳作而不得其所。或许我们应该像佛陀那样，适时放下执念，方能大彻大悟。希望阅读本书的人能够放下执念，进而做出智慧之举。

当得知这本书能被出版的时候，自己的内心深处充满了感动和感激。感谢首都体育学院2018级体能主修班安家言、刘唱和田媛的辛勤劳动，他们为本书的动作示范、图片拍摄、编写等做出了巨大贡献；感谢吕振骁同学为本书的图片拍摄提供了上档次的场地，使得本书高质量的拍摄工作能够顺利完成。同时，也期待广大读者多提出宝贵意见。

宸铮

2020年7月

# 目 录

# 第一章　关节维修师概述

　　人们擅长记住那些能够产生立体画面感的文字，而"关节维修师"这五个字似乎可以让人在脑海中勾勒出那么一位手提工具箱的工人正在敲敲打打关节的画面 —— 这也是本书以此命名的原因。本章通过"人类与运动""相邻关节假说"和"关节维修师训练体系"三个部分对全书的核心概念进行提纲挈领式的介绍，进而为后文奠定基础。"人类与运动"部分意在强调人类与运动源远流长的关系，让读者回顾人类进化、发展的历史，理解为什么"我们生活在信息时代，但我们的身体还停留在远古时代"；"相邻关节假说"部分从整体的视角出发，为如何维修关节指明了方向，停留在"形而上者谓之道"的层面；"关节维修师训练体系"部分则是基于前述"道"的指导，讲述"形而下者谓之器"的具体操作方法。

## 第一节　人类与运动

　　大约在135亿年前，经过所谓的"大爆炸"之后，宇宙的物质、能量、时间和空间才成了现在的样子。宇宙的这些基本特征就成了"物理学"的研究对象。在这之后过了大约30万年，物质和能量开始形成复杂的结构，称为"原子"，再进一步构成"分子"。这些原子和分子的故事，以及它们如何互动，形成了"化学"这一学科。大约38亿年前，在这个叫作"地球"的行星上，有些分子结合起来，形成一种特别庞大而又精细的结构，称为"有机体"。有机体的故事就成为"生物学"的研究对象。到了大约7万年前，一些属于"智人"这一物种的生物开始创造更加复杂的架构，称为"文化"。而这些人类文化不断发展，就形成了"历史学"。

在历史上，有三大重要的革命：大约7万年前，"认知革命"让历史正式启动。大约1万年前，"农业革命"让历史加速发展。而到了大约500年前，"科学革命"可以说为历史画下句点而另创新局。基于三大重要革命，我们似乎可以将人类分为三类：狩猎采集者、农民和现代人。

毫无疑问，漫长的狩猎采集时代是人类运动量最大的时期。这段漫长的时间塑造了当今人类的身体：狩猎让男性的骨盆更窄，这样一来，人在奔跑时因为身体的重心更接近脚掌而更加省力；男性宽阔的肩膀有利于投掷出可置野兽于死地的长矛。相应地，女性则拥有纤细的腿部，让她们在采集时拥有更好的耐力，从而能采集更大的面积。在大约8000年前，人类进入了农业时代，运动形式发生了巨大的改变，双腿奔跑被躬耕于陇亩的腰部运动取代，各种腰椎病开始出现。而在工业时代，机器逐渐取代了人力劳动，人的运动量更是大幅减少了，尤其在电视被发明了之后，人类开始长时间在电视前静坐。直到今天的信息时代，越来越多的人以桌面办公为生，窝在沙发里或躺在床上玩手机成为他们最主要的娱乐方式。从弓箭、锄头、扳手到笔记本电脑，人类的生产工具演化的副产品就是人类总体的运动量降到了历史最低点。比如芬兰这个国家以跑步为传统运动，但现在的情形是跑步的基因没有在芬兰消失，跑步的文化却消失了。这种趋势呈现在人类社会的整体层面，只是不同国家因生产力发展的程度不同而有所差异。

我们生活在信息时代，但我们的身体还停留在远古时代。现代人的身体里还保留着原始人对糖的渴望，而当今社会生产糖的能力已经是过去的一万倍。我们的身体是为运动而形成的，但在这个物欲横流的时代，人们能坐着就不站着，能打电子游戏就不出去运动，能开车接送就不让孩子步行上下学。这种以"静"为主导的生活方式给人们的健康带来了诸多问题，比如肥胖、抑郁、心血管疾病、过劳死等。事实上，现代化的生活方式并不会妨碍人们追求健康，是人们自己选择了开车出门而非步行，自己选择了推婴儿车出门，而非抱着孩子，自己选择了推购物车购买食品，而非肩背手提，自己选择了窝在沙发里，而非站立或行走 …… 现代社会的便利性诱惑着人们选择毫不费力的生活方式，这是人类的本能。当基本的生活条件（如食物、水和住宅）得以满足，运动不再是必需的，换言之，当久坐不动不会立即导致死亡，逃避运动就变得自然而然，从而使人们的身体日渐衰弱。更具讽刺性的是，这种衰弱的过程尽管并不会让人体产生明显的不舒服的感觉，或削弱人体显而易见的运动功能，但从长远来看，会改变当前人体所具有的结构和运动功能。尽管当前尚无支持该观点的直接证据，但有效证据不足不等于证据不存在。在天文学中，当科学家们发明了红外线望远镜后，他们就能够检测到成千上万个以前从来没见过的星星。这些星星一直都在，但人们只有用特定的仪器才能检测到。换句话说，研究人员能看到什么很大程度上取决于他们怎样去看。

所以，今天的人类很可能处在10多万年前祖先走出非洲以来最不爱运动的时期。从这个角度讲，运动的意义已经不是闲暇时的消遣，不是在朋友圈炫耀马甲线，而是今天的人类平衡现代生活习惯和远古人体设定的一个有效途径。处理好这种平衡，就能显著提升人的生活质量。那么在当前知识呈现几何级数增长的时代背景下，面对着各式各样的训练理念和训练器械，我们该做出何种选择呢？试图通过生物、心理和社会模型了解人的体育运动问题的复杂性，就像通过观察氢和氧了解水一样，无论如何，这个模型都不完美，都有缺陷。因为人类是一个由无数个体组成的复杂而又相互作用的整体，各个部分都并不能展现其整体性和复杂性。本书同样无法解决这个问题，只希望以一个很小的视角为各位读者提供一点体育运动实践方面的参考，仅此而已。

# 第二节　相邻关节假说

　　相邻关节假说（Joint by Joint Approach）的"假说"指按照预先设定对某种现象进行的解释，即根据已知的科学事实和科学原理对所研究的自然现象及其规律进行推测和说明，并对数据进行详细的分类、归纳与分析，得到一个暂时性的可以被接受的解释。过去几年里，有很多知名人士在不同的场合讨论过关节灵活性（Mobility）与稳定性（Stability）的重要性，如Stuart McGill，Mike Boyle，Gray Cook，Bill Hartman，Eric Cobb等。在刚开始的阶段，有关灵活性和稳定性的讨论风潮只是静静地发展；现在却热热闹闹地出现了泥沙俱下的局面。因此，在进行体能评估之前，我们首先要理解关节灵活性和稳定性到底是什么。实际上，灵活性和稳定性同时体现在人体的每一个关节上，灵活性和稳定性是不可分离的，就像一枚硬币的两面。在自然状态下，人体不会缺乏灵活性和稳定性。试图提高一个关节的灵活性，就会同时牺牲它的稳定性。而一个关节越是稳定，它的灵活性也就越差。

　　关节灵活性体现在制造所需动作上，关节稳定性体现在避免做出不想做出的动作上。影响关节灵活性的因素包括关节结构、软组织长度、对周围肌群的神经控制；关节稳定性则包括主动和被动两部分，被动约束包括对关节囊、韧带和关节结构本身的控制，主动约束则包括对关节周围神经、肌肉的控制。

每个关节都是为某一个具体的目标而服务的 —— 去制造某一种动作。Michael Boyle提出了"基于关节的训练"，把这个概念提到了一个新的高度。简言之，这种训练的主旨是：有些关节需要更多的灵活性训练，有些关节需要更多的稳定性训练。更有趣的是，关节对灵活性和稳定性训练的需求是交替出现的。如果需要提高一个关节的灵活性，那么就需要提高它周围 —— 上方和下方的关节的稳定性；反之亦然。这种分析简单易懂，却招致了很多诽谤，大多数出自那些坚持教条的人和那些并没有完全理解这些概念的人。不幸的是，有些人似乎认为"基于关节的训练"是非黑即白的。如果"基于关节的训练"提出需要提高髋关节的灵活性，那么就需要对它进行更多的灵活性训练；但是，也有些人的髋关节灵活性过强，因此需要提高它的稳定性。"基于关节的训练"为每个关节需要进行的动作提供了一个基本的框架，但它不能被直接套用在每个人身上；就每个人的情况而言，首先必须进行正确的评估。提供框架不能代替评估，它的价值是帮助我们更快、更有效地了解各关节的一般性需求。它很简单，却也不像我们想象中那么简单。让我们以膝关节为例来说明。根据"基于关节的训练"，我们需要提高膝关节的稳定性。但是，如果膝关节在矢状面的灵活性（屈、伸）不足，受伤的风险就会提高。我们需要提高膝关节的稳定性，这只是泛泛而谈。严格地说，我们需要提高它在冠状面和水平面上的稳定性，提高它在矢状面上的灵活性。或许那些需要"灵活"的关节与需要"稳定"的关节相比，需要更多的在多个平面上做动作的自由度（见表1-1和图1-1）。看问题不能非黑即白，灰色区域是必然存在的。

表 1–1    关节灵活性与稳定性

| 关节名称 | 关节功能 |
| --- | --- |
| 足 | 稳定性 |
| 踝 | 灵活性 |
| 膝 | 稳定性 |
| 髋 | 灵活性 |
| 腰椎 | 稳定性 |
| 胸椎 | 灵活性 |
| 肩胛骨 | 稳定性 |
| 盂肱关节 | 灵活性 |
| 肘 | 稳定性 |

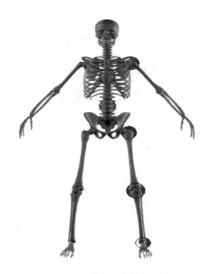

图 1–1    相邻关节假说

对于强调灵活性的关节，在准备活动中可以多进行一些滚动、拉伸等提高关节灵活性的练习；对于强调稳定性的关节，则可以进行一些力量和动作控制的练习，提高关节在动作过程中的控制能力。此外，相邻关节假说可以让我们从另外一个视角来看待损伤：某个关节出现的疼痛，往往是其上下相邻关节出现代偿导致的，腰疼就是一个典型的例子。人们对腰疼一直存在着一种误解 —— 腰背肌力量薄弱。事实并非如此，Stuart McGill经研究发现：有腰疼史的人群的腰背肌力量往往强于健康人群。所以说，腰背肌力量弱并不是导致腰疼的罪魁祸首。对某些经常腰疼的人来说，髋关节灵活性的缺失才是导致腰疼的元凶。换言之，髋关节灵活性的缺失导致腰椎进行代偿运动。其中的真正原因就是以强调灵活性为主的髋关节不再灵活，以强调稳定为主的腰椎承担着强调灵活性的关节的工作。结合一个壶铃练习动作进行解释或许更容易理解。壶铃运动中有一个练习是提箱练习（Suitcase Exercise，见图1-2），练习者采取深蹲姿势，双手提起壶铃（就如同提起一个行李箱一样，所以称之为"提箱练习"），而后身体直立，然后再将壶铃放回地面。这个看似很简单的动作，却要求练习者具有良好的髋关节灵活性。试想一下，如果练习者的髋关节灵活性很差，在深蹲提铃的过程中就无法下蹲至应有的高度去抓握壶铃；但是，在实际训练中，练习者不会关注正确的姿态的保持，而是关注提起壶铃。既然髋关节灵活性限制他们继续向下深蹲，那么他们自然就会通过弯腰的方式让双手达到能够抓握壶铃把手的高度（见图1-3）。此时，腰椎就丧失了应有的稳定性，承担着强调灵活性的髋关节的工作。

图1-2    提箱练习

图1-3    腰部弯曲

人体其他部位的关节同样如此：踝关节灵活性受限会导致膝关节疼痛，髋关节灵活性受限会导致腰部疼痛，胸椎关节灵活性受限会导致颈部或肩部疼痛。从相邻关节假说的视角出发，在进行壶铃运动的过程中，练习者不应该穿限制脚踝运动的鞋子，比如用于保护脚踝的篮球鞋，篮球鞋通过限制踝关节的运动范围来实现保护踝关节的作用。但是其限制了踝关节应该具有的灵活性，导致膝关节出现代偿，所以说，篮球鞋或许是导致很多篮球运动员出现髌股疼痛综合征（Patellofemoral Pain Syndrome，PFPS）的原因之一。而髌股疼痛综合征的出现很容易使运动员在比赛场上出现脚踝扭伤；脚踝扭伤后需要打绷带固定，进一步限制了踝关节的灵活性。这无疑使运动员陷入了"膝疼 — 脚踝扭伤"的恶性循环。

在相邻关节假说中，髋关节是一个较为复杂的关节，虽然该关节以强调灵活性为主，但是髋关节稳定性的缺失也会导致膝关节出现代偿动作。正如上文所提到的那样，髋关节灵活性的缺失会导致腰椎的代偿。具体而言，髋关节灵活性的缺失主要表现在屈和伸的动作中。由于髂腰肌力量弱，髋关节无法完成其自身可以完成的屈髋动作，因此腰椎就会通过代偿来帮助加大屈髋所需要的动作幅度；同理，在伸髋的过程中，臀部肌肉力量薄弱会导致伸髋不足，腰椎也会代偿性地后伸，以弥补髋关节的灵活性。所以说，髋关节灵活性差往往导致腰疼。髋关节稳定性的缺失主要表现为外旋和外展功能差，或者说大腿在髋关节处出现过度内旋和内收的现象。这种过度的内旋和内收会让膝关节在运动中产生代偿，进而导致膝关节疼痛。所以说，髋关节灵活性差会导致腰疼，髋关节稳定性差则会导致膝关节疼痛。

当前针对腰椎部位的训练方法值得深刻反思。这里说"腰椎部位"或许有点不符合当下国内的训练语境。换句话说，当前针对腰腹部位的训练方法是值得商榷的。根据相邻关节假说，腰椎部位是以强调稳定性为主的关节。如果说相邻关节假说的这种解释依然不能够说服某些人，那么物理治疗界的著名人士 Shirley Sahrmann 的研究成果也证明了腰椎应该以强调稳定性为主，这是不是可以说服剩下的所有人呢？在腰腹力量训练上，人们就像训练肱二头肌等其他肌肉一样，采用仰卧两头起、俯卧背起等向心收缩的方法去训练腰腹力量。这些通过腰椎屈伸和旋转的方式增强腰腹力量的练习方法的目的是让一个本需要稳定的关节变得更加灵活，此为其一；腰椎的屈伸和旋转会对椎间盘产生挤压，将大大提高练习者罹患腰椎间盘突出症的概率，此为其二。除了髋关节灵活性差可能导致腰疼，上述原因或许可以解释另外一些人的腰疼，而且对他们来说，做的练习越多，腰越疼，腰腹力量越强大（纯粹采用上述方式增强腰腹力量），腰越疼。Shirley Sahrmann（2002），Porterfield，DeRosa（1998）等的研究成果都说明了同一个问题：在训练中不提倡采用那些能够提高腰椎灵活性的练习；那些转动腰椎的练习的弊端远大于它们带来的益处，尤其是下肢和骨盆转动，躯干保持不动的练习。

以此类推，人体的胸椎关节应该具有相应的灵活性，这样才能够保证肩胸关节具有与之相应的稳定性，只有肩胸关节具有稳定性，才能保证肩关节具有相应的灵活性。遗憾的是，当下的运动损伤治疗依然处于一种"头痛医头，脚痛医脚"的习惯中。练习者一旦出现踝关节扭伤，多数人只是对其进行冰敷了事，很少有人去考虑脚踝扭伤是否与膝关节有关，更不用说去考究踝关节扭伤与髋关节是否存在联系。这就如同人们听到火灾报警铃声时，不是去寻找起火点，而是将报警器里面的电池抠出来，报警器的铃声就会戛然而止，但是达到灭火的目的了吗？很显然，这种做法只是掩耳盗铃、自欺欺人罢了。

# 第三节　关节维修师训练体系

相邻关节假说的训练体系主要由四个步骤组成：松解技术、拉伸技术、激活技术和整合技术。松解技术用于对关节周围处于高张力状态的肌筋膜组织进行松解，拉伸技术用于增加关节周围肌筋膜组织的延展性、长度和关节活动度，激活技术用于对关节周围处于抑制状态的肌筋膜组织进行训练，整合技术通过动态动作对关节周围所有肌肉的共同协作功能进行再训练。

## 一、松解技术

松解的目的是降低关节周围肌筋膜组织的紧张程度。在现实训练中主要采用的技术是自我筋膜松解技术（如借助泡沫轴），当然还有许多其他的技术同样可以达到该目的，如按摩治疗、关节松动等。

自我筋膜松解已经成为当前健康和健身产业中一个相对普遍、实操性较强的有助于提高关节灵活性的技术。肌体组织创伤会导致炎症，炎症会刺激肌体的疼痛接收器，引发自我保护，使得肌张力提高并引起肌肉痉挛。这种肌肉痉挛并不像小腿抽筋那样，它是特定肌肉中某些位置的肌梭活性加剧而形成的一种微观痉挛。微观痉挛会导致软组织粘连（即形成所谓的"扳机点"），这种粘连形成了一种脆弱、弹性较小（无法拉伸）的集合，从而降低了该软组织的正常弹性，导致关节周围肌肉的长度和张力关系的改变（交互抑制的改变）、力偶关系的改变（协同主导）和关节运动功能障碍（关节运动的改变）。根据戴维斯（Davis）定律：软组织会根据应力作用线排列成形，如果任其发展，这些粘连会在软组织中形成永久性的结构变化。而自我筋膜松解技术可以帮助"松开"有创伤的组织产生的微观痉挛，同时"打破"在累计损伤循环中形成的筋膜粘连，从而通过后续的拉伸技术促进软组织延展能力的增强。具体而言，自我筋膜松解的作用可以表现在以下两个方面：第一，有助于松解扳机点，抑制肌梭活动；第二，有助于其他身体系统发生联动作用。

（一）有助于自我松解筋膜，抑制肌梭活动

自我筋膜松解被认为是通过特定强度、特定量和特定时间的持续压力来产生对肌梭的抑制作用，并减少伽马环路的活动。研究表明，高强度（最大疼痛阈值）、短时间（30秒）或低强度（最小疼痛阈值）、长时间（90秒）地使用外物进行缺血性按压显著降低了疼痛程度和扳机点敏感性。而且，自我筋膜松解与拉伸技术被同时应用能够显著增加关节活动度。

在实际应用过程中我们发现，在一段时间内持续按压组织的酸痛位置（扳机点）可以降低扳机点的活跃度。随后采用静态拉伸等拉伸技术提高被压缩肌肉的延展性，以发展最佳的"长度—张力"关系。有了最佳的"长度—张力"关系，接下来就可借助激活技术和整合技术提升肌肉内协调性和肌肉间协调性，发展最佳的力偶关系，使关节正确地运动。

（二）有助于其他身体系统发生联动作用

对人体运动系统中的任何系统（神经系统、肌肉系统和骨骼系统）施加作用，都会对其他系统产生影响。然而，人体除了上述三大系统，还有很多其他的支持系统，如内分泌系统等。因此，讨论自我筋膜松解对肌肉系统的影响时，不仅要考虑其对神经系统的影响，还要考虑其与其他支持系统的联动作用。

肌筋膜中包含肌梭、高尔基腱器、帕西尼小体、鲁菲尼小体（Ⅱ型）等感受器。然而这些感受器只占所有感受器的20%，剩下的80%由筋膜中的质感受器（Ⅲ型和Ⅳ型）组成。它们通常仅仅被认为是疼痛感受器；但是现已证明，它们能够对机械压力和张力做出反应，而这正是力学感受器具备的功能。这些Ⅲ型和Ⅳ型感受器联同鲁菲尼小体具有调节心率、血压和呼吸的自主神经功能。它们还有经下丘脑前叶降低交感神经兴奋性的功能，可以降低肌肉整体的张力，扩张血管，调节局部血液动力，从而改变组织黏滞性。从神经机制的角度分析，上述效果能够从以下几个方面对人体运动系统产生影响：

一，促进血管扩张，使组织得到充足的氧气和营养物质，同时使代谢产物通过血液流动排出体外，从而促进组织的恢复和修复。对于健康的组织，则可以减小肌肉募集模式被改变的概率，从而减小损伤概率。

二，调节组织黏滞性，从而实现更好的整体肌肉收缩和关节运动。

三，降低交感神经兴奋度，可以减少肌肉组织长时间的错误收缩，从而避免陷入累积损伤循环。

四，影响呼吸，使血液中氧含量更高，并减轻焦虑感和疲劳感。错误的呼吸方式会影响血液中二氧化碳和氧的含量，降低呼吸的效率，导致参与呼吸的肌肉出现协同主导。

要有效进行自我筋膜松解，必须参考一些变量（见表1–2）。目前还没有证据表明不能每天进行自我筋膜松解。表提供的参考变量是NASM针对健康个体给出的参考值，具体实践过程由练习者本人是否存在值得注意的问题、禁忌，医生建议等决定。每个目标区域每次进行一组即可。在酸痛感强的点保持大约30秒（最大疼痛阈值），在酸痛感较弱的点保持大约90秒（最小疼痛阈值），然后再移到下一个区域。

表1-2  自我筋膜松解参考变量

| 频率 | 组数 | 重复次数 | 时间 |
|------|------|----------|------|
| 每天（除非有特殊要求） | 1 | N/A | 根据强度、酸痛点保持30—90秒 |
| N/A=不适用 | | | |

## 二、拉伸技术

前述松解技术有助于降低关节周围肌筋膜组织的紧张程度，从而为本阶段的拉伸技术奠定了基础。拉伸技术即采用一些具体的方法和手段拉长过度活跃或被压缩的肌筋膜组织。拉伸意味着拉长对于恢复关节活动度至关重要的、已经发生机械性缩短的肌肉和结缔组织。有多种拉伸方式可以实现该目的，本书着重介绍其中两种最为常用的拉伸方法：静态拉伸和PNF拉伸（本体感觉神经肌肉促进术）。

（一）拉伸技术分类

1.静态拉伸

静态拉伸即利用低强度、长时间的拉伸产生自体抑制作用。这种拉伸方式能够让肌肉在放松的同时被拉长。为了正确地进行静态拉伸，应在达到第一个阻力点或在有阻力障碍的位置保持30秒。这种拉伸方式的原理是降低肌梭的活跃度和运动单位的兴奋度。疼痛并不是拉伸是否到位的评价指标，换言之，并不是出现了疼痛就意味着达到了静态拉伸的目的；恰恰相反，任何拉伸过程中都不应该出现疼痛，否则大脑会基于疼痛信号而采取保护性措施，不利于实现拉伸效果最大化。

研究表明，在过去的半个世纪，静态拉伸已成为体育运动领域被广泛使用的柔韧性改善技术。静态拉伸技术通过增加肌肉和结缔组织的延展性，从而改善柔韧性和关节活动度。尽管人们对静态拉伸的效果对应的确切机制尚未完全明了，但现在普遍认为静态拉伸可以带来机械性适应和神经性适应，进而改变关节活动度。

从机械性适应的角度分析，静态拉伸似乎可以影响肌筋膜组织中的粘弹性。更确切地讲，静态拉伸可使肌肉在大部分关节活动范围内被牵拉时的阻力降低，而又不会影响肌肉、肌腱相连处张力的发展。换句话说，尽管肌肉可能不会抵抗牵拉的力（这块肌肉有了更好的延展性），但它仍然保持对刺激做出反应所需的张力的发展速度（仍具有对牵拉的力做出反应的能力）。

从神经性适应的角度分析，静态拉伸肌筋膜组织至关节活动范围的末端，似乎能够降低运动神经元的兴奋度，这可能利用了高尔基腱器的抑制作用（自体抑制），还可能利用了闰绍反馈回路（回返性抑制，见图1-4）。回返性抑制是一种反馈回路，它通过名为"闰绍细胞"的中间神经元来降低运动神经元的兴奋度。这些因素会在总体上减少牵张反射，增加组织的耐拉伸性，进而增加关节活动度。

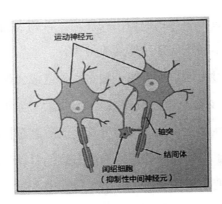

图1-4 闰绍反馈回路

通常来说，静态拉伸20——30秒会造成粘弹性压力迅速择放的反应，从而导致关节活动度立即增加。从长期来看，最大关节活动度的增加未必是肌筋膜的粘弹性特质产生变化所致，有可能是因为组织的耐拉伸性提高，还有可能是因为肌肉质量增大和肌纤维中的肌小节增多。

在实践过程中，静态拉伸具有如下特征：

拉长肌筋膜组织到活动末端，并在这个位置静态保持一段时间。

尽可能地做好关节的排列。

尽量缓慢地到达、离开拉伸位置。

静态拉伸这种柔韧性训练方式动作缓慢，是损伤风险最低的拉伸方式，也被认为是最安全的柔韧性训练方式。此外，静态拉伸通常可独自进行，因此可被轻松地添加到任何整体训练计划中。

2.PNF拉伸

PNF（Proprioceptive Neuromuscular Facilitation）翻译成中文为"本体感觉神经肌肉促进法"。PNF拉伸要求将肌肉拉伸到关节活动末端（关节代偿点），使被拉长的肌肉主动收缩7——15秒，之后使关节被动地移动到一个新的关节活动末端，并在这个位置保持20——30秒。以上过程可被重复数次，以达到进一步改善关节活动度的目的。一般来讲，PNF拉伸需要通过他人为肌肉的主动收缩助力，同时将关节被动地移动到新的活动范围。

该技术在过去的20年被当作一种改善肌筋膜长度的方法而越发受到关注。许多临床医生和科研工作人员认为这种拉伸可以达到静态拉伸和主动拉伸的双重效果，同时可以将组织损伤风险控制在最低水平。许多近期的研究也证实了PNF拉伸在改善关节活动度方面的效果等同于静态拉伸；也有一些研究表明，与静态拉伸相比，PNF拉伸更有效并且对肌肉爆发力的影响更小。

在实践过程中，PNF拉伸具有如下特征：

将肌肉拉伸到关节活动末端（关节代偿点）。

主动收缩被拉长的肌肉。

被动（或主动）移动到一个新的关节活动点。

在新的关节活动点上静态保持20 — 30秒，重复3次。

PNF拉伸要求肌肉在被拉长的位置进行等长收缩，以此促进肌肉组织放松，使肌肉被进一步拉长。人们认为，在PNF拉伸中使用的等长收缩可降低运动神经元的兴奋性，因其刺激了高尔基腱器，导致产生自体抑制。如此一来，肌肉对长度改变的抵抗会减少，或者说，肌肉变长的能力会提高。等长收缩过后，肌肉会出现一个"延迟期"，表现为运动神经元的兴奋性显著降低，这种效果据称至多可持续15秒。PNF拉伸在操作上与静态拉伸类似，不同的是PNF拉伸通常需要另一个人帮忙，因此PNF拉伸通常需要在专业人员的监督下进行。

（二）拉伸的科学原理

有关拉伸的讨论已经持续了数十年，直到现在还有许多研究人员不断探索其效果、持续时间及背后的方法论。如今，拉伸可能已经成了与人体运动表现有关的最多元、研究最丰富的话题之一。传统观念认为，有规律地进行拉伸可改善柔韧性，从而降低运动损伤发生的概率，提升运动表现。因此，研究人员建议将有规律的拉伸练习添加到训练计划中，这也是人们习惯在准备活动或整理活动中进行拉伸的原因。当前的研究成果也证明了拉伸可预防肌肉损伤的原因有可能是肌肉、肌腱单元的柔韧性影响着肌肉和肌腱吸收的能量，即：

柔韧性增加，肌肉能量吸收减少，肌腱能量吸收增加。

柔韧性减少，肌肉能量吸收增加，肌腱能量吸收减少。

肌肉能量吸收增加，肌纤维出现损伤的概率增加。

因此，通过拉伸增加肌筋膜组织的柔韧性有助于减少肌肉的能量吸收，从而降低运动损伤发生的概率。

拉伸可以提高运动表现的作用机制可能与肌肉、肌腱单元的僵硬度会影响肢体所需做功的多少有关，具体表现如下：

柔韧性减少，肌肉做功增加，关节活动度减少。

柔韧性增加，肌肉做功减少，关节活动度增加。

因此，通过拉伸增加肌筋膜组织的柔韧性可减少某个动作过程中的做功，并且潜在地提升整体的运动表现。

但是，最近也有研究表明，在准备活动中做拉伸会对力量的产生（运动表现）造成消极影响，并且可能不会降低受伤的风险。关于拉伸如何对力量的产生造成消极影响，可参见图1-5。概括地说，拉伸能够影响肌肉的结构成分和神经成分，从而导致肌肉无法有效产生力量。

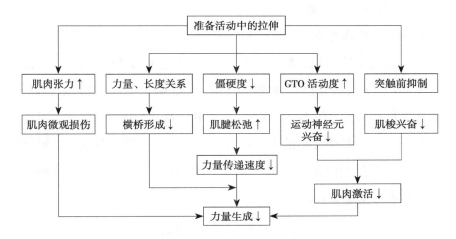

图1-5 准备活动中的拉伸对于肌肉发力能力可能的影响机制

关于准备活动中的拉伸，传统的理论和最近的研究的冲突使业内不同专业的人员产生了困惑。而拉伸在本书的内容体系中又居于重要的位置，通过对前人有关柔韧性的文献进行梳理和总结，得出以下结论和建议：

一定数量的证据表明，对于自身无柔韧性受限现象的健康个体，有规律的拉伸可以改善关节活动度、力量和运动表现，还可以降低运动损伤的发生率。

一定数量的证据表明，仅在训练前的准备活动中进行的短暂的静态拉伸会降低力量和运动表现，对运动损伤的发生率没有影响。

准备活动中的拉伸可能对柔韧性不足个体的运动表现产生积极的影响，并减少运动损伤的发生。

柔韧性训练只是提高运动表现、降低损伤发生概率的因素之一，如果将其与其他训练内容进行整合，会产生更好的效果。

（三）拉伸参考变量

1.静态拉伸参考变量

大多数关于静态拉伸的研究显示，每周进行5天拉伸练习，每天进行1—4次，每次保持15—30秒，对15—45岁的健康人群是最有益的。尽管关于拉伸时长说法不一，但20—30秒的拉伸持续时间实际上可能产生更好的效果，甚至可能更快地见效。对于65岁及以上的人群，研究结果显示，拉伸持续时间长达60秒可能产生更好、持续时间更长的效果。具体拉伸参考变量见表1–3。

表 1–3　静态拉伸参考变量

| 频率 | 组数 | 重复次数 | 时间 |
|---|---|---|---|
| 每天（除非有特殊要求） | N/A | 1—4 | 保持20—30秒，老年人（≥65岁）保持60秒 |
| N/A=不适用 | | | |

2.PNF拉伸参考变量

除非有特殊情况，可以每天使用PNF拉伸。一般以每天做1—3次（1—3个收缩、放松循环），每次收缩时间为7—15秒，不少于10秒为最理想。如果运用一些静态拉伸的相关研究，保持被动拉伸20—30秒可能产生最佳的效果。研究结果显示，3秒、6秒、10秒的等长收缩保持时间的短期效果并没有实际意义上的不同；然而就长期提升来说，更长的持续时间可能产生更好的效果。研究结果还显示，以最大强度的20%进行收缩可显著地增加关节活动度。具体拉伸参考变量见表1–4。

表 1-4 PNF 拉伸参考变量

| 频率 | 组数 | 重复次数 | 时间 |
|------|------|----------|------|
| 每天（除非有特殊要求） | N/A | 1 — 3 | 收缩：7 — 15秒<br>拉伸：20 — 30秒 |
| N/A=不适用 | | | |

　　拉伸技术是体育运动领域最常用的方法之一，但是常被广泛地误用、误解。健身者的需求和健身的目标决定着什么拉伸技术才是恰当的，也决定着"松解 — 拉伸 — 激活 — 整合"训练体系中各环节的具体实施方式。拉伸技术应该用于纠正错误的动作模式，尤其是拉长已缩短的肌筋膜组织，而不应该在进行动作评估之前使用拉伸技术。不同类型的拉伸技术都能够有效增加关节活动度。将拉伸技术与松解技术、激活技术、整合技术进行整合，更有助于改善健身者的身体素质和健康状态。

## 三、激活技术

　　"激活"指刺激（或再训练）不够活跃的肌筋膜组织。前文提及对于缩短（过度活跃）的肌筋膜组织，需要通过拉伸技术恢复其应有的长度；那么对于不够活跃的肌筋膜组织，则需要采用激活技术提高其肌肉力量，使其在关节运动中发挥应有的功能。激活技术主要包括分离强化训练和定位等长训练。

　　（一）分离强化训练

　　"分离强化训练"是针对特定肌肉，采用向心和离心的训练方式以增强其力量输出能力的一种训练技术。该训练技术能够提高特定肌肉的肌肉内协调性（神经肌肉系统实现某块肌肉内的最佳运动单位募集和同步能力），通过增强运动单位激活（一种以连续募集收缩单位来逐渐增大收缩力量的递进式的激活过程）、激活的同步性（同步激活多个运动单位）和激活频率来达到训练的目的。上述特性中的每一种都已被研究证明可以提高肌肉收缩的力量。将肌肉孤立的传统阻力训练方式可以提高目标肌肉的肌肉内协调性，从而为后续进行整合技术训练奠定基础，避免协同肌过度代偿（协同主导）现象的发生。

研究发现，结合向心收缩和离心收缩进行纵跳和深蹲训练的实验组比只进行向心收缩的对照组发展了更多的力量。由于在离心训练时肌肉可能被诱发产生更大的力，因此，离心训练也可以增强整体力量和肌肉质量。

根据训练强度和训练量，分离强化训练一般要求每周可以进行3—5天。要在整合训练之前进行，每天进行1—2组，每组进行10—15次比较合适。每次重复要求在关节活动末端做等长收缩并保持2秒，然后再用4秒完成离心运动。分离强化训练的参考变量见表1–5。

表 1–5　分离强化训练参考变量

| 频率 | 组数 | 重复次数 | 时间 |
|---|---|---|---|
| 每周3—5天 | 1—2 | 10—15 | 在关节活动末端做等长收缩2秒，然后再用4秒完成离心运动 |

（二）定位等长训练

"定位等长训练"指在关节活动末端进行等长收缩。这是一种静态激活技术，意味着没有主动的关节活动。与分离强化训练技术一样，定位等长训练的作用是提高某个特定关节周围不够活跃的肌肉的激活水平。肌肉在等长收缩的过程中能够产生比向心收缩水平高的张力，在等长收缩的关节上下10°范围内的肌肉的力量都能得到发展。定位等长训练技术的目的同样是增强特定肌肉的肌肉内协调性，进而在整合这些特定肌肉、实现肌肉的协同作用之前提升目标肌肉的激活水平。

定位等长训练的频率依需求而定，一般是每组4次，进行1组。每次重复要求从最大主动收缩力量（MVC）的25%逐次增加到100%（见表1-6）。

表1-6 定位等长训练参考变量

| 频率 | 组数 | 重复次数 | 时间 |
|------|------|----------|------|
| 依需求而定 | 1 | 4 | 分别以MVC的25%、50%、75%和100%保持4秒的等长收缩（每次收缩间歇2秒） |

## 四、整合技术

一旦目标肌肉得到激活，即可进行第四步骤的整合技术训练。该技术通过提高多平面神经、肌肉控制来增强人体运动系统的功能。为了实现这个目标，练习内容注重人体稳定系统和运动系统的协同参与。

整合技术的提出主要基于以下几项研究成果：1.运动损伤多是肌肉在额状面和水平面上做离心减速运动时，运动者无法控制身体姿势导致的。2.跨关节运动的动作对肌肉的协调性有着较高的要求，只有这样，才能正确地完成动作。3.单侧练习和双侧练习短期内在提高运动表现方面都具有显著的效果，而且单侧练习在提升单侧动作的运动表现方面效果更加显著。4.上肢过头举类的动作练习能够增加核心区肌肉组织的硬度。由此可见，包含全部运动平面的、多关节参与的单侧练习和双侧练习都是很重要的，因为这样有利于增强肌肉的协调性，同时使其在功能性活动中保持正确的关节排列。因此，整合技术的原理是模拟实际的功能性活动，用逐步进阶的方式提高肌肉的协调性，这样有利于重塑肌体的姿势控制能力，降低损伤发生的概率。整合技术的训练内容是正确姿势下的低强度控制性练习，这样可以确保各个关节在动作开始前和开始后都保持着恰当的排列，肌肉在恰当的"长度—张力"关系下发挥功能，同时肌肉募集的协同性达到最佳。在整合技术训练中，不仅动作模式重要，动作模式的进阶同样重要。刚开始训练时的基础练习可能是基于双腿并且对稳定的要求最低的练习（如深蹲）。进阶训练可以选择前后弓步蹲，然后进阶到单腿深蹲，最后进阶到更具整合特征的单腿跳跃（见图1-6）。这种进阶模式也可以被应用在初级阶段，先在矢状面上进行，然后在额状面上进行，最后在水平面上进行。还可以将加入上肢动作、增加运动平面和挑战稳定性作为进阶方式。

图1-6　动作模式进阶

根据运动强度和训练量，每周安排3—5天的整合技术训练是比较合理的。一般情况下，只安排一个整合技术训练动作就足够了。如有需要，也可以加入更多的动作。此外，在选择整合技术训练动作时，还需要考虑训练对象的身体素质。整合技术训练的参考变量见表1-7。

表 1-7 整合技术训练参考变量

| 频率 | 组数 | 重复次数 | 动作要求 |
|------|------|----------|----------|
| 每周3—5天 | 1—3 | 4 | 动作要缓慢，要有控制 |

# 第二章　评估和训练目标设定

　　在制定关节训练方案前需要考虑两个方面的内容：评估和训练目标设定。评估是为了全面、客观地了解练习者的肌体状态，它不仅仅包含传统意义上对身体形态、机能和素质的评估，还包含对基本动作模式的评估。训练方案固然重要，但是在制定训练方案之前首先要确定训练目标是什么，只有在这个训练目标的指引下，才能够通过一次次的训练课去实现这个目标。因此，每一个科学化的训练方案都应该基于评估和训练目标而设计，清楚训练的目的、当前练习者的肌体又处于什么样的水平，弥补二者的差距即制定训练方案的真正意义所在。

## 第一节　功能动作筛查

　　从严格意义上讲，从事任何一项运动前都需要进行相应的评估，以避免潜在的风险发生。在大众健身领域，人们往往接受两种最基本的评估：健康评估和体能评估。"健康评估"即通过医学的检测方法对练习者的心血管等系统进行检查，以评估其身体机能能否满足体育锻炼的需要。很难想象一个患有严重的心脏病的人能够经受住高强度的体能训练，因此，健康评估是大众健身群体进行体育锻炼的最低门槛。"体能评估"即对练习者的身体形态、身体机能和身体素质的发展状况进行评估。其中，"身体形态"指肌体内外部的形状，主要包括的指标有高度、长度、围度和充实度；"身体机能"指肌体各器官系统的功能；"身体素质"指肌体在活动时表现出来的各种基本的运动能力，通常包括力量、速度、灵敏度、柔韧性、耐力、协调性等。在大众健身领域，人们往往遵循着"健康评估→体能评估"的流程来对练习者进行综合评估，进而设计其训练方案。上述两种评估体系本身是科学的，但在逻辑上缺少了第三种类型的评估体系——基本动作模式评估。上述三种评估类型的关系可以通过下面的例子进行分析：采用纵跳摸高的方法来测试某位顺利通过健康评估的练习者的下肢垂直爆发力。尽管他的测试成绩很高，但是他每次跳起落地后总是出现双侧膝关节内扣的现象。从身体素质评估的角度出发进行评判：该练习者的下肢垂直爆发力水平高于其他人。对此教练员和练习者皆大欢喜，没有人会关注双侧膝关节内扣的问题。然而，"双侧膝关节内扣"这一现象传递出了两个非常重要的信息，即练习者臀肌力量薄弱或踝关节灵活性差。尽管他的测试分数高于其他人，他却可能是队里最容易受伤的。如果在进行身体素质评估之前首先对练习者进行基本动作模式评估，那么他的双侧膝关节内扣问题将一览无余。该案例说明：现有的"健康评估→体能评估"流程不足以对练习者的运动能力做出全面而又客观的评估，整个流程中缺少了针对练习者基本动作模式完成情况的评估。不管是进行体能练习还是其他任何形式的运动，各种运动技能都是以人类的基本动作模式为基础而构建的，基本动作模式完成的质量越差，肌体潜在的运动损伤风险就越高。因此，科学的评估流程应是"健康评估→基本动作模式评估→体能评估"。

功能动作筛查（Functional Movement Screen，FMS）是目前进行基本动作模式评估最理想的工具。自2011年国家体育总局与全球知名公司AP

（现更名为EXOS）合作以来，功能动作筛查这一舶来品也随之在国内风靡一时，以至于在人们没有深刻理解FMS是什么的情况下，"FMS应用培训班""婴幼儿动作模式培训课程"等市场经济的产物已经层出不穷。殊不知，FMS的本土化并不体现为简单的移植、复制和借鉴，而是体现为基于实践，对国际共享的训练理念进行思考、归纳、彻悟，最终构建本土的话语系统和理论框架。本节分别从界定、筛查流程、排序标准和纠正策略四个方面对功能动作筛查进行研究，以解决FMS"是什么"和"怎么用"的问题，进而为后续的体能训练奠定基础。

## 一、功能动作筛查的定义

功能动作筛查是20世纪90年代美国矫形专家Gray Cook、训练专家Lee Burton等人设计的一个基于基本动作模式来预测运动风险的筛查系统。2001年，Gray Cook在《高水平运动训练》一书中首次提出了"功能动作筛查"的概念。所谓的"功能动作筛查"就是通过7个功能动作和3个排除性测试对人体基本动作的完成情况进行确认、分级和排序。这并不是说功能动作筛查能够发现医学诊断不出来的损伤或严重的异常问题，而是说这种筛查对诊断人体基本动作的完成情况十分有效。

## 二、功能动作筛查的原理

功能动作筛查的原理是以婴儿基本动作的形成过程为基础，以解剖学和生理学为理论导向而提出的。试想一下婴儿从出生到能够行走的整个动作过程是如何进行的：新生儿仰卧在婴儿床上，他的腿强有力地向空中踢，时不时地挥动手臂去抓一些他们感兴趣的东西（相关研究表明，婴儿的腿和手臂的同步发展或许比手臂本身的发展早），基于此，就出现了仰卧主动直膝抬腿动作和肩关节灵活性动作，且前者优先于后者；当婴儿发现身体附近有某些新奇的东西时，他就会尝试着翻转身体去触摸这些令他产生浓厚兴趣的物体，这样，旋转稳定性动作就诞生了。随着婴儿的生长、发育持续进行，他会在翻转的基础上尝试着用手撑起躯干，慢慢爬行，以便更好地抬头观察这个奇妙的世界，躯干稳定性俯撑动作于是就出现了。婴儿随后的动作过程就更加清楚了：他要尝试着站起来行走，并且在行走的基础上学会下蹲动作，这样就可以更加自由地观察这个五彩缤纷的世界，由此形成了跨栏架步动作和前后分腿蹲动作。简言之，婴儿动作模式的发展遵循如下顺序：仰卧位—俯卧位—滚动—俯卧跪姿—爬行—坐姿—跪姿—深蹲—助力站立姿—独立站立姿—行走（部分动作模式见图2-1）。而功能动作筛查涵盖上述动作模式的基本特征（见表2-1）。通过七个基本动作的筛查，我们可以对人体应具备的基本动作模式进行筛查。它们不仅是婴儿后续生长、发育的基础，也是人类日常生活的组成部分，更是体育动作技能学习的基石。

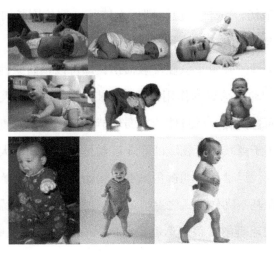

图2-1　婴儿动作模式发展顺序

表 2-1　功能动作筛查与婴儿动作发展模式

| 功能动作筛查 | 婴儿动作发展模式 |
| --- | --- |
| 仰卧主动直膝抬腿 | 仰卧位 |
| 肩关节灵活性 | 独立站立姿 |
| 旋转稳定性 | 俯卧跪姿、滚动、爬行 |
| 躯干稳定性俯撑 | 俯卧位、坐姿 |
| 前后分腿蹲 | 跪姿、助力站立姿 |
| 跨栏步 | 行走 |
| 深蹲 | 深蹲 |

### 三、功能动作筛查的作用

一般情况下，运动过程中出现的损伤可以分为急性接触损伤、急性非接触损伤和慢性劳损。所谓的"急性接触损伤"指运动过程中因与他人发生冲撞造成的损伤，"急性非接触损伤"指运动过程中因自身基本动作功能受限造成的损伤，"慢性劳损"则指人体某一部位因长时间进行代偿性工作导致的肌肉、筋膜韧带、骨骼、关节等组织损伤。

我们虽无法预测并阻止急性接触损伤，却可以预防急性非接触损伤和慢性劳损。功能动作筛查的作用便体现于此 —— 通过对人体的基本动作进行测试，进而预测练习者身体的薄弱环节。功能动作筛查具有很强的普适性，不仅适用于竞技体育领域的专业运动员，也适用于大众体育领域的普通百姓。从现代运动训练的视角来看，运动员的体能训练和专项动作技能都应被建立在基本动作模式之上。或许是因为我们在训练中缺乏耐心和责任心，或是缺乏理解，很多运动员非但没有科学、系统地完成这一步，反而通过挤占本应发展基本动作模式的空间来发展体能和专项动作技能，其结果就是急性非接触损伤和慢性劳损高频率地发生。要改变这种惯性思维方式，我们应该考虑把功能动作筛查作为现代运动训练的起点。通过筛查识别出使练习者处于较高受伤风险当中的可能的危险信号和代偿动作；确认练习者最薄弱的环节，并据此为练习者设计个性化的动作练习方案，进而充分挖掘练习者潜在的运动能力。

## 四、功能动作筛查的操作过程

进行功能动作筛查前要记录练习者什么时间、什么部位受过什么样的伤害，以便在筛查过程中进行综合考虑；确认练习者在筛查前没有进行热身活动（即在安静状态下进行筛查），否则筛查出的结果就不能反映练习者真实的动作模式状态。在功能动作筛查的过程中使用的测试工具并不复杂，可按操作过程的相关要求自行制作。

（一）深蹲

受试者双脚平行开立，间距与肩同宽，脚尖朝向正前方；双手持测试长杆于头顶的上方，双臂上、下臂成90°夹角；垂直向上推起测试长杆，双臂伸直，此为起始姿势。受试者缓慢地下蹲至最低位，脚后跟紧贴地面，抬头，挺胸，目视前方。对该动作重复测3次，动作过程中如出现疼痛，该动作记0分（下述6个动作相同），操作流程见图2-2。

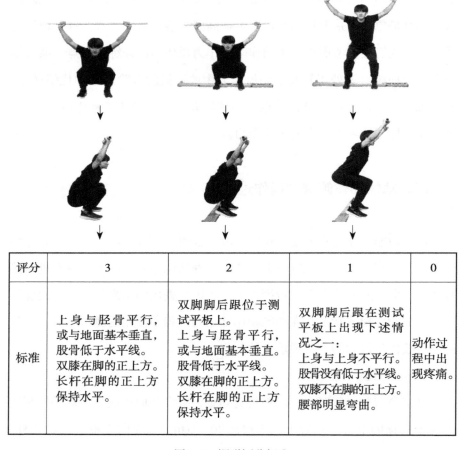

| 评分 | 3 | 2 | 1 | 0 |
|------|---|---|---|---|
| 标准 | 上身与胫骨平行，或与地面基本垂直，股骨低于水平线。双膝在脚的正上方。长杆在脚的正上方保持水平。 | 双脚脚后跟位于测试平板上。上身与胫骨平行，或与地面基本垂直。股骨低于水平线。双膝在脚的正上方。长杆在脚的正上方保持水平。 | 双脚脚后跟在测试平板上出现下述情况之一：上身与上身不平行。股骨没有低于水平线。双膝不在脚的正上方。腰部明显弯曲。 | 动作过程中出现疼痛。 |

图2-2　深蹲评分标准

（二）跨栏步

受试者双脚自然并拢站立，以受试者胫骨粗隆的位置确定栏杆的高度。受试者双脚脚尖触及测试平板底部，将测试长杆放在颈后肩上。要求受试者抬腿跨过栏杆，跨步腿脚后跟接触地面，足背屈；收腿恢复起始姿势，动作要缓慢进行；随后换另一条腿进行测试。每侧测试3次。操作流程见图2-3。

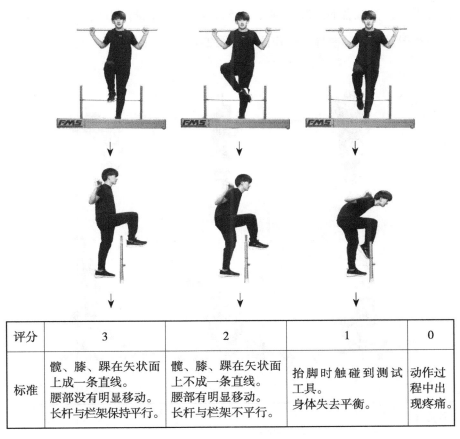

| 评分 | 3 | 2 | 1 | 0 |
|------|---|---|---|---|
| 标准 | 髋、膝、踝在矢状面上成一条直线。腰部没有明显移动。长杆与栏架保持平行。 | 髋、膝、踝在矢状面上不成一条直线。腰部有明显移动。长杆与栏架不平行。 | 抬脚时触碰到测试工具。身体失去平衡。 | 动作过程中出现疼痛。 |

图2-3 跨栏步评分标准

（三）前后分腿蹲

通过测量地面至胫骨粗隆的距离，获得受试者的胫骨长度。受试者前后分腿站立在测试平板上，左脚拇指放在测试平板的后标识线上，以胫骨长度确定受试者右脚脚后跟所处的前标识线的位置；双手在颈曲和腰曲处持测试长杆，测试长杆应与头、腰、背和骶骨部位接触。此为起始姿势。受试者缓慢地下蹲，左膝触及测试平板，然后站起来恢复起始姿势。在测试过程中，受试者的双脚必须在一条直线上。每侧测试3次，比较单侧的完成情况及双侧的差异。操作流程见图2-4。

| 评分 | 3 | 2 | 1 | 0 |
|---|---|---|---|---|
| 标准 | 长杆始终与头、背和骶骨接触。<br>上身没有明显移动。<br>长杆和双脚保持在同一矢状面上。<br>后面的腿膝盖触碰到测试平板。 | 不能保持长杆与头、背和骶骨接触。<br>上身有明显移动。<br>长杆和双脚不在同一矢状面上。<br>后面的腿膝盖没有触碰到测试平板。 | 身体失去平衡。 | 动作过程中出现疼痛。 |

图2-4　前后分腿蹲评分标准

前后分腿蹲排除性测试：受试者将右脚放在测试平板旁，使脚内侧与测试平板接触；将左脚放在右脚的后方，使左脚外侧与测试平板接触，且脚尖接触右脚脚后跟。在动作过程中，受试者可借助测试长杆保持平衡；双腿屈曲，在保持双脚脚后跟着地的同时，左侧膝关节尽可能地超过右脚内踝。每侧测试3次。动作评分如下，如出现疼痛记0分：

绿色：左脚脚后跟着地，左膝髌骨垂线超过右脚内踝（见图2-5）。表明踝关节具有足够的灵活性。

黄色：左脚脚跟着地，左膝髌骨垂线位于右脚内踝宽度范围内（见图2-6）。表明可能存在踝关节灵活性问题。

红色：左脚脚后跟着地，左膝髌骨垂线没有位于右脚内踝宽度范围内（见图2-7）。表明存在踝关节灵活性问题。

图2-5　绿色　　　　　　图2-6　黄色　　　　　　图2-7　红色

（四）肩关节灵活性

以测量远端腕折痕至食指指尖的距离确定受试者手的长度。受试者双手握拳（拇指位于拳心）；左手从肩上绕到背后，右手于背部左手的下方向左手靠拢。测量受试者双手之间的距离；每侧测试3次，比较单侧的完成情况及双侧的差异。操作流程见图2-8。

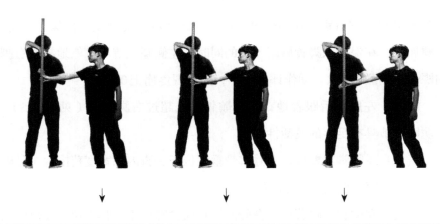

| 评分 | 3 | 2 | 1 | 0 |
|---|---|---|---|---|
| 标准 | 双手间距小于1个手掌长。 | 双手间距为1—1.5个手掌长。 | 双手间距大于1.5个手掌长。 | 动作过程中出现疼痛。 |

图2-8　肩关节灵活性评分标准

肩关节灵活性排除性测试：受试者将右手放在左肩上，保持手掌与肩接触（见图2-9）；尽可能地抬高肘关节。测试者观察该动作过程中受试者是否出现疼痛，测试另一侧。该排除性测试在肩关节灵活性动作筛查后进行。

不对肩关节灵活性排除性测试进行评分，但需要观察动作过程中是否出现疼痛反应。如果产生疼痛，就在记录表上记录为疼痛（P），将之前的肩关节灵活性动作筛查测试得分记为0分（即使受试者在肩关节灵活性动作筛查中得了3分，只要在排除性测试中出现疼痛，该受试者的肩关节灵活性测试最终得分也只能为0分）。

图2-9 肩关节灵活性排除性测试

（五）仰卧主动直膝抬腿

受试者仰卧；双臂放在体侧，掌心朝上；双膝下被放置测试平板；双脚背屈；右腿伸直并抬起，动作过程中不能出现其他代偿动作（如左腿弯曲等）。用测试长杆测试右腿踝关节投影点和左腿的位置关系，并据此判断得分。对每条腿测试3次，比较单侧的完成情况及双侧的差异。操作流程见图2-10。

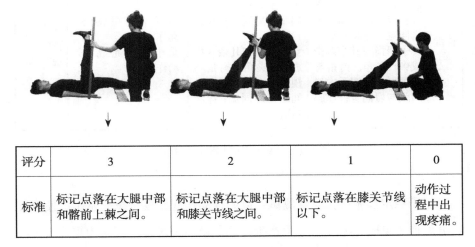

| 评分 | 3 | 2 | 1 | 0 |
|------|---|---|---|---|
| 标准 | 标记点落在大腿中部和髂前上棘之间。 | 标记点落在大腿中部和膝关节线之间。 | 标记点落在膝关节线以下。 | 动作过程中出现疼痛。 |

图2-10 仰卧主动直膝抬腿评分标准

（六）躯干稳定性俯撑

受试者俯卧；掌心朝下，双腿伸直，足背屈（男子和女子的起始姿势略有不同，详见图2-11评分标准）。

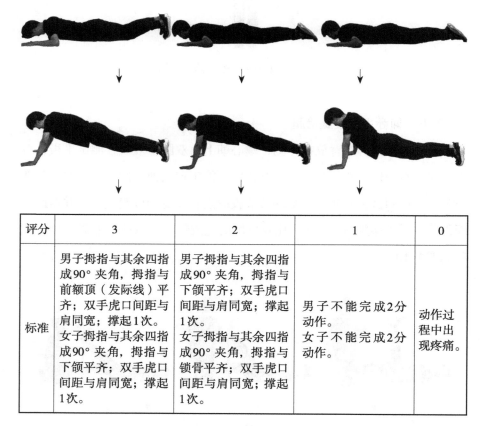

| 评分 | 3 | 2 | 1 | 0 |
|---|---|---|---|---|
| 标准 | 男子拇指与其余四指成90°夹角，拇指与前额顶（发际线）平齐；双手虎口间距与肩同宽；撑起1次。女子拇指与其余四指成90°夹角，拇指与下颌平齐；双手虎口间距与肩同宽；撑起1次。 | 男子拇指与其余四指成90°夹角，拇指与下颌平齐；双手虎口间距与肩同宽；撑起1次。女子拇指与其余四指成90°夹角，拇指与锁骨平齐；双手虎口间距与肩同宽；撑起1次。 | 男子不能完成2分动作。女子不能完成2分动作。 | 动作过程中出现疼痛。 |

图2-11　躯干稳定性俯撑评分标准

躯干稳定性俯撑排除性测试：以俯撑动作起始姿势撑起躯干，使脊柱充分后伸（见图2-12）。如果产生疼痛，就在记录表上记录为疼痛（P），将之前的躯干稳定性俯撑动作筛查测试得分记为0分。

图 2-12 躯干稳定性俯撑排除性测试

（七）旋转稳定性

受试者以跪姿俯撑为起始动作，形成六点支撑（双手、双膝和双脚着地）；双手和双膝之间被放置测试平板，测试平板应与脊柱平行；双脚背屈。动作开始前，受试者的双手拇指、双膝和双脚都要对称放在测试平板两边并触及平板边缘；之后同侧的上肢和下肢分别水平伸直，成一条直线（3分动作起始姿势）；接着同侧肢体相向接触，即手触碰到外踝（3分动作结束姿势）。每侧测试3次。操作流程见图2-13。

| 评分 | 3 | 2 | 1 | 0 |
|---|---|---|---|---|
| 标准 | 同侧上、下肢同时离开地面。<br>手臂和腿与测试平板保持平行。<br>手触碰到外踝。 | 同侧上、下肢没有同时离开地面。<br>手臂和腿无法与测试平板保持平行。<br>不接触地面，手触碰到外踝。 | 失去平衡。<br>手无法触碰到外踝。<br>同侧肘和膝没有充分伸展。 | 动作过程中出现疼痛。 |

图2-13　旋转稳定性评分标准

旋转稳定性排除性测试：以跪姿为起始动作；双脚跖屈，臀部后坐，尽可能地触碰到脚后跟；胸部尽可能地触碰到大腿；双手尽可能地向远端伸出（见图2-14）。该排除性测试在旋转稳定性动作筛查后进行。不对旋转稳定性排除性测试进行评分，但需要观察动作过程中是否出现疼痛反应。如果产生疼痛，就在记录表上记录为疼痛（P），将之前的旋转稳定性动作筛查测试得分记为0分。

图2-14　旋转稳定性排除性测试

## 五、FMS筛查记录表的使用

FMS筛查记录表形式各异，本书提供一种较为简单的表格形式（见表2-2）。在使用记录表时，应注意以下两种情况：第一，对那些双侧筛查动作而言，如果双侧得分不一致，就在"最终分数"一栏填写最低分；

第二，在动作筛查中如果出现疼痛，可以在"原始分数"一栏填写相应的分数，但应在"最终分数"一栏填写0分。

表 2-2　FMS 筛查记录表

| 测试 | | 原始分数 | 最终分数 | 备注 |
|---|---|---|---|---|
| 深蹲 | | | | |
| 跨栏步 | 左 | | | |
| | 右 | | | |
| 前后分腿蹲 | 左 | | | |
| | 右 | | | |
| 排除性测试 | 左 | G/Y/R/P | | |
| | 右 | G/Y/R/P | | |
| 肩关节灵活性 | 左 | | | |
| | 右 | | | |
| 排除性测试 | 左 | | | |
| | 右 | | | |
| 仰卧主动直膝抬腿 | 左 | | | |
| | 右 | | | |
| 躯干稳定性俯撑 | | | | |
| 排除性测试 | | | | |
| 旋转稳定性 | 左 | | | |
| | 右 | | | |
| 排除性测试 | | | | |
| 总分 | | | | |

# 第二节　体能评估

体能评估是对练习者的身体形态、身体机能和身体素质的发展状况进行的评估。但对大众练习者而言，进行大而全的体能评估没有意义也不切实际，因此找到一种既能够对练习者的体能状况进行综合评估，又具有可操作性的评估方法是本节要解决的问题。

本节提供的测试方法包含了体能训练过程中的基本动作模式，重点对练习者的核心、肩关节、髋关节、膝关节、踝关节的灵活性和稳定性进行评估。如果练习者能够高质量地完成下述评估动作，那么就可以循序渐进地进行全方位的体能训练；如果练习者不能够正确地完成下述评估动作，那么练习者首先需要进行一些基本的训练，待通过下述动作测试后再开始全方位的体能训练。

## 一、壶铃硬拉

练习者双脚平行开立，间距与肩同宽，将壶铃放在双脚之间；下蹲，髋部后移，双腿小腿和地面的夹角基本保持不变；上身平直，胸部抬起，目视前下方，直至双手握住壶铃把手；双手握紧壶铃把手，臀部发力，向前移髋；缓慢地后移髋部，将壶铃放至地面；双手提壶铃站起，保持直立姿势（见图2-15）。采用小重量重复10次，然后选择一个具有挑战性的重量再重复10次。例如，对女性而言，可选用8 kg的壶铃重复10次，然后选用12 kg的壶铃再重复10次；对男性而言，可先从16 kg开始，然后是24 kg。该测试动作可以测试髋关节的灵活性、膝关节和躯干的稳定性。壶铃训练中有很多摆动练习，要求练习者通过髋部发力将壶铃"摆"起来，而不是通过手臂发力将壶铃"提"起来。对髋关节灵活性受限的练习者而言，在保证上身直立的条件下，通过髋部后移来做到以双手抓握壶铃把手是很困难的。很多时候我们会观察到练习者通过腰椎的前屈代偿性地抓握壶铃把手，这也解释了为什么有的练习者在进行类似的练习后会出现腰疼的现象。因此，在FMS筛查中，如果练习者的"仰卧主动直膝抬腿"为1分，那么在进行壶铃硬拉练习时需要将壶铃放在一个小的跳箱上，降低该动作对髋关节灵活性的要求，以避免腰部代偿动作出现。

图2-15　壶铃硬拉

## 二、深蹲

练习者双脚平行开立，间距与肩同宽或比肩稍宽。每个人柔韧性、身高、腿长和下肢力量的不同使得双脚开立的距离存在着较大的个体差异。对柔韧性好的人而言，双脚开立，与肩同宽即可；对于有些人，分开的距离则要更大一点，比如是肩宽的1.5倍。髋部后移的同时屈膝。深蹲和硬拉的重要区别在于前者是一个屈髋、屈膝的动作，后者是一个屈髋的动作。在深蹲过程中要做到上身直立，胸部抬起，目视斜下方；将身体重心放在脚后跟，脚后跟不能提起，也不能将重心放在脚前掌（见图2-16）。理想的深蹲动作是练习者能够完全蹲下去，充分展现出各关节具有的关节活动范围。当然，这只是理想状态，对有些练习者而言，要完全深蹲下去可能还需要练习一段时间；练习者完全深蹲后，下肢蹬地发力，保持直立姿势，重复10次。

深蹲是一种基础性的功能性练习，是人生长、发育过程中在幼儿阶段就已形成的基本动作模式。但随着社会的发展，人们的生活方式发生了巨大的变化，致使这种幼儿阶段形成的动作模式因为不良的生活习惯（久坐）和训练方式（重复同一动作模式的练习）而逐渐退化，使人们丧失了正确完成该动作模式的能力。在功能动作筛查（FMS）中，深蹲、跨栏步和前后分腿蹲是三个全身性动作模式，一旦深蹲出现问题，那必须解决FMS其他6个动作中有功能障碍的动作，最后才能解决深蹲动作模式。所以，切不可小看深蹲动作模式，它要求练习者具有良好的核心稳定性、髋关节和踝关节灵活性。

图2-16　深蹲

## 三、壶铃单臂上举

练习者双脚平行开立，间距与肩同宽；右手提起壶铃，将其放在右肩上；双腿伸直，核心收紧，吸气；在向上推起壶铃的过程中呼气；手臂伸直，保持壶铃与双脚在同一冠状面上，吸气；在壶铃落至肩部的过程中呼气（见图2-17）。每侧手臂重复3次。壶铃单臂上举要求练习者具有良好的核心稳定性、肩关节灵活性和稳定性。测试过程中应确保壶铃重量适中。

图2-17 壶铃单臂上举

## 四、肘撑平板

练习者俯卧，双臂上、下臂成90°夹角，将肘关节放在肩关节投影点；身体平直，双脚背屈，脚尖着地，间距与肩同宽（见图2-18）。练习者保持该姿势30秒。肘撑平板主要用于评估练习者的核心、髋关节和肩关节稳定性。对于无法完成该测试的练习者，可以将双肘放在跳箱或其他具有一定高度的物体上进行练习，直至达到测试标准。

图2-18　肘撑平板

上述四个简便易行的测试方法虽不能对练习者的体能状况进行全面的评估，但能够对练习者的踝关节、膝关节、髋关节、躯干和肩关节的功能进行初步的评估，从而在一定程度上避免练习者在后续练习中出现运动损伤和代偿性动作。对于不能够完成上述测试的练习者，可通过循序渐进的方式逐步练习上述四个动作，因为好的测试方法同时也是好的练习方法，直至达到动作标准。

# 第三节　训练目标设定

It is not death most people are afraid of. It is getting to the end of life, only to realize that you have never truly lived. So the question I am getting to is do you have the courage to grab the dream that picked you？ That befits you and gribs you, or will you let it get away and slip through？ —— 其实大多数人恐惧的并不是死亡本身，而是当生命渐渐走到尽头，你才发现自己从未真正地活过。你是否有勇气去抓住那个找到你的梦想？是抓住那个契合本心、由衷向往的梦想，还是任由它消散四处，再也无力挽回？

运动健身的人那么多，你也练，我也练，他也练，但为什么每个人练出来的效果千差万别？差别到底在哪里？训练的愿望或者说梦想都不能被称为"训练目标"，训练目标是起于愿望，通过详尽而可操作的步骤来实现，止于结果的过程。所以，我想瘦，我想壮，我想健康、长寿，我想减少胰岛素注射，我想跳得高、跑得快，等等从严格意义上讲都不是训练目标，因为我们从中看不到详尽、可操作的步骤，这些只是训练的愿望。当然，拥有一个训练愿望是应该的，它总会激发我们去制定一步步的训练计划，并最终达到想要的结果。这就如同在大海里航行的船只，船长总要为它设定一个目的地，否则在这个"三分陆地，七分海洋"的地球，这条船或许永远都无法靠岸。

制定训练目标使我们更加专注，也决定了我们应该去做什么；而一份体能训练计划是否能取得成功，从制定的训练目标就可以一眼看出。这里推荐练习者采用SMART目标制定法来设定自己的训练目标。

## 一、具体的（Specific）

在制定体能训练目标时，那些宏大而又可以彰显雄心壮志的目标有一个就可以了，我们更多需要的是一个个清晰、可短时间实现、可测量的具体目标。有了一个清晰而又具体的目标，然后再规定一个时间段，那么我们就会知道如何去做，也可以从中获取动力。相反，如果制定的目标模糊不清，或者说制定了一个大而泛的目标，比如想减肥，我们从这个目标中可以看出什么呢？又能从中获取多少动力呢？但是，如果我们把"想减肥"这个目标划分为下面的小目标：利用1个月的时间，每周进行体能训练3次，每次训练30分钟，减掉3 kg，我们是不是就可以清楚地知道接下来的一个月要做什么，自己也产生了更多的训练动力呢？在分解一个个具体的训练目标时，我们可以问自己以下几个问题：

WHO？ —— 自己一个人训练还是和同事、好朋友、家人一起训练呢？自己的训练目标需要在他人的帮助下才能实现吗？

WHAT？ —— 自己的目标是什么？是想减肥，还是想提高肌肉力量？实现这个目标需要放弃什么（比如膨化食品和油炸食品）？

WHERE？ —— 是在家里训练还是到健身房训练？一个舒适的训练环境更有助于实现训练目标。

WHEN？ —— 需要多长时间实现自己的训练目标？不要给自己过于充裕的时间，这样只会让自己变得懒散，学会找借口。

WHY？ —— 为什么要进行体能训练？内在和外在的动机是什么？

## 二、可测量的（Measurable）

任何具体的目标都应该是可测量的。通过量化的数字，练习者可以清楚地了解自己通过怎样的途径和方式达到目标，而非漫无目的地随波逐流。采用量化的方式对训练过程进行监控可以让练习者清楚地看到自己取得的进步，确认当下的训练方案是否适合自己，享受实现预定的具体的小目标给自己带来的愉悦感，进而从中获得更大的动力去坚持训练；相反，如果具体目标不能够通过定量化的数字被测量，那么练习者就无法看到自己的进步过程，不知道自己是否达到了目标。没有经历过战胜自我的过程，自然也就无法体会到胜利带来的喜悦，更不用说从中获取动力去坚持训练。训练目标是否可测量关键在于是否能够用数字回答多少的问题，比如每周训练多少次、预计减掉多少体重、多长时间为一个训练周期，等等。上文提到的"利用1个月的时间，每周进行体能训练3次，每次训练30分钟，减掉3 kg"就是用数字来回答问题，这就说明训练目标是可测量的。

### 三、可实现的（Attainable）

"可实现"其实包含了两个层面的意思：1.训练目标在当前的环境中有条件实现；2.训练目标必须有一定的挑战性。通常我们最容易在第二个层面上犯错误。如果训练目标不费吹灰之力就可以实现，那么这样的目标对练习者而言也没有太大的意义。训练目标要难易适中，一个具有挑战性却可以实现的训练目标给练习者带来的成就感要远大于一个看似很美好却无法企及的训练目标。前者不仅会给练习者带来成功后的愉悦感，更能够激发他们坚持训练；后者则容易使练习者因为无法实现训练目标而逐渐丧失信心。

### 四、相关的（Relevant）

"相关"就是要求训练目标与训练目的关联，如果训练目标脱离了最终的训练目的，就会造成捡了芝麻丢了西瓜，甚至南辕北辙的结果。

### 五、有时限的（Time-based）

"有时限的目标"指要在规定的时间内完成训练目标。如果我们想减掉5kg，那么就必须给自己设定一个最终实现这个目标的时间节点，否则就会因为手头各种各样的工作给自己找借口躲避每一次训练，我们的口头禅会是"今天有点儿忙，明天我再训练吧 …… "相反，一旦设定了完成训练目标的最终时限，那么我们每天就会思考这些问题：今天应该做些什么帮助自己实现训练目标呢？接下来的1周、1个月、1年应该怎样训练呢？

有了一个具体、可测量、可实现、相关、有时限的目标，随后就是通过一份份的训练方案来实现这个目标。在践行训练目标的过程中需要注意以下几个要点：

第一，质量优于数量。在训练过程中，任何一个练习动作都应该按照其应有的标准去完成。比如在壶铃摆练习中，训练计划要求重复10次，但是练习者只能完成6次标准动作，那么就让他稍作休息后再完成余下的4次的练习。切不可以动作变形或代偿为代价去追求10次的数量。

第二，监控训练负荷。月有阴晴圆缺，人的精神和机能状态也会产生波动。所以练习者有的时候特别兴奋，对训练十分渴望；有的时候则显得比较冷淡，毫无训练的欲望。不同的机能状态会使练习者产生不一样的训练状态。对于前一种状态，单臂壶铃上举（20 kg），3组，每组重复10次的练习可能很容易就实现了；但对同一位练习者而言，当他处于后一种状态时，那么对于之前能够轻松完成的训练负荷，现在也可能感到十分吃力，甚至无法完成。因此，掌握练习者的机能状态就显得尤为重要。这里推荐以《运动强度与运动自觉量表》（RPE）来检测练习者主观感觉运动强度是否合适。该量表包含0 — 10共11级，其中0级最轻松，6级为中等强度，10级为最大强度。不同的人体质状况存在差异，因此在体能训练过程中，中等强度的训练一般保持在5 — 7，低强度的训练则保持在3 — 4。

0级：没什么感觉。这是休息时的感觉，丝毫不觉疲惫，呼吸完全是平缓的。在整个运动过程中完全不会有此感觉。

1级：很弱。这是在桌前工作或阅读时的感觉，丝毫不觉疲惫，而且呼吸平缓。

2级：弱。稍感疲惫或毫无疲惫感，呼吸平缓。运动时很少体验到这种感觉。

3级：温和。这是慢慢走进房间打开电视机时可能产生的感觉，稍感疲惫，可能轻微地察觉到自己的呼吸，但气息缓慢而自然。在运动初期可能有此感觉。

4级：稍强。这是在户外缓慢地步行时可能产生的感觉，感到轻微疲惫，呼吸略微急促但依然自如。在热身初期可能有此感觉。

5级：强。这是轻快地走向商店时可能产生的感觉，感到轻微疲惫，能够察觉到自己的呼吸变得急促，气息比第4级还急促一些。在热身结束时会有此感觉。

6级：中强。这是急着去约会时可能产生的感觉，感到疲惫，呼吸急促，但基本可以保持这样的状态。从热身阶段转向运动阶段期间，以及在学习如何达到第7级和第8级的初期阶段，都可能有此感觉。

7级：很强。这是做剧烈运动时可能产生的感觉，会感到疲惫，呼吸急促，但确定自己可以坚持到运动结束；虽然可以与人对话，但可能宁愿不说话，以保持运动状态。

8级：非常强。这是做非常剧烈的运动时可能产生的感觉，会感到极度疲惫，呼吸非常急促；还是可以与人对话，但不会这么做。这个阶段只适用于那些已经适应了第7级，并准备好做更激烈的训练的练习者。对很多人而言，这么剧烈的运动不容易做。

9级：超强。这是在极度剧烈的运动中产生的感觉，会感觉到极度疲惫。如果自问能否坚持到运动结束，答案可能是否定的。呼吸非常吃力，而且无法与人交谈；可能在试图达到第8级的片刻有此感觉。这是许多专业运动员训练的级数，即便对他们而言，要达到这个级数也非常困难。因此一般训练者训练不应该达到第9级；而当已达到第9级时，应该让自己慢下来。

10级：极强。不应该经历第10级，在这一级将体会到彻底的精疲力竭，在该强度下进行训练会对人体造成一定的损伤。

在训练界，运动员经常会从教练员那里听到这样一句话："没有付出就没有回报。"但事实上，这句话并不是一个好的建议。不过很多运动员还是很认真地践行了这句俗语，其结果就是"轻伤不下火线，重伤不进医院"。所以，很多运动员年纪轻轻就因伤病问题而过早退役也就不难理解了。在体能训练中同样如此，如果练习者达到了《运动强度与运动自觉量表》上的9，那么最聪明的做法就是停止训练，休息。

第三，动作准备和再生恢复。动作准备和再生恢复是从国外体能训练领域借鉴过来的。在国内的训练语境中，其对应的就是"准备活动"和"放松活动"。训练前的热身有助于练习者迅速进入训练状态，预防运动损伤；训练后的放松活动则有助于加速肌体的恢复。在后面的章节中将单独介绍有关动作准备和再生恢复的内容。

第四，时间。任何技能的习得都需要时间，体能训练同样如此。我们可以练习很长时间，可以重复很多次，也可以每天都训练，但是这样的疲劳式训练无助于更快地掌握一项技能，甚至会适得其反。在体能训练的过程中一定有耐心，不能想着通过一次课、一周的训练就实现预定的训练目标。冰冻三尺非一日之寒，体能训练既要有长远目标，也要有短期目标，再加上一段时间的训练，训练目标的实现就指日可待了。

# 第三章　踝关节功能评定与训练

踝关节是人体灵活性较好的关节，同时也是保持人体稳定的重要关节。踝关节是支撑人体的基础平台，也是连接人体和支撑面的重要的接触点，它的功能会影响整个人体的动作系统。踝关节出现代偿动作或功能障碍会导致整个人体动力链出现问题，引起身体其他部位的功能障碍。因此，踝关节的功能对于人体的运动非常重要。

# 第一节　踝关节解剖结构

## 一、踝关节骨骼结构

踝关节由腓骨、胫骨下端的关节面和距骨滑车构成，又名"距骨小腿关节"。

（一）腓骨

位置：位于小腿外侧（见图3-1）。

功能：腓骨外侧为股二头肌的肌腱和腓侧副韧带提供附着点；远端构成踝骨的外侧，并为足底韧带提供附着点。

图3-1 腓骨

（二）胫骨

位置：位于小腿内侧（见图3-2）。

功能：与距骨连结，是三角肌韧带前部纤维胫后肌、屈趾长肌的附着点。

图3-2 胫骨

（三）距骨

位置：位于跗骨上中央，与腓骨和胫骨相连（见图3-3）。

功能：支持大腿，承受人体重量；为足底韧带提供附着点。

图3-3　距骨

## 二、踝关节连接结构

踝关节的周围有关节囊附着，前、后壁薄而松弛，有利于屈伸运动，两侧有韧带使其稳固。踝关节的韧带结构对保持踝关节的稳定起着重要的作用。内侧副韧带（三角韧带）由前至后呈扇形固定踝关节的内侧，是踝关节最强大的韧带；外侧副韧带包含三条独立韧带，前为距腓前韧带，中为跟腓韧带，后为距腓后韧带。

（一）外侧副韧带

位置：起自外踝，分别向前、向下、向后内止于距骨和跟骨（见图3-4）。

组成：距腓前韧带、跟腓韧带、距腓后韧带。

功能：限制足内翻和踝关节过度背屈。

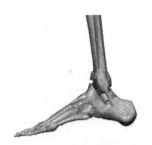

图3-4　外侧副韧带

（二）内侧副韧带

位置：起自内踝，止于距骨、跟骨、舟骨（见图3-5）。

组成：胫距前韧带、胫舟韧带、胫跟韧带、胫距后韧带。

功能：限制踝关节背屈和跖屈。

图3-5　内侧副韧带

（三）胫腓韧带

位置：位于踝关节内侧，上附着于股骨外侧髁，下附着于腓骨头部外侧（见图3-6）。

组成：胫腓前韧带、骨间韧带、胫腓后韧带、胫腓横韧带。

功能：从两侧加固踝关节，并使其具有一定的弹性。

图3-6　胫腓韧带

## 三、踝关节肌肉结构

踝关节肌肉主要分布在踝关节的前方、后方、内侧及外侧。这些肌肉收缩使踝关节背屈、跖屈、内翻和外翻，同时使踝关节具有较强的灵活性。

（一）胫骨前肌

起点：外侧髁及胫骨近端侧面三分之二处。

止点：内侧楔骨内侧面和第一跖骨底（见图3-7）。

功能：1.向心收缩：踝关节背屈和足内翻。

　　　2.离心收缩：踝关节跖屈和足外翻。

　　　3.等长收缩：稳定足弓。

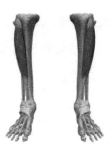

图3-7　胫骨前肌

（二）胫骨后肌

起点：腓骨和胫骨近端后方三分之二处。

止点：舟骨粗隆、楔骨（见图3-8）。

功能：1.向心收缩：踝关节跖屈和足内翻。

2.离心收缩：踝关节背屈和足外翻。

3.等长收缩：稳定足弓。

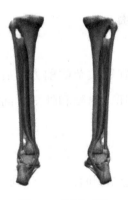

图3-8　胫骨后肌

（三）腓骨长肌

起点：骨间膜、胫骨后表面、腓骨后表面头部和上三分之二处。

止点：第一跖骨底部（见图3-9）。

功能：1.向心收缩：踝关节背屈和足外翻。

2.离心收缩：踝关节跖屈和足内翻。

3.等长收缩：稳定足弓。

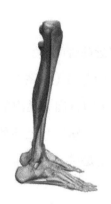

图3-9　腓骨长肌

（四）腓骨短肌

起点：腓骨远端三分之二处的外缘。

止点：跖骨外侧粗隆（见图3-10）。

功能：1.向心收缩：踝关节背屈和足外翻。

　　　2.离心收缩：踝关节跖屈和足内翻。

　　　3.等长收缩：稳定足弓。

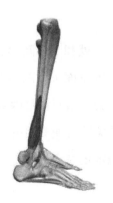

图3-10　腓骨短肌

（五）拇长伸肌

起点：腓骨前表面及邻近前骨间膜。

止点：第一趾远节趾骨的背面（见图3-11）。

功能：1.向心收缩：踝关节背屈和足内翻。

2.离心收缩：踝关节跖屈和足外翻。

3.等长收缩：稳定足弓。

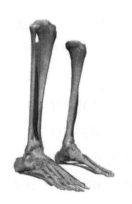

图3-11　拇长伸肌

（六）拇长屈肌

起点：后腓骨下三分之二处和下骨间膜。

止点：第一趾远节趾骨的下面（见图3-12）。

功能：1.向心收缩：踝关节跖屈和足内翻。

2.离心收缩：踝关节背屈和足外翻。

3.等长收缩：稳定足弓。

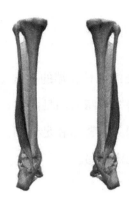

图3-12 拇长屈肌

（七）趾长伸肌

起点：胫骨外侧髁、前腓骨骨干四分之三处。

止点：第2趾 — 第5趾的趾骨远端（见图3-13）。

功能：1.向心收缩：踝关节背屈和足外翻。

2.离心收缩：踝关节跖屈和足内翻。

3.等长收缩：稳定足弓。

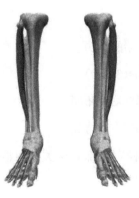

图3-13 趾长伸肌

（八）趾长屈肌

起点：胫骨后表面。

止点：第2趾 — 第5趾的趾骨远端的下方（见图3-14）。

功能：1.向心收缩：踝关节跖屈和足内翻。

2.离心收缩：踝关节背屈和足外翻。

3.等长收缩：稳定足弓。

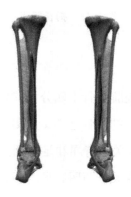

图3-14　趾长屈肌

（九）腓肠肌

起点：胫骨、腓骨上端的后方。

止点：跟骨跟腱（见图3-15）。

功能：1.向心收缩：踝关节跖屈。

2.离心收缩：踝关节背屈。

3.等长收缩：稳定足部和踝关节肌群。

图 3-15　腓肠肌

（十）比目鱼肌

起点：腓骨和胫骨后表面的上方。

止点：跟骨跟腱（见图 3-16）。

功能：1.向心收缩：踝关节跖屈。

　　　2.离心收缩：踝关节背屈。

　　　3.等长收缩：稳定足部和踝关节肌群。

图 3-16　比目鱼肌

# 第二节　踝关节功能评定

踝关节属于滑车关节，是人体中承受重量较大的关节，而且踝关节参与的运动多，容易受到损伤。如果踝关节出现功能障碍，则会导致膝关节、髋关节等出现运动代偿或损伤。因此，保持踝关节健康，对保证人体的基本生活和运动都非常重要。

## 一、踝关节灵活性评定

踝关节是以强调灵活性为主的关节，它的动作以跖屈、背屈、足内翻和足外翻为主。许多运动项目或动作都需要踝关节参与，因而对其灵活性有较高的要求。

踝关节灵活性一般通过以量角器测量踝关节的主动关节活动度和被动关节活动度的方法进行评定，将受试者实际可达到的关节活动范围同正常范围进行比较来确定该关节活动受限的程度。表3-1列出了正常的踝关节的主动关节活动范围。

表 3-1　踝关节活动度

| 动作 | 主动活动度 |
| --- | --- |
| 背屈 | 20° |
| 跖屈 | 45° |

续表

| 动作 | 主动活动度 |
|------|-----------|
| 足内翻 | 30° |
| 足外翻 | 10° |

（Jackson B H. Joint Motion: Method of Measuring and Recording[J]. American Academy of Orthopaedic Surgeons, 1965.）

踝关节灵活性评定方法主要有：

（一）踝关节背屈

受试者仰卧，双腿水平伸直，足部和踝关节处于中立位。测试者将量角器的轴心放在受试者外踝的下方，紧贴足底，使固定臂与胫骨外侧方向一致，将移动臂放在其第五跖骨的中线处（见图3-17）。受试者做踝关节背屈，腿保持不动。通过测量量角器两边的夹角，可得出踝关节主动背屈的活动度。然后测试者在此状态下对受试者的踝关节施加一定的继续背屈的力量，力量不要过大，到受试者无法承受为止；最后测出踝关节被动背屈的活动度。

图3-17　踝关节背屈

（二）踝关节跖屈

与踝关节背屈测试步骤一致，受试者仰卧。测试者将量角器放在标记好的点上（见图3-18）。受试者做踝关节跖屈到最大限度，通过计算得出踝关节主动跖屈的活动度。然后测试者在此状态下对受试者的踝关节施加一定的继续跖屈的力量，力量不要过大，到受试者无法承受为止；最后测出踝关节被动跖屈的活动度。

图3-18　踝关节跖屈

（三）踝关节内翻

受试者仰卧，双腿水平伸直，足部和踝关节处于中立位。测试者将量角器的轴心放在受试者跟骨中心，将固定臂放在其跟骨中心与地面的平行线上，将移动臂放在其第五跖骨中线处（见图3-19）。受试者做踝关节内翻到最大限度，通过计算得出踝关节内翻的主动活动度。然后测试者在此状态下对受试者的踝关节施加一定的继续内翻的力量，最后测出踝关节内翻的被动活动度。

图3-19　踝关节内翻

（四）踝关节外翻

与踝关节内翻测试步骤一致，受试者仰卧。测试者将量角器放在标记好的点上（见图3-20）。受试者做踝关节外翻到最大限度，通过计算得出踝关节外翻的主动活动度。然后测试者在此状态下对受试者的踝关节施加一定的继续外翻的力量，最后测出踝关节外翻的被动活动度。

图3-20　踝关节外翻

## 二、踝关节稳定性评定

踝关节尽管是以强调灵活性为主的关节，但是对稳定性也有较高的要求。因为踝关节承受整个人体的重量，对保持人体在运动中的平衡和承受较大的负荷都起着重要的作用。踝关节内侧、外侧的肌肉包裹是保持踝关节稳定的重要因素，因此，我们需要对踝关节稳定性进行评定。

（一）单腿站立

评定方法：

受试者单腿站立；支撑腿伸直，脚尖朝前，另一条腿抬起（见图3-21）。测试者观察受试者支撑腿的踝关节是否存在不稳定现象。

评定标准：

标准动作 —— 受试者支撑腿的足部、踝关节和膝关节在一条垂直线上，踝关节处于中立位。

代偿动作 —— 受试者支撑腿的踝关节不稳定，出现晃动现象。

图3-21　单腿站立

（二）星形漂移

评定方法：

受试者单腿站立；支撑腿微屈膝，脚尖朝前，踝关节和膝关节处于中立位，另一条腿抬起；抬起的腿脚尖向矢状面、额状面、水平面方向尽可能地伸展（见图3-22）。测试者观察受试者支撑腿的踝关节是否存在不稳定现象。

评定标准：

标准动作 —— 受试者支撑腿的足部、踝关节和膝关节在一条垂直线上，踝关节处于中立位。

代偿动作 —— 受试者支撑腿的踝关节不稳定，出现晃动和外翻现象。

图 3-22　星形漂移

（三）单腿提踵

评定方法：

受试者单腿站立；支撑腿伸直，脚尖朝前，另一条腿抬起；支撑腿做提踵练习（见图 3-23）。测试者观察受试者支撑腿的踝关节是否存在不稳定现象。

评定标准：

标准动作 —— 受试者支撑腿的足部、踝关节和膝关节在一条垂直线上，踝关节处于中立位。

代偿动作 —— 受试者支撑腿的踝关节不稳定，出现晃动和外翻现象。

图 3-23　单腿提踵

（四）深蹲

评定方法：

受试者双脚平行开立，间距与肩同宽，脚尖朝前；双手叉腰；下蹲至大腿与地面平行，然后回到起始姿势（见图3-24）。测试者观察受试者的踝关节是否存在不稳定现象。

评定标准：

标准动作 —— 受试者的足部和踝关节处于中立位。

代偿动作 —— 受试者的踝关节出现外翻，足部出现扁平足、外八字和脚后跟离地现象。

图3-24　深蹲

（五）栏架步

评定方法：

受试者双脚并拢站立，目视前方，双手叉腰；足、踝、膝和躯干都处于中立位，脚尖平齐并轻触栏架底部；腰背挺直跨过栏架，脚后跟着地，然后回到起始姿势（见图3-25）。测试者观察受试者支撑腿的踝关节和跨栏腿着地时踝关节是否稳定。

评定标准：

标准动作 —— 受试者支撑腿和跨栏腿着地时踝关节都处于中立位。

代偿动作 —— 受试者支撑腿的踝关节出现外翻，跨栏腿着地时踝关节出现外八字、内翻或外翻现象。

图 3-25  栏架步

（六）直线弓步

评定方法：

受试者前后分腿站立；目视前方；足、踝、膝和躯干都处于中立位；双手放在体侧；双腿大、小腿都成 90° 夹角，然后回到起始姿势（见图 3-26）。测试者观察受试者前面的腿的踝关节是否稳定。

评定标准：

标准动作 —— 受试者的踝关节和踝关节的运动轨迹在一条垂直线上，且踝关节处于中立位。

代偿动作 —— 受试者的踝关节出现外翻或内翻现象。

图3-26 直线弓步

# 第三节 踝关节纠正性训练

我们已经对踝关节的功能进行了评定，当踝关节出现功能障碍时，便会被肌体当成"损伤"看待，于是便开始了损伤积累循环的过程。因此，我们需要针对踝关节障碍进行纠正性训练，使其稳定性得到改善和提高。

踝关节纠正性训练方法主要包括松解技术、拉长技术、激活技术和整合技术四种。

## 一、松解技术

松解技术即使用泡沫轴、按摩球等工具对踝关节周围肌肉和运动肌群进行松解，以减小肌肉张力，降低神经、肌肉、筋膜组织的过度活跃状态。

（一）泡沫轴·胫骨前肌松解

动作要点：

1.受试者保持跪姿；将泡沫轴放在双腿小腿的前表面靠近踝关节处；

双臂伸直，支撑于肩部的正下方。

2.双腿屈髋、屈膝，坐在小腿上；双脚踝关节内扣；双手推地带动身体移动，使泡沫轴在膝关节和踝关节之间来回滚动（见图3-27）。

3.在肌肉酸痛点停留一段时间，按规定时间完成动作。

图3-27 泡沫轴·胫骨前肌松解

（二）泡沫轴·腓骨肌群松解

动作要点：

1.受试者侧卧，双腿水平伸直；测试者将泡沫轴放在受试者松解腿小腿外侧靠近踝关节处，受试者将另一条腿搭在松解腿的上方；松解腿同侧手臂以肘撑地，将身体抬离地面，另一只手叉腰（见图3-28）。

2.支撑手臂推地带动身体移动，使泡沫轴在膝关节和踝关节之间来回滚动。

3.在肌肉酸痛点停留一段时间，按规定时间完成动作；对侧亦然。

图3-28 泡沫轴·腓骨肌群松解

（三）泡沫轴·小腿肌群松解

动作要点：

1.受试者保持坐姿；测试者将泡沫轴放在受试者松解腿小腿的下方靠近踝关节处，受试者将另一条腿搭在松解腿的上方；双臂支撑于身体的后方；背部平直，腹部收紧（见图3-29）。

2.双手推地带动身体移动，使泡沫轴在小腿踝关节和腘窝之间来回滚动。

3.在肌肉酸痛点停留一段时间，按规定时间完成动作；对侧亦然。

图3-29　泡沫轴·小腿肌群松解

（四）花生球·胫骨前肌松解

动作要点：

1.受试者保持跪姿，将花生球放在松解腿小腿的前表面靠近踝关节处；双臂伸直，支撑在肩部的正下方（见图3-30）。

2.双腿屈髋、屈膝，踝关节内扣；双手推地带动身体移动，调整位置直至找到酸痛点；将花生球压在胫骨前肌处滚动。

3.在肌肉酸痛点停留一段时间，按规定时间完成动作；对侧亦然。

图3-30　花生球·胫骨前肌松解

（五）花生球·小腿肌群松解

动作要点：

1.受试者保持坐姿，双腿水平伸直；将花生球放在松解腿小腿肌群的下表面，另一条腿放在松解腿的上方；双臂支撑于身体的后方（见图3-31）。

2.调整位置直至找到酸痛点，通过踝关节背屈、跖屈带动花生球加压滚动。

3.在肌肉酸痛点停留一段时间，按规定时间完成动作；对侧亦然。

图3-31　花生球·小腿肌群松解

（六）按摩球·内、外侧腓肠肌松解

动作要点：

1.受试者保持坐姿，右腿屈膝跨于体前；将按摩球放在右小腿外侧；左手持按摩球按压在右腿小腿内侧（见图3-32）。

2.调整位置直至找到酸痛点；左手使按摩球在右腿小腿内侧加压滚动，右腿小腿向下用力按压按摩球。

3.在肌肉酸痛点停留一段时间，按规定时间完成动作；对侧亦然。

图3-32　按摩球·内、外侧腓肠肌松解

（七）按摩球·足弓滚动

动作要点：

1.受试者站立，将按摩球放在足底，将身体重心移至该侧（见图3-33）。

2.调整位置直至找到酸痛点，通过单腿移动带动按摩球加压滚动。

3.在肌肉酸痛点停留一段时间，按规定时间完成动作；对侧亦然。

图3-33　按摩球·足弓滚动

## 二、拉长技术

拉长技术即利用静态拉伸和PNF拉伸对踝关节周围那些过度活跃或被压缩的神经、肌肉、筋膜组织进行拉长，恢复踝关节的关节活动度，增加肌肉组织的延展性，使踝关节更好地完成相关动作。

（一）静态拉伸

1.胫骨前肌拉伸

动作要点：

（1）受试者站立，双臂自然垂于体侧；拉伸腿位于身体的后方，脚尖触地，踝关节内旋，与胫骨前肌肌肉走向一致（见图3-34）。

（2）身体向右侧旋转，直至胫骨前肌有中等强度的牵拉感。

（3）按规定时间保持姿势，对侧亦然。

图3-34　胫骨前肌拉伸

2.腓骨长、短肌拉伸

动作要点：

（1）受试者仰卧；拉伸腿屈髋、屈膝抬起；同侧手按住拉伸腿膝关节的后方，另一只手握住拉伸腿的前方；另一条腿水平伸直（见图3-35）。

（2）逐渐伸直拉伸腿，同时将拉伸腿的脚掌向下拉伸，直至腓骨长、短肌有中等强度的牵拉感。

（3）按规定时间保持姿势，对侧亦然。

图3-35　腓骨长、短肌拉伸

**3.腓肠肌拉伸**

动作要点：

（1）受试者双手扶墙站立；拉伸腿前脚掌紧贴墙面，脚后跟尽量靠近墙面，另一条腿于身体的后方屈膝（见图3-36）。

（2）身体的后方的腿逐渐伸直，将重心前移以拉伸腓肠肌，直至腓肠肌有中等强度的牵拉感。

（3）按规定时间保持姿势，对侧亦然。

图3-36　腓肠肌拉伸

4.比目鱼肌拉伸

动作要点：

（1）受试者保持坐姿；拉伸腿屈膝，踝关节背屈，另一条腿水平伸直；双手握住拉伸腿脚尖。

（2）以拉伸腿脚后跟为支点，将脚尖拉向身体，直至比目鱼肌有中等强度的牵拉感（见图3-37）。

（3）按规定时间保持姿势，对侧亦然。

图3-37　比目鱼肌拉伸

5.背屈肌群拉伸

动作要点：

（1）受试者保持坐姿；用泡沫轴将拉伸腿踝关节垫起，拉伸腿伸直并保持踝关节处于中立位；另一条腿屈膝。

（2）将弹力带放在拉伸腿前脚掌处，拉动弹力带使踝关节背屈，直至背屈肌群有中等强度的牵拉感（见图3-38）。

（3）按规定时间保持姿势，对侧亦然。

图 3-38　背屈肌群拉伸

**6.跖屈肌群拉伸**

动作要点：

（1）受试者保持坐姿；用泡沫轴将拉伸腿踝关节垫起，拉伸腿伸直并保持踝关节处于中立位；另一条腿屈膝。

（2）将弹力带放在拉伸腿脚背处，拉动弹力带使踝关节跖屈，直至跖屈肌群有中等强度的牵拉感（见图3-39）。

（3）按规定时间保持姿势，对侧亦然。

图 3-39　跖屈肌群拉伸

7.足外翻肌群拉伸

动作要点:

(1)受试者保持坐姿;用泡沫轴将拉伸腿踝关节垫起,拉伸腿伸直并保持踝关节处于中立位;另一条腿放在拉伸腿的下方。

(2)将弹力带放在拉伸腿前脚掌处,拉动弹力带使踝关节外翻,直至足外翻肌群有中等强度的牵拉感(见图3-40)。

(3)按规定时间保持姿势,对侧亦然。

图3-40　足外翻肌群拉伸

8.足内翻肌群拉伸

动作要点:

(1)受试者保持坐姿;用泡沫轴将拉伸腿踝关节垫起,拉伸腿伸直,保持踝关节处于中立位,另一条腿水平伸直。

(2)将弹力带放在拉伸腿前脚掌处,拉动弹力带使踝关节内翻,直至足内翻肌群有中等强度的牵拉感(见图3-41)。

(3)按规定时间保持姿势,对侧亦然。

图3-41　足内翻肌群拉伸

（二）PNF拉伸

1.PNF拉伸·胫骨前肌

动作要点：

（1）受试者仰卧，收紧小腿肌肉使拉伸腿踝关节跖屈。

（2）牵拉者左手托住受试者拉伸腿脚后跟，右手握住其同侧脚掌（见图3-42）。

（3）受试者缓慢地背屈，对抗牵拉者施加的阻力；牵拉者协助受试者做胫骨前肌等长收缩并保持6秒。

（4）等长收缩后，回到起始位置，让受试者放松并深吸气。

（5）受试者呼气，收紧腓肠肌，踝关节进一步跖屈；可进一步加大对胫骨前肌的牵拉幅度。

（6）按规定次数重复动作，对侧亦然。

图3-42　PNF拉伸·胫骨前肌

2.PNF拉伸·腓肠肌

动作要点:

（1）受试者仰卧；将拉伸腿伸直并抬起，另一条腿水平伸直。

（2）牵拉者站在受试者拉伸腿侧，将其拉伸腿放在自己的腿上；右手在其拉伸腿脚掌处握住其脚后跟，左手握住其踝关节，缓慢地在其踝关节上施加一定大小的力（见图3-43）。

（3）受试者缓慢地向对角方向对抗牵拉者施加的阻力，牵拉者协助受试者做腓肠肌等长收缩并保持6秒。

（4）等长收缩后，回到起始位置，让受试者放松并深吸气。

（5）受试者呼气，牵拉者抬高其拉伸腿。可进一步加大对受试者腓肠肌的牵拉幅度。

（6）按规定次数重复动作，对侧亦然。

图3-43　PNF拉伸·腓肠肌

3.PNF拉伸·比目鱼肌

动作要点:

（1）受试者俯卧；左侧踝关节屈曲90°，尽可能地背屈；双手自然放在体侧。

（2）牵拉者站在受试者左侧；左手绕过其左腿小腿，双手交叉压在其左脚前脚掌处，将其脚后跟抵在自己左肩的前方（见图3-44）。

（3）受试者缓慢地跖屈，对抗牵拉者施加的阻力；牵拉者协助受试者做比目鱼肌等长收缩并保持6秒。

（4）等长收缩后，回到起始位置，让受试者放松并深吸气。

（5）受试者呼气，收缩胫骨前肌，踝关节继续背屈；可进一步加大对比目鱼肌的牵拉幅度。

（6）按规定次数重复动作，对侧亦然。

图3-44　PNF拉伸·比目鱼肌

### 4.PNF拉伸·背屈肌群

动作要点：

（1）受试者仰卧；拉伸腿水平伸直，拉伸腿踝关节背屈；另一条腿同样水平伸直。

（2）牵拉者站在受试者拉伸腿侧；右手握住其拉伸腿前脚掌，左手抵住其同侧膝关节，缓慢地在其踝关节上施加一定大小的力（见图3-45）。

（3）受试者缓慢地向对角方向对抗牵拉者施加的阻力，牵拉者协助受试者做背屈肌群等长收缩并保持6秒。

（4）等长收缩后，回到起始位置，让受试者放松并深吸气。

（5）受试者呼气，牵拉者抬高其拉伸腿。可进一步加大对受试者背屈肌群的牵拉幅度。

（6）按规定次数重复动作，对侧亦然。

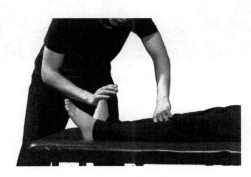

图3-45　PNF拉伸·背屈肌群

**5.PNF拉伸·跖屈肌群**

动作要点：

（1）受试者仰卧；拉伸腿水平伸直，拉伸腿踝关节跖屈，另一条腿同样水平伸直。

（2）牵拉者站在受试者拉伸腿侧；左手握住其拉伸腿脚后跟，右手握住其同侧脚背，缓慢地在其踝关节上施加一定大小的力（见图3-46）。

（3）受试者缓慢地向对角方向对抗牵拉者施加的阻力，牵拉者协助受试者做跖屈肌群等长收缩并保持6秒。

（4）等长收缩后，回到起始位置，让受试者放松并深吸气。

（5）受试者呼气，牵拉者继续对其背屈肌群施加力量。可进一步加大对受试者跖屈肌群的牵拉幅度。

（6）按规定次数重复动作，对侧亦然。

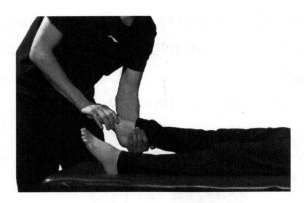

图3-46　PNF拉伸·跖屈肌群

**6.PNF拉伸·足外翻肌群**

动作要点：

（1）受试者仰卧；拉伸腿水平伸直，踝关节外翻，另一条腿同样水平伸直。

（2）牵拉者站在受试者拉伸腿侧；左手握住其拉伸腿前脚掌，右手握住其同侧踝关节，缓慢地在其踝关节上施加一定大小的力（见图3-47）。

（3）受试者缓慢地向对角方向对抗牵拉者施加的阻力，牵拉者协助受试者做足外翻肌群等长收缩并保持6秒。

（4）等长收缩后，回到起始位置，让受试者放松并深吸气。

（5）受试者呼气，牵拉者继续对其足外翻肌群施加力量。可进一步加大对受试者足外翻肌群的牵拉幅度。

（6）按规定次数重复动作，对侧亦然。

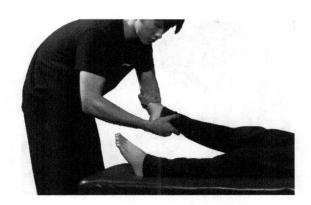

图3-47　PNF拉伸·足外翻肌群

7.PNF拉伸·足内翻肌群

动作要点：

（1）受试者仰卧；拉伸腿水平伸直，踝关节内翻，另一条腿同样水平伸直。

（2）牵拉者站在受试者拉伸腿侧；右手握住其拉伸腿脚背，左手握住其同侧踝关节，缓慢地在其踝关节上施加一定大小的力（见图3-48）。

（3）受试者缓慢地向对角方向对抗牵拉者施加的阻力，牵拉者协助受试者做足内翻肌群等长收缩并保持6秒。

（4）等长收缩后，回到起始位置，让受试者放松并深吸气。

（5）受试者呼气，牵拉者继续对其足内翻肌群施加力量。可进一步加大对受试者足内翻肌群的牵拉幅度。

（6）按规定次数重复动作，对侧亦然。

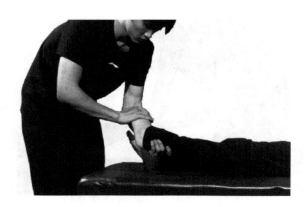

图3-48 PNF拉伸·足内翻肌群

## 三、激活技术

激活技术即通过分离强化和定位等长对踝关节进行训练，目的是刺激踝关节周围不够活跃的肌肉，通过向心、离心训练和定位等长运动增强踝关节的灵活性和稳定性。

（一）分离强化训练

1.抓毛巾

动作要点：

（1）受试者保持坐姿；双腿分开并屈膝，脚后跟着地；背部平直。

（2）将毛巾放在脚掌的下方，用脚趾抓毛巾，踝关节处于中立位（见图3-49）。

（3）回到起始姿势，按规定次数重复动作；对侧亦然。

图 3-49　抓毛巾

2.靠墙弓步

动作要点：

（1）受试者前后分腿站立；双手扶墙；支撑腿脚尖距离墙面约两个脚掌长，后面的腿伸直。

（2）后面的腿蹬地发力，将身体重心向前移动；支撑腿屈膝向前；踝关节和膝关节的运动轨迹在一个平面内，踝关节处于中立位（见图3-50）。

（3）回到起始姿势，按规定次数重复动作；对侧亦然。

图 3-50　靠墙弓步

3. 内旋提踵

动作要点：

（1）受试者站立；全脚掌着地，踝关节和膝关节处于中立位，踝关节内旋。

（2）提高双脚脚后跟，使踝关节跖屈；保持身体稳定，踝关节和膝关节的运动轨迹在一个平面内（见图3-51）。

（3）回到起始姿势，按规定次数重复动作。

图3-51　内旋提踵

4. 深蹲提踵

动作要点：

（1）受试者深蹲；双腿屈髋、屈膝，全脚掌着地，踝关节和膝关节处于中立位；双臂前平举，背部平直。

（2）提高双脚脚后跟，使踝关节跖屈；保持身体稳定，踝关节和膝关节的运动轨迹在一个平面内（见图3-52）。

（3）回到起始姿势，按规定次数重复动作。

图3-52　深蹲提踵

**5.弹力带·踝关节背屈**

动作要点：

（1）受试者保持坐姿；上身保持不动，双臂支撑于身体的后方；双腿水平伸直，将弹力带绑在训练腿脚背处（见图3-53）。

（2）训练腿以踝关节为轴做踝关节背屈练习；将弹力带向相反方向拉动，练习时足、踝关节和膝关节在一个平面内，踝关节处于中立位。

（3）回到起始姿势，按规定次数重复动作；对侧亦然。

图3-53　弹力带·踝关节背屈

**6.弹力带·踝关节跖屈**

动作要点：

（1）受试者保持坐姿；上身保持不动，双臂支撑于身体的后方；双腿水平伸直，将弹力带绑在训练腿脚背处（见图3-54）。

（2）训练腿以踝关节为轴做踝关节跖屈练习；将弹力带向相反方向拉动；练习时足、踝关节和膝关节在一个平面内，踝关节处于中立位。

（3）回到起始姿势，按规定次数重复动作；对侧亦然。

图3-54　弹力带·踝关节跖屈

**7.弹力带·踝关节外翻**

动作要点：

（1）受试者保持坐姿；上身保持不动，双臂支撑于身体的后方；双腿水平伸直，将弹力带绑在训练腿脚背处（见图3-55）。

（2）训练腿以踝关节为轴做踝关节外翻练习；将弹力带向相反方向拉动；练习时足部、踝关节和膝关节在一个平面内，踝关节处于中立位。

（3）回到起始姿势，按规定次数重复动作；对侧亦然。

图3-55　弹力带·踝关节外翻

8. 弹力带·踝关节内翻

动作要点：

（1）受试者保持坐姿；上身保持不动，双臂支撑于身体的后方；双腿水平伸直，将弹力带绑在训练腿脚背的上方（见图3-56）。

（2）训练腿以踝关节为轴做踝关节内翻练习；将弹力带向相反方向拉动；练习时足、踝关节和膝关节在一个平面内，踝关节处于中立位。

（3）回到起始姿势，按规定次数重复动作；对侧亦然。

图3-56　弹力带·踝关节内翻

9. 弹力带·高抬腿

动作要点：

（1）受试者站立；双脚间距与肩同宽，将弹力带绑在双脚前脚掌处；上身保持不动。

（2）一条腿抬起，抬至大腿与地面垂直，全程保持勾脚状态；运动轨迹在一个平面内（见图3-57）。

（3）回到起始姿势，按规定次数重复动作；对侧亦然。

图 3-57　弹力带·高抬腿

10. 哑铃·单腿提踵

动作要点：

（1）受试者单腿站在跳箱上，另一条腿在箱外处于悬空状态；双手握哑铃，自然垂于体侧。

（2）提高支撑腿的脚后跟，使踝关节跖屈，然后回到起始姿势；保持踝关节和膝关节的运动轨迹在一个平面内，踝关节处于中立位（见图3-58）。

（3）回到起始姿势，按规定次数重复动作；对侧亦然。

图 3-58　哑铃·单腿提踵

11.哑铃·保加利亚蹲

动作要点：

（1）受试者前后分腿站立；左脚放在支撑面上；双手握哑铃，自然垂于体侧。

（2）右腿屈髋、屈膝下蹲，直至大腿与地面平行（见图3-59）；然后迅速站起。下蹲时保持踝关节和膝关节在一个平面内，踝关节处于中立位。

（3）回到起始姿势，按规定次数重复动作；对侧亦然。

图3-59　哑铃·保加利亚蹲

12.哑铃·捧杯式深蹲

动作要点：

（1）受试者双脚平行开立，间距比肩稍宽；双手捧杯式持哑铃于胸前。

（2）保持背部平直，向下深蹲，同时保持哑铃位置不变（见图3-60）；匀速站起，直至身体直立。

（3）回到起始姿势，按规定次数重复动作。

图3-60    哑铃·捧杯式深蹲

（二）定位等长训练

1.背屈肌群训练

动作要点：

（1）受试者仰卧或保持坐姿；抬起一条腿做踝关节背屈动作到最大限度。

（2）牵拉者站在受试者下肢处；一手放在其抬起的腿踝关节处，一手放在其同侧前脚掌处（见图3-61）。牵拉者对受试者的踝关节施加与背屈相反的力，受试者对抗其阻力。

（3）牵拉者施加踝关节背屈的阻力分别为最大主动收缩力量（MVC）的25%、50%、75%和100%，保持4秒等长收缩（每次收缩间歇2秒）。

（4）按规定次数重复动作，对侧亦然。

图3-61    背屈肌群训练

2.跖屈肌群训练

动作要点：

（1）受试者仰卧或保持坐姿；抬起一条腿做踝关节跖屈动作到最大限度。

（2）牵拉者站在受试者下肢处；一手放在其抬起的腿踝关节处，一手放在其同侧脚背处（见图3-62）。牵拉者对受试者的踝关节施加与跖屈相反的力，受试者对抗其阻力。

（3）牵拉者施加踝关节跖屈的阻力分别为最大主动收缩力量（MVC）的25%、50%、75%和100%，保持4秒等长收缩（每次收缩间歇2秒）。

（4）按规定次数重复动作，对侧亦然。

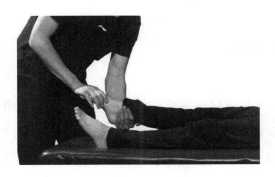

图3-62　跖屈肌群训练

3.足内翻肌群训练

动作要点：

（1）受试者仰卧或保持坐姿；抬起一条腿做足内翻动作到最大限度。

（2）牵拉者站在受试者下肢处；一手放在其内翻腿踝关节处，一手放在其同侧足部内侧（见图3-63）。牵拉者对受试者的踝关节施加与内翻相反的力，受试者对抗其阻力。

（3）牵拉者施加足内翻的阻力分别为最大主动收缩力量（MVC）的25%、50%、75%和100%，保持4秒等长收缩（每次收缩间歇2秒）。

（4）按规定次数重复动作，对侧亦然。

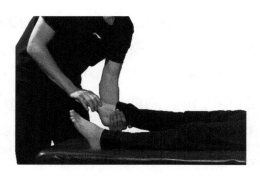

图3-63　足内翻肌群训练

4.足外翻肌群训练

动作要点：

（1）受试者仰卧或保持坐姿；抬起一条腿做足外翻动作到最大限度。

（2）牵拉者站在受试者下肢处；一手放在其外翻腿踝关节处，一手放在其同侧足部外侧（见图3-64）。牵拉者对受试者的踝关节施加与外翻相反的力，受试者对抗其阻力。

（3）牵拉者施加足外翻的阻力分别为最大主动收缩力量（MVC）的25%、50%、75%和100%，保持4秒等长收缩（每次收缩间歇2秒）。

（4）按规定次数重复动作，对侧亦然。

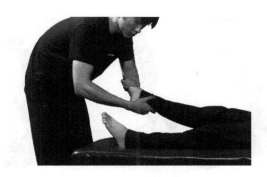

图3-64　足外翻肌群训练

## 四、整合技术

整合技术即通过多平面、多关节的动态动作练习对踝关节进行再训练，重塑踝关节良好的神经控制能力，提高肌肉的协调性，使其成为一个具有功能性的关节，减少运动损伤的发生。

（一）单腿跳

动作要点：

1.受试者以单腿运动姿势站立，另一条腿抬离地面；背部平直；双臂微屈，放在髋部两侧。

2.双臂迅速向上摆，以手臂带动身体迅速伸髋、伸膝；起跳脚蹬离地面，向前跳跃。

3.落地时，另一条腿着地；屈髋、屈膝落地缓冲的同时，双臂下摆至髋部两侧；踝关节保持稳定，以该腿单腿运动姿势站立（见图3-65）。

4.回到起始姿势，按规定次数重复动作；对侧亦然。

图3-65　单腿跳

（二）四方格跳跃

动作要点：

1.受试者站立；双腿并拢、伸直，双手叉腰，膝关节处于中立位，背部平直。

2.前脚掌着地，以十字交叉或旋转的方式跳跃（见图3-66）。需要保证一定的频率和速度，带动身体迅速伸髋、伸膝。

3.回到起始姿势，按规定次数重复动作。

图3-66　四方格跳跃

（三）六边形跳跃

动作要点：

1.受试者以运动姿势站立；双腿并拢、伸直，双手叉腰，膝关节处于中立位，背部平直。

2.前脚掌着地，以旋转、内外的方式跳跃六个角或六个边线（见图3-67）。需要保证一定的频率和速度，带动身体迅速伸髋、伸膝。

3.回到起始姿势，按规定次数重复动作。

图3-67　六边形跳跃

（四）十字平衡练习

动作要点：

1.受试者单腿站立；支撑腿屈膝，处于中立位，脚尖朝前，另一条腿抬起。

2.支撑腿踝关节保持稳定；另一条腿分别向前、后、左、右伸展，用脚尖触碰标志桶（见图3-68）。

3.回到起始姿势，按规定次数重复动作；对侧亦然。

图3-68　十字平衡练习

（五）单脚站立抓球练习

动作要点：

1.受试者单腿站立；支撑腿处于中立位；另一条腿向身体的后方抬起。

2.支撑腿踝关节保持稳定，移动躯干去抓地上的球，回到起始位置再将球放下（见图3-69）。

3.回到起始姿势，按规定次数重复动作；对侧亦然。

图3-69　单脚站立抓球练习

（六）小栏架·双脚跳

动作要点：

1.受试者面向小栏架站立；双脚间距与肩同宽，膝关节处于中立位；背部平直。

2.双臂迅速摆动，以手臂带动身体迅速伸髋、伸膝；双脚蹬离地面，向前连续跨越小栏架（见图3-70）。

3.回到起始姿势，按规定次数重复动作。

图3-70 小栏架·双脚跳

（七）小栏架·单腿侧跨跳

动作要点：

1.受试者单腿站立在小栏架一侧，膝关节处于中立位，背部平直。

2.双臂迅速摆动，以手臂带动身体迅速伸髋、伸膝；单脚蹬离地面，侧向连续跨越小栏架（见图3-71）。

3.回到起始姿势，按规定次数重复动作；对侧亦然。

图3-71　小栏架·单腿侧跨跳

（八）哑铃·单腿深蹲

动作要点：

1.受试者单腿站立，另一条腿悬空；悬空腿一侧手握哑铃，自然垂于体侧；躯干直立。

2.臀部向身体的后方移动；支撑腿屈膝下蹲到最大限度，踝关节处于中立位（见图3-72）。

3.回到起始姿势，按规定次数重复动作；对侧亦然。

图3-72　哑铃·单腿深蹲

（九）哑铃·台阶步

动作要点：

1.受试者面向跳箱站立；双手握哑铃，自然垂于体侧。

2.左脚站上跳箱直至左腿完全伸直；右腿屈膝抬起（见图3-73）；身体下降，直至右脚着地。

3.回到起始姿势，按规定次数重复动作；对侧亦然。

图3-73　哑铃·台阶步

（十）BOSU球·分腿蹲

动作要点：

1.受试者保持高分腿姿势；前支撑脚踩在BOSU球上，身体重心保持在前支撑腿上；双手叉腰。

2.屈髋、屈膝下蹲，双腿大、小腿都成90°夹角；后支撑腿膝关节几乎贴地，控制好身体平衡和前支撑腿踝关节（见图3-74）。

3.回到起始姿势，按规定次数重复动作；对侧亦然。

图3-74　BOSU球·分腿蹲

（十一）BOSU球·单腿罗马尼亚硬拉

动作要点：

1.受试者单腿站立；支撑脚踩在BOSU球上，另一条腿屈膝抬起；双臂放在体侧。

2.以支撑腿髋关节为轴，另一条腿伸直并向身体的后方抬起，支撑腿一侧手臂向前伸直；同时身体前倾，直至身体与抬起的腿的连线几乎与地面平行；支撑腿微屈（见图3-75）。

3.回到起始姿势，按规定次数重复动作；对侧亦然。

图3-75　BOSU球·单腿罗马尼亚硬拉

（十二）滑垫·后向弓步

动作要点：

1.受试者站立，右脚踩在滑垫上，双手叉腰。

2.保持身体重心在左腿；右脚将滑垫向身体的后方滑动做低分腿运作，保持踝关节稳定（见图3-76）。

3.回到起始姿势，按规定次数重复动作；对侧亦然。

图3-76 滑垫·后向弓步

（十三）滑垫·侧向弓步

动作要点：

1.受试者站立，右脚踩在滑垫上，双手相握放在胸前。

2.保持身体重心在左腿；右脚将滑垫向右侧滑动；同时左腿屈髋、屈膝成侧弓步，保持踝关节稳定（见图3-77）。

3.回到起始姿势，按规定次数重复动作；对侧亦然。

图3-77　滑垫·侧向弓步

（十四）悬吊带·侧向单腿深蹲

动作要点：

1.受试者单腿站立；左脚撑在体侧的悬吊带把手内，双腿伸直，双手相扣放在胸前。

2.保持左腿伸直，臀部向身体的后方移动；右腿屈髋、屈膝下蹲，直至大腿与地面平行，保持踝关节稳定（见图3-78）。

3.回到起始姿势，按规定次数重复动作；对侧亦然。

图3-78　悬吊带·侧向单腿深蹲

（十五）跳箱·单腿深蹲

动作要点：

1.受试者单腿站立；支撑脚站在跳箱边缘，另一条腿悬空；双臂前平举。

2.支撑腿屈髋、屈膝下蹲到最大限度，踝关节处于中立位（见图3-79）。

3.回到起始姿势，按规定次数重复动作；对侧亦然。

图3-79 跳箱·单腿深蹲

（十六）跳箱·单腿跳

动作要点：

1.受试者以运动姿势面向跳箱，踝关节处于中立位，双脚间距与肩同宽，背部平直。

2.双臂迅速摆动，以手臂带动身体迅速伸髋、伸膝；双脚蹬离地面，向前跳上跳箱。

3.跳上跳箱时，屈髋、屈膝落地缓冲的同时双臂下摆至髋部两侧；保持支撑腿踝关节和膝关节稳定，以单腿运动姿势站立（见图3-80）。

4.回到起始姿势，按规定次数重复动作；对侧亦然。

图 3-80　跳箱·单腿跳

# 第四章　膝关节功能评定与训练

膝关节是人体最大、最复杂的关节，属于滑车关节。长期从事重体力劳动、剧烈弹跳运动的人的膝关节很容易损伤，主要症状有滑膜炎、交叉韧带撕裂、半月板损伤、软骨损伤等。膝关节独特的解剖结构能够使承受重力所需的稳定性和改变方向所需的灵活性达到平衡，一些特定的结构有助于支撑膝部并缓冲震荡。

# 第一节　膝关节解剖结构

膝关节由股骨下端、胫骨上端和髌骨构成。膝关节的滑膜层是全身关节中最宽阔、最复杂的，附着于该关节各骨的关节面，覆盖关节内除了关节软骨和半月板的所有结构。膝关节的关节囊薄而松弛，附着于各关节面，周围有韧带，对其具有加固作用，以增加关节的稳定性。

## 一、膝关节骨骼结构

膝关节由股骨下端、胫骨上端和髌骨构成。

（一）股骨

位置：位于大腿内部（见图4-1）。

功能：承受身体的重量和运动产生的力量，可协助进行走路和跑步所需的全方位动作。

图4-1　股骨

（二）胫骨

位置：位于小腿内侧（见图4-2）。

功能：胫骨前粗隆为髌韧带提供附着点，后表面为交叉韧带提供附着点。

图4-2　胫骨

（三）髌骨

位置：位于大、小腿之间，与股骨髌面相连（见图4-3）。

功能：为膝关节提供保护，上、下表面为髌韧带提供附着点。

图4-3 髌骨

## 二、膝关节连接结构

膝关节的关节囊薄而松弛，附着于各关节面，周围有韧带，对其具有加固作用，以增加关节的稳定性。

（一）髌韧带

位置：位于邻近椎体的平整面之间（见图4-4）。

功能：起屈伸膝关节的作用，也有避免膝关节过度屈曲的作用。

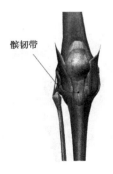

髌韧带

图4-4 髌韧带

（二）腓侧副韧带

位置：位于膝关节外侧。上起自股骨外上髁，下止于腓骨头部外侧（见图4-5）。

功能：从两侧加固膝关节，防止膝关节过度侧曲。

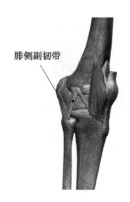

腓侧副韧带

图4-5　腓侧副韧带

（三）胫侧副韧带

位置：位于膝关节内侧。上附着于股骨外侧髁，下附着于腓骨头部外侧（见图4-6）。

功能：从两侧加固膝关节，防止膝关节过度侧曲。

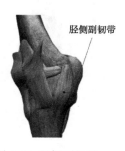

胫侧副韧带

图4-6　胫侧副韧带

（四）腘斜韧带

位置：位于膝关节后方的深层。起自胫骨内侧髁，斜向外上方，止于股骨外上髁（见图4-7）。

功能：防止膝关节过度外旋和过度伸展。

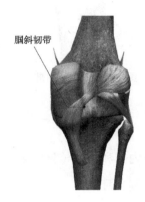

腘斜韧带

图4-7　腘斜韧带

（五）膝交叉韧带

位置：位于关节腔内（见图4-8）。

组成：前交叉韧带、后交叉韧带。

功能：膝交叉韧带是保持膝关节稳定性的重要组织，防止膝关节过度屈、伸和旋转。

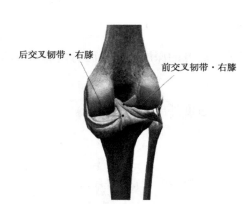

图4-8　膝交叉韧带

（六）半月板

位置：位于胫骨关节面内侧和外侧（见图4-9）。

组成：内侧半月板、外侧半月板。

功能：增加关节的稳定性，起缓冲震荡的作用。

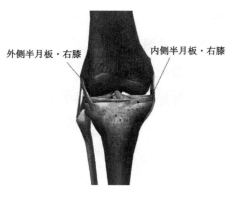

图4-9　半月板

### 三、膝关节肌肉结构

保持膝关节动态稳定性的肌肉主要分布于膝关节的前表面、后表面、内侧及外侧。这些肌肉收缩使关节产生运动，并且为胫股关节的结构（包括韧带和半月板）提供动态保护。

（一）股直肌

起点：髂前下棘、髋臼下缘。

止点：髌骨底部、胫骨粗隆（见图4-10）。

功能：1.向心收缩：伸膝。

　　　2.离心收缩：屈膝。

　　　3.等长收缩：保持膝关节稳定。

图4-10　股直肌

（二）股中间肌

起点：股骨体前外侧上方三分之二处。

止点：髌骨底部、胫骨粗隆（见图4-11）。

功能：1.向心收缩：伸膝。

2.离心收缩：屈膝。

3.等长收缩：保持膝关节稳定。

图4-11　股中间肌

（三）股外侧肌

起点：股骨大转子的前方和下方边缘、臀肌粗隆外侧面区域、股骨粗线外侧唇。

止点：髌骨底部、胫骨粗隆（见图4-12）。

功能：1.向心收缩：伸膝。

2.离心收缩：屈膝。

3.等长收缩：保持膝关节稳定。

图4-12　股外侧肌

（四）股内侧肌

起点：股骨粗线内侧唇。

止点：髌骨底部、胫骨粗隆（见图4-13）。

功能：1.向心收缩：伸膝。

　　　2.离心收缩：屈膝。

　　　3.等长收缩：保持膝关节稳定。

图4-13　股内侧肌

（五）半腱肌

起点：骨盆的坐骨结节和部分骶结节韧带。

止点：胫骨内侧髁的上方（鹅足肌腱位置）（见图4-14）。

功能：1.向心收缩：屈膝和胫骨内旋。

2.离心收缩：伸膝和胫骨外旋。

3.等长收缩：保持膝关节稳定。

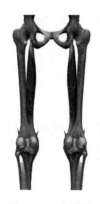

图4-14　半腱肌

（六）半膜肌

起点：坐骨结节。

止点：胫骨内侧髁的后方（见图4-15）。

功能：1.向心收缩：屈膝和胫骨内旋。

2.离心收缩：伸膝和胫骨外旋。

3.等长收缩：保持膝关节稳定。

图 4-15　半膜肌

（七）股二头肌

起点：长头起自坐骨结节，短头起自股骨的后方。

止点：腓骨头（见图 4-16）。

功能：1. 向心收缩：屈膝和胫骨内旋。

　　　2. 离心收缩：伸膝和胫骨外旋。

　　　3. 等长收缩：保持膝关节稳定。

图 4-16　股二头肌

（八）缝匠肌

起点：髂前上棘。

止点：胫骨上端内侧面（见图4-17）。

功能：1.向心收缩：膝关节屈曲、内旋。

2.离心收缩：膝关节伸展、外旋。

3.等长收缩：保持膝关节稳定。

图4-17　缝匠肌

（九）腓肠肌

起点：胫骨、腓骨上端的后方。

止点：跟骨跟腱（见图4-18）。

功能：1.向心收缩：膝关节屈曲。

2.离心收缩：膝关节伸展。

3.等长收缩：保持膝关节稳定。

图4–18 腓肠肌

# 第二节 膝关节功能评定

膝关节是全身关节中滑膜面积最大的关节，位于大、小腿之间；膝关节也是人体较大、较复杂的屈曲关节。由于膝关节负重大，承担的运动多，因此容易受到损伤。因此，保持膝关节健康对于保持其稳定性和灵活性非常重要。

## 一、膝关节灵活性评定

膝关节是以强调稳定性为主的关节，但也具有一定的灵活性，它的动作以屈曲、伸展、内旋和外旋为主。如果膝关节灵活性下降，会导致能量的泄露和代偿动作的产生，增大踝关节及髋关节损伤的风险。因此，我们需要对膝关节灵活性进行评定。

膝关节灵活性一般通过以量角器测量膝关节的主动关节活动度和被动

关节活动度的方法进行评定，将受试者实际可达到的关节活动范围同正常范围进行比较来确定该关节活动受限的程度。表4-1列出了正常的膝关节的主动关节活动范围。

表 4-1 膝关节活动度

| 动作 | 主动活动度 |
| --- | --- |
| 屈曲 | 135° |
| 伸展 | 15° |
| 内旋 | 30° |
| 外旋 | 40° |

（Jackson B H. Joint Motion：Method of Measuring and Recording[J]. American Academy of Orthopaedic Surgeons，1965.）

膝关节灵活性评定方法主要有：

（一）膝关节屈曲

受试者俯卧，双腿水平伸直。测试者将量角器的轴心放在受试者股骨外侧髁上，使固定臂与股骨方向一致，移动臂与胫骨方向一致（见图4-19）。受试者做膝关节屈曲，大腿保持不动。通过测量量角器两边的夹角，可得出膝关节主动屈曲的活动度。然后测试者在此状态下对受试者的膝关节施加一定的继续屈曲的力量，力量不要过大，到受试者无法承受为止；最后测出膝关节被动屈曲的活动度。

图 4-19　膝关节屈曲

（二）膝关节伸展

与膝关节屈曲测试步骤一致，受试者仰卧。测试者将量角器放在标记好的点上。受试者将腿抬起并自然伸直，做膝关节伸展到最大限度（见图4-20）；通过计算得出膝关节主动伸展的活动度。然后测试者在此状态下对受试者的膝关节施加一定的继续伸展的力量，力量不要过大，到受试者无法承受为止；最后测出膝关节被动伸展的活动度。

图 4-20　膝关节伸展

（三）膝关节内旋

受试者保持坐姿，小腿自然下垂。测试者将量角器的轴心放在受试者髌骨中心，将固定臂放在髌骨中心与地面的垂直线或水平线上，移动臂与胫骨方向一致（见图4-21）。测试者将手放在受试者踝关节和大腿处，防止内旋过程中大腿转动和踝关节内翻。受试者做膝关节内旋到最大限度，通过计算得出继续内旋的主动活动度。然后测试者在此状态下对受试者的膝关节施加一定的继续内旋的力量，最后测出膝关节被动内旋的活动度。

图4-21　膝关节内旋

（四）膝关节外旋

与膝关节内旋测试步骤一致，受试者保持坐姿。测试者将量角器放在标记好的点上（见图4-22）。测试者将手放在受试者踝关节和大腿处，防止外旋过程中大腿转动和踝关节外翻。受试者做膝关节外旋到最大限度，通过计算得出膝关节外旋的主动活动度。然后测试者在此状态下对受试者的膝关节施加一定的继续外旋的力量，最后测出膝关节被动外旋的活动度。

图4-22　膝关节外旋

## 二、膝关节稳定性评定

膝关节是强调稳定性功能的关节，对保持人体在运动中的平衡、承受较大的负荷、完成各种复杂的运动动作等都起着积极的作用。在正常情况下，膝关节的结构和机能是稳定的，这是因为膝关节内、外含有各种稳定装置，其中静态的稳定是以韧带的作用为主的，动态的稳定则有肌肉的参与。

如果膝关节稳定性缺失，会使相邻的关节产生代偿动作，造成运动损伤。因此我们需要对膝关节稳定性进行评定。

（一）静态姿势评估

评定方法：

受试者保持标准站立姿势，双腿伸直。测试者分别从正面、侧面和后面观察受试者的膝关节是否存在屈曲、内旋、内收现象（见图4-23）。

评定标准：

标准动作——受试者的膝关节和踝关节在一条垂直线上。

代偿动作——受试者的膝关节出现屈曲、内旋、内收现象。

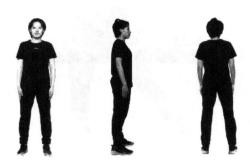

图4-23　静态姿势评估

（二）过顶深蹲

评定方法：

受试者双脚平行开立，间距与肩同宽，脚尖朝前；双臂伸直，高举过头；下蹲直至大腿与地面平行，然后回到起始姿势。测试者分别从正面、侧面和后面观察受试者的动作（见图4-24）。

评定标准：

标准动作 —— 受试者的膝关节和踝关节的运动轨迹在一条垂直线上。

代偿动作 —— 受试者的膝关节出现内扣（内收、内旋）和外移（外展、外旋）现象。

图4-24　过顶深蹲

（三）单腿蹲

评定方法：

受试者单腿站立，双手叉腰，目视前方；支撑腿脚尖朝前，足、踝、膝和躯干处于中立位（见图4-25）；下蹲到最大限度，然后回到起始姿势。测试者从正面观察受试者的膝关节的变化。

评定标准：

标准动作 —— 受试者的膝关节和踝关节成一条直线。

代偿动作 —— 受试者的膝关节出现内收和内旋现象。

图4-25　单腿蹲

（四）团身跳

评定方法：

受试者保持运动姿势，目视前方；双臂前摆，迅速向上跳起，双腿向上抬起，靠近躯干，然后回到起始姿势（见图4-26）。测试者从正面观察受试者的膝关节的变化。

评定标准：

标准动作 —— 受试者双脚着地时膝关节和踝关节的运动轨迹在一条垂直线上。

代偿动作 —— 受试者双脚着地时膝关节出现外翻现象。

图4-26　团身跳

# 第三节　膝关节纠正性训练

我们已经对膝关节的功能进行了评定，当膝关节出现功能障碍时，便会被肌体当成"损伤"看待，于是便开始了损伤积累循环的过程。因此，我们需要针对膝关节障碍进行纠正性训练，使其稳定性得到改善和提高。

膝关节纠正性训练方法主要包括松解技术、拉长技术、激活技术和整合技术四种。

## 一、松解技术

松解技术即使用泡沫轴、按摩球等工具对膝关节周围大腿、小腿的肌肉和运动肌群进行松解，以减小肌肉张力，降低神经、肌肉、筋膜组织的过度活跃状态。

（一）泡沫轴·股四头肌松解

动作要点：

1. 受试者俯卧，双腿伸直，双肘撑地。测试者将泡沫轴放在受试者大腿的前表面（见图4-27）。

2. 双臂屈伸带动身体移动，使泡沫轴从骨盆至膝关节的上方来回滚动。

3. 在肌肉酸痛点停留一段时间，按规定时间完成动作。

图4-27　泡沫轴·股四头肌松解

（二）泡沫轴·股二头肌松解

动作要点：

1. 受试者保持坐姿，双腿水平伸直；双臂支撑于身体的后方，背部平直，腹部收紧。测试者将泡沫轴放在受试者大腿的后表面（见图4-28）。

2. 双手推地带动身体移动，使泡沫轴从坐骨结节至腘窝来回滚动。

3. 在肌肉酸痛点停留一段时间，按规定时间完成动作。

图4-28　泡沫轴·股二头肌松解

（三）泡沫轴·大腿内侧肌群松解

动作要点：

1.受试者俯卧，双肘撑地；测试者将泡沫轴放在受试者松解腿大腿内侧靠近膝关节处，受试者另一条腿伸直，脚尖撑地，将身体抬离地面（见图4-29）。

2.双臂和另一条腿推地带动身体移动，使泡沫轴从骨盆至膝关节内侧来回滚动。

3.在肌肉酸痛点停留一段时间，按规定时间完成动作；对侧亦然。

图4-29　泡沫轴·大腿内侧肌群松解

（四）泡沫轴·小腿肌群松解

动作要点：

1.受试者保持坐姿；将泡沫轴放在松解腿小腿下方靠近踝关节处，另一条腿搭在松解腿的上方；双臂支撑于身体的后方；背部平直，腹部收紧（见图4-30）。

2.双手推地带动身体移动，使泡沫轴从踝关节至腘窝来回滚动。

3.在肌肉酸痛点停留一段时间，按规定时间完成动作；对侧亦然。

图4-30　泡沫轴·小腿肌群松解

（五）按摩球·股内侧肌松解

动作要点：

1.受试者俯卧，双肘撑地。测试者将按摩球放在受试者大腿内侧靠近膝关节处（见图4-31）。

2.调整位置直至找到酸痛点，小腿屈伸使按摩球加压滚动。

3.在肌肉酸痛点停留一段时间，按规定时间完成动作；对侧亦然。

图4-31　按摩球·股内侧肌松解

（六）按摩球·内、外侧腓肠肌松解

动作要点：

1.受试者保持坐姿，右腿屈膝跨于体前；将按摩球放在右腿小腿外侧，左手持按摩球按压在右腿小腿内侧（见图4-32）。

2.调整位置直至找到酸痛点；左手使按摩球在右腿小腿内侧加压滚动，右腿小腿用力向下按压按摩球。

3.在肌肉酸痛点停留一段时间，按规定时间完成动作；对侧亦然。

图4-32　按摩球·内、外侧腓肠肌松解

## 二、拉长技术

拉长技术即利用静态拉伸和PNF拉伸对膝关节周围那些过度活跃或被压缩的神经、肌肉、筋膜组织进行拉长，恢复膝关节的关节活动度，增加肌肉组织的延展性，使膝关节更好地完成相关动作。

（一）静态拉伸

1.股四头肌拉伸

动作要点：

（1）受试者保持弓步跪姿，上身挺直；拉伸腿在后，同侧手握住拉伸腿的踝关节；另一条腿在前，大、小腿夹角为90°（见图4-33）。

（2）拉伸腿一侧手拉动踝关节，使膝关节屈曲，小腿向大腿靠近，直至股四头肌有中等强度的牵拉感。

（3）按规定时间保持姿势，对侧亦然。

图4-33　股四头肌拉伸

### 2.股二头肌拉伸

动作要点：

（1）受试者前后分腿站立；双手叉腰；背部平直，腹部收紧。

（2）始终保持左腿伸直，左脚背屈，脚后跟着地（见图4-34）。逐渐屈髋向后坐，直至股二头肌有中等强度的牵拉感。

（3）按规定时间保持姿势，对侧亦然。

图4-34　股二头肌拉伸

3.股内侧肌拉伸

动作要点：

（1）受试者站立；左腿向左侧伸直，双脚脚尖朝前；双臂前平举，掌心朝外。

（2）向身体右后下方坐（见图4-35），直至股内侧肌群有中等强度的牵拉感。

（3）按规定时间保持姿势，对侧亦然。

图4-35　股内侧肌拉伸

4.梨状肌拉伸

动作要点：

（1）受试者仰卧，将右侧踝关节放在左膝的上方，头部和躯干紧贴地面。

（2）双手抱住左腿大腿的后表面，将其拉向躯干（见图4-36），直至梨状肌有中等强度的牵拉感。

（3）按规定时间保持姿势，对侧亦然。

图4-36　梨状肌拉伸

5.腓肠肌拉伸

动作要点：

（1）受试者双手扶墙站立；拉伸腿前脚掌紧贴墙面，脚后跟尽量靠近墙面，另一条腿于身体的后方屈膝（见图4-37）。

（2）身体的后方的腿逐渐伸直，将重心前移以拉伸腓肠肌，直至腓肠肌有中等强度的牵拉感。

（3）按规定时间保持姿势，对侧亦然。

图4-37　腓肠肌拉伸

6.比目鱼肌拉伸

动作要点：

（1）受试者保持坐姿；拉伸腿屈膝，脚背屈，另一条腿水平伸直；双手握住拉伸腿脚尖（见图4-38）。

（2）以拉伸腿脚后跟为支点，将脚尖拉向身体，直至比目鱼肌有中等强度的牵拉感。

（3）按规定时间保持姿势，对侧亦然。

图4-38　比目鱼肌拉伸

7.阔筋膜张肌拉伸

动作要点：

（1）受试者前后分腿站立，左腿在前，右腿在后；背部平直，腹部收紧。

（2）左手叉腰，右臂向上伸展并内旋，身体逐渐向左侧倾斜（见图4-39），直至阔筋膜张肌有中等强度的牵拉感。

（3）按规定时间保持姿势，对侧亦然。

图4-39　阔筋膜张肌拉伸

（二）PNF拉伸

1.PNF拉伸·股四头肌

动作要点：

（1）受试者俯卧；左侧膝关节尽可能地屈曲，右腿自然放在按摩床上，髋部紧贴按摩床。

（2）牵拉者站在受试者左侧；右手支撑于其右侧的按摩床边，左肘抵在其骶骨处；上身前倾，右肩抵在其左侧踝关节处（见图4–40）。

（3）受试者缓慢地伸直左腿，对抗牵拉者施加的阻力；牵拉者协助受试者做股四头肌等长收缩并保持6秒。

（4）等长收缩后，回到起始位置，让受试者放松并深吸气。

（5）受试者呼气；牵拉者帮助其继续牵拉，在无痛的情况下，尽量使其小腿靠近大腿。可进一步加大对受试者股四头肌的牵拉幅度。

（6）按规定次数重复动作，对侧亦然。

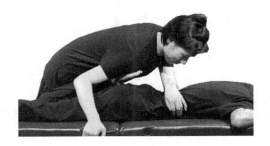

图4–40　PNF拉伸·股四头肌

2.PNF拉伸·股二头肌

动作要点：

（1）受试者仰卧；右腿伸直并尽可能地抬高，左腿自然放在按摩床上；保持髋部稳定。

（2）牵拉者站在受试者右侧；左手压在其右脚前脚掌处，右手绕过其右腿固定其膝关节（见图4-41）。

（3）受试者缓慢地下压脚后跟，对抗牵拉者施加的阻力；牵拉者协助受试者做股二头肌等长收缩并保持6秒。

（4）等长收缩后，回到起始位置，让受试者放松并深吸气。

（5）受试者呼气，主要收缩股四头肌、髂腰肌等屈髋肌群；可进一步加大对股二头肌的牵拉幅度。

（6）按规定次数重复动作，对侧亦然。

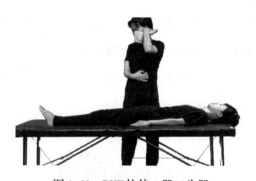

图4-41　PNF拉伸·股二头肌

3.PNF拉伸·股内侧肌

动作要点：

（1）受试者仰卧；屈髋、屈膝，双脚脚掌相对，膝关节朝外。

（2）牵拉者跪在受试者双脚的下方；双手放在其双腿大腿内侧，将其大腿缓慢地向下按压（见图4-42）。

（3）受试者缓慢地向相反方向对抗牵拉者施加的阻力，牵拉者协助受试者做股内侧肌等长收缩并保持6秒。

（4）等长收缩后，回到起始位置，让受试者放松并深吸气。

（5）受试者呼气，收缩内收肌群；同时，牵拉者可以推动其大腿。可进一步加大对受试者股内侧肌的牵拉幅度。

（6）按规定次数重复动作。

图4-42　PNF拉伸·股内侧肌

4.PNF拉伸·梨状肌

动作要点：

（1）受试者仰卧；右腿抬起，膝关节和髋关节都屈曲90°，小腿向左侧内旋，左腿自然放在按摩床上；骶骨紧贴按摩床。

（2）牵拉者站在受试者右侧；左手放在其右腿膝关节外侧，右手放在其同侧踝关节外侧（见图4-43）；缓慢地在其右膝和右脚踝关节上施加一定大小的力。

（3）受试者缓慢地向对角方向对抗牵拉者施加的阻力，牵拉者协助受试者做梨状肌等长收缩并保持6秒。

（4）等长收缩后，回到起始位置，让受试者放松并深吸气。

（5）受试者呼气，收缩屈髋肌群和内收肌群；同时，牵拉者可以推动受试者的髋关节，使其屈曲、内收，并做少许的侧旋。可进一步加大对受试者梨状肌的牵拉幅度。

（6）按规定次数重复动作，对侧亦然。

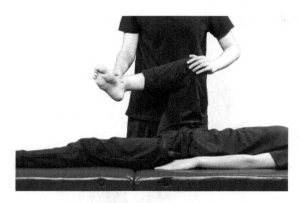

图4-43　PNF拉伸·梨状肌

5.PNF拉伸·腓肠肌

动作要点：

（1）受试者仰卧；将拉伸腿伸直、抬起放在牵拉者的腿上，另一条腿水平伸直。

（2）牵拉者站在受试者拉伸腿侧；右手在其牵拉腿脚掌处握住其脚跟，左手握住其同侧踝关节（见图4-44）；缓慢地在其踝关节上施加一定大小的力。

（3）受试者缓慢地向对角方向对抗牵拉者施加的阻力，牵拉者协助受试者做腓肠肌等长收缩并保持6秒。

（4）等长收缩后，回到起始位置，让受试者放松并深吸气。

（5）受试者呼气，牵拉者抬高其拉伸腿。可进一步加大对受试者腓肠肌的牵拉幅度。

（6）按规定次数重复动作，对侧亦然。

图4-44 PNF拉伸·腓肠肌

6.PNF拉伸·比目鱼肌

动作要点：

（1）受试者俯卧；左脚脚背与左腿小腿成90°夹角，踝关节尽可能地背屈；双手自然放在体侧。

（2）牵拉者站在受试者左侧；左手绕过其左腿小腿，双手交叉压在其同侧前脚掌处，将其脚后跟抵在自己左肩的前方（见图4-45）。

（3）受试者缓慢地跖屈，对抗牵拉者施加的阻力；牵拉者协助受试者做比目鱼肌等长收缩并保持6秒。

（4）等长收缩后，回到起始位置，让受试者放松并深吸气。

（5）受试者呼气，收缩胫骨前肌，足部进一步背屈；可进一步加大对比目鱼肌的牵拉幅度。

（6）按规定次数重复动作，对侧亦然。

图4-45 PNF拉伸·比目鱼肌

## 三、激活技术

激活技术即通过分离强化和定位等长对膝关节进行训练，目的是刺激膝关节周围不够活跃的肌肉，通过向心、离心训练和定位等长运动增强膝关节的灵活性和稳定性。

（一）分离强化训练

1. 单腿仰卧顶髋

动作要点：

（1）受试者单腿仰卧；双手放在体侧；支撑腿屈膝，另一条腿抬起、伸直并勾脚。

（2）向上顶髋，支撑腿大、小腿成90°夹角，使肩关节、躯干、髋关节、膝关节在一条直线上，膝关节和踝关节在一个平面内，膝关节处于中立位（见图4-46）。

（3）回到起始姿势，按规定次数重复动作；对侧亦然。

图4-46 单腿仰卧顶髋

2.单腿罗马尼亚硬拉

动作要点：

（1）受试者单腿站立；以左髋为轴，右腿伸直并向后抬起，左臂向前伸直，右臂紧贴于体侧；同时身体前倾，直至上身和右腿连线几乎与地面平行，左腿微屈（见图4-47）。

（2）保持支撑腿膝关节和踝关节在一个平面内，膝关节处于中立位。

（3）回到起始姿势，按规定次数重复动作；对侧亦然。

图4-47 单腿罗马尼亚硬拉

3.单腿箱上蹲

动作要点：

（1）受试者单腿站立；左脚站在跳箱上，右脚在跳箱外处于悬空状态；双臂自然垂于体侧。

（2）左腿下蹲，直至右脚接触地面（见图4-48）。下蹲时保持膝关节和踝关节在一个平面内，膝关节处于中立位。

（3）回到起始姿势，按规定次数重复动作；对侧亦然。

图4-48 单腿箱上蹲

4.单腿控制坐

动作要点：

（1）受试者单腿站立；双脚分开，间距与肩同宽；双臂放在体侧。

（2）屈膝后坐，双臂前平举，当坐到跳箱上时停留3秒（见图4-49）。下蹲时保持膝关节和踝关节在一个平面内，膝关节处于中立位。

（3）回到起始姿势，按规定次数重复动作；对侧亦然。

图4-49 单腿控制坐

5.十字平衡练习

动作要点：

（1）受试者站立；支撑腿微屈，身体保持不动。

（2）另一条腿依次向前、后、左、右触碰标志桶（见图4–50），每完成一个方向，都回到起始姿势，再进行下一个方向；支撑腿膝关节处于中立位。

（3）按规定次数重复动作，对侧亦然。

图4–50　十字平衡练习

6.向前弓步

动作要点：

（1）受试者站立，抬头，挺胸，背部平直，双手放在体侧；左脚向前跨出一步，右臂抬起。

（2）左腿屈髋、屈膝下蹲，大、小腿成90°夹角，左脚全脚掌着地；右腿大、小腿同样成90°夹角（见图4–51）。下蹲时保持膝关节和踝关节在一个平面内，膝关节处于中立位。

（3）回到起始姿势，按规定次数重复动作；对侧亦然。

图4-51　向前弓步

7.侧向弓步

动作要点：

（1）受试者站立，抬头，挺胸，背部平直，双手放在体侧；右脚向右侧跨出一步，左臂抬起。

（2）右腿屈髋、屈膝下蹲，大、小腿约成45°夹角，右脚全脚掌着地；左腿向左侧伸直，左脚同样全脚掌着地（见图4-52）。下蹲时保持膝关节和踝关节在一个平面内，膝关节处于中立位。

（3）回到起始姿势，按规定次数重复动作；对侧亦然。

图4-52　侧向弓步

8.反向弓步

动作要点：

（1）受试者站立，抬头，挺胸，背部平直，双臂自然垂于体侧；右脚向后跨出一步，左臂抬起。

（2）左腿屈髋、屈膝下蹲，大、小腿成90°夹角，左脚全脚掌着地；右腿大、小腿同样成90°夹角（见图4-53）。下蹲时保持膝关节和踝关节在一个平面内，膝关节处于中立位。

（3）回到起始姿势，按规定次数重复动作；对侧亦然。

图4-53 反向弓步

9.哑铃·保加利亚蹲

动作要点：

（1）受试者前后分腿站立；右脚放在支撑面上，双手握哑铃，自然垂于体侧。

（2）左腿屈髋、屈膝下蹲，臀部向后，直至大腿与地面平行；然后迅速站起（见图4-54）。下蹲时保持膝关节和踝关节在一个平面内，膝关节处于中立位。

（3）回到起始姿势，按规定次数重复动作；对侧亦然。

图4-54 哑铃·保加利亚蹲

10.哑铃·硬拉

动作要点：

（1）受试者深蹲，双脚平行，间距比肩稍宽；双手握哑铃，自然垂于体侧。

（2）髋关节伸展，贴着双腿外侧竖直提起哑铃；匀速站起，直至身体直立（见图4-55）。

（3）回到起始姿势，按规定次数重复动作。

图4-55 哑铃·硬拉

11.弹力带·膝关节屈曲

动作要点：

（1）受试者俯卧，双腿水平伸直，上身保持不动；将弹力带绑在训练腿的踝关节处。

（2）训练腿以膝关节为轴屈曲到最大限度，膝关节处于中立位（见图4-56）。

（3）回到起始姿势，按规定次数重复动作；对侧亦然。

图4-56　弹力带·膝关节屈曲

12.弹力带·膝关节伸展

动作要点：

（1）受试者仰卧，双腿水平伸直，上身保持不动；将弹力带绑在训练腿的踝关节处。

（2）训练腿以髋关节为轴，大腿带动小腿向上伸展到最大限度，膝关节处于中立位（见图4-57）。

（3）回到起始姿势，按规定次数重复动作；对侧亦然。

图4-57 弹力带·膝关节伸展

13.弹力带·侧移

动作要点：

（1）受试者双脚平行开立，间距与肩同宽，膝关节微屈，双手放在胸前，背部平直；将弹力带绑在双腿的膝关节处（见图4-58）。

（2）右脚向右侧迈出1—2个脚长的距离，左脚回到起始姿势的间距；右脚继续向右侧迈出，重复刚才的动作；始终保持弹力带处于拉紧状态。

（3）回到起始姿势，按规定次数重复动作；对侧亦然。

图4-58 弹力带·侧移

14.弹力带·双腿外旋

动作要点：

（1）受试者双脚平行开立，间距与肩同宽，膝关节微屈，双手自然放在髋关节处，背部平直；将弹力带绑在双腿的膝关节处。

（2）双腿交替内扣、外展，始终保持弹力带处于拉紧状态（见图4-59）。

（3）回到起始姿势，按规定次数重复动作。

图4-59　弹力带·双腿外旋

（二）定位等长训练

1.股二头肌训练

动作要点：

（1）受试者仰卧；抬起一条腿，使其屈曲到最大限度。

（2）牵拉者站在受试者下肢处；一手放在其抬起的腿膝关节的前表面，一手放在其同侧脚后跟处（见图4-60）。牵拉者对受试者的膝关节施加与屈曲相反的力，受试者对抗其阻力。

（3）牵拉者施加膝关节屈曲的阻力分别为最大主动收缩力量（MVC）的25%、50%、75%和100%，保持4秒等长收缩（每次收缩间歇2秒）。

（4）按规定次数重复动作，对侧亦然。

图4-60　股二头肌训练

2.半腱肌、半膜肌训练

动作要点：

（1）受试者仰卧；抬起一条腿，屈髋、屈膝，使大腿与小腿、上身都成90°夹角，小腿与地面平行并内旋到最大限度。

（2）牵拉者站在受试者下肢处；一手放在其抬起的腿膝关节的前表面，一手放在其同侧脚后跟处（见图4-61）。牵拉者对受试者的膝关节施加与屈曲相反的力，受试者对抗其阻力。

（3）牵拉者施加小腿内旋的阻力分别为最大主动收缩力量（MVC）的25%、50%、75%和100%，保持4秒等长收缩（每次收缩间歇2秒）。

（4）按规定次数重复动作，对侧亦然。

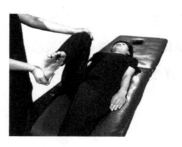

图4-61　半腱肌、半膜肌训练

3.屈曲肌群训练

动作要点：

（1）受试者俯卧，双腿伸直；其中一条腿向后屈曲到最大限度。

（2）牵拉者站在受试者下肢处；一手放在其向后屈曲的腿大腿的后表面靠近膝关节处，一手放在其同侧踝关节处（见图4-62）。牵拉者对受试者的膝关节施加与屈曲相反的力，受试者对抗其阻力。

（3）牵拉者施加膝关节屈曲的阻力分别为最大主动收缩力量（MVC）的25%、50%、75%和100%，保持4秒等长收缩（每次收缩间歇2秒）。

（4）按规定次数重复动作，对侧亦然。

图4-62　屈曲肌群训练

4.伸展肌群训练

动作要点：

（1）受试者仰卧，双腿水平伸直；其中一条腿抬起，使膝关节伸展到最大限度。

（2）牵拉者站在受试者下肢处；一手放在其抬起的腿大腿的后表面靠近膝关节处，一手放在其同侧脚掌处（见图4-63）。牵拉者对受试者的膝关节施加与伸展相反的力，受试者对抗其阻力。

（3）牵拉者施加膝关节伸展的阻力分别为最大主动收缩力量（MVC）的25%、50%、75%和100%，保持4秒等长收缩（每次收缩间歇2秒）。

（4）按规定次数重复动作，对侧亦然。

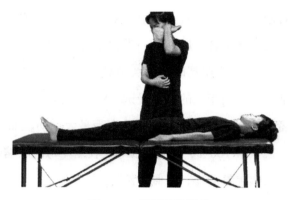

图4-63　伸展肌群训练

5. 内旋肌群训练

动作要点：

（1）受试者保持坐姿；双腿大、小腿都成90°夹角，其中一条腿做膝关节内旋动作到最大限度。

（2）牵拉者站在受试者下肢处；一手放在其内旋腿膝关节外侧，一手放在其同侧踝关节内侧（见图4-64）。牵拉者对受试者的膝关节施加与内旋相反的力，受试者对抗其阻力。

（3）牵拉者施加膝关节内旋的阻力分别为最大主动收缩力量（MVC）的25%、50%、75%和100%，保持4秒等长收缩（每次收缩间歇2秒）。

（4）按规定次数重复动作，对侧亦然。

图4-64　内旋肌群训练

6.外旋肌群训练

动作要点：

（1）受试者保持坐姿；双腿大、小腿都成90°夹角，其中一条腿做膝关节外旋动作到最大限度。

（2）牵拉者站在受试者下肢处；一手放在其外旋腿膝关节内侧，一手放在其同侧踝关节外侧（见图4-65）。牵拉者对受试者的膝关节施加与外旋相反的力，受试者对抗其阻力。

（3）牵拉者施加膝关节外旋的阻力分别为最大主动收缩力量（MVC）的25%、50%、75%和100%，保持4秒等长收缩（每次收缩间歇2秒）。

（4）按规定次数重复动作，对侧亦然。

图4-65　外旋肌群训练

## 四、整合技术

整合技术即通过多平面、多关节的动态动作练习对膝关节进行再训练，重塑膝关节良好的神经控制能力，提高肌肉的协调性，使其成为一个具有功能性的关节，减少运动损伤的发生。

（一）向前跳

动作要点：

1.受试者以双腿运动姿势站立，双脚间距与肩同宽，背部平直；双臂微屈，放在髋部两侧。

2.双臂迅速上摆，以手臂带动身体迅速伸髋、伸膝；双脚蹬离地面，向前跳跃（见图4-66）。

3.屈髋、屈膝落地缓冲的同时，双臂下摆至髋部两侧；膝关节保持稳定。

4.回到起始姿势，按规定次数重复动作。

图4-66　向前跳

（二）横向跳

动作要点：

1.受试者以双腿运动姿势站立，双脚间距与肩同宽，背部平直；双臂微屈，放在髋部两侧。

2.双臂迅速上摆，以手臂带动身体迅速伸髋、伸膝；双脚蹬离地面，向体侧跳跃。

3.屈髋、屈膝落地缓冲的同时，双臂下摆至髋部两侧；膝关节保持稳定（见图4-67）。

4.回到起始姿势，按规定次数重复动作。

图4-67　横向跳

（三）180°旋转跳

动作要点：

1.受试者以基本运动姿势站立，双脚间距与肩同宽，背部平直；双臂微屈，放在髋部两侧。

2.双臂迅速上摆，以手臂带动身体迅速伸髋、伸膝；双脚蹬离地面，身体向右侧或左侧跳跃并旋转180°。

3.屈髋、屈膝落地缓冲的同时，双臂下摆至髋部两侧；膝关节保持稳定（见图4-68）。

　　4.回到起始姿势，按规定次数重复动作。

图4-68　180°旋转跳

（四）单腿交换跳

动作要点：

　　1.受试者以单腿运动姿势站立，另一条腿抬离地面；背部平直；双臂微屈，放在髋部两侧。

　　2.双臂迅速上摆，以手臂带动身体迅速伸髋、伸膝；起跳脚蹬离地面，向前跳跃。

　　3.落地时，另一只脚着地；屈髋、屈膝落地缓冲的同时，双臂下摆至髋部两侧；膝关节保持稳定，以该腿单腿运动姿势站立（见图4-69）。

　　4.回到起始姿势，按规定次数重复动作；对侧亦然。

图4-69　单腿交换跳

（五）哑铃·弓步

动作要点：

1.受试者站立；双手握哑铃，自然垂于体侧。

2.右脚向前跨出一步，做低分腿动作，双腿大、小腿都成90°夹角，右腿小腿与地面垂直；迅速站起（见图4-70）。

3.回到起始姿势，按规定次数重复动作；对侧亦然。

图4-70　哑铃·弓步

（六）哑铃·正向蹬箱

动作要点：

1.受试者面向跳箱站立；双手握哑铃，自然垂于体侧。

2.右脚站上跳箱直至右腿完全伸直，左脚在跳箱外处于悬空状态（见图4-71）；右腿屈膝，身体下降，直至左脚接触地面。

3.回到起始姿势，按规定次数重复动作；对侧亦然。

图4-71　哑铃·正向蹬箱

（七）BOSU球·深蹲

动作要点：

1.受试者双脚分开站在BOSU球上，双臂前平举。

2.屈髋、屈膝下蹲，直至大腿与地面平行；双臂前平举，控制好身体平衡（见图4-72）。

3.回到起始姿势，按规定次数重复动作。

图4-72　BOSU球·深蹲

（八）BOSU球·单腿平衡

动作要点：

1.受试者左脚站在BOSU球上，右腿抬起，大腿几乎与地面平行。

2.支撑腿微屈，保持膝关节稳定、身体直立（见图4-73）。

3.回到起始姿势，按规定次数重复动作；对侧亦然。

图4-73　BOSU球·单腿平衡

（九）BOSU球·单腿蹲

动作要点：

1.受试者左脚站在BOSU球上，右腿抬起；背部平直。

2.臀部向后，左腿屈膝下蹲到最大限度；双臂前平举，控制好身体平衡（见图4-74）。

3.回到起始姿势，按规定次数重复动作；对侧亦然。

图4-74　BOSU球·单腿蹲

（十）BOSU球·单腿罗马尼亚硬拉

动作要点：

1.受试者单脚站在BOSU球上，另一条腿抬起；背部平直；双臂放在体侧。

2.以支撑腿髋关节为轴，另一条腿伸直并向后抬起，支撑腿一侧手臂向前伸直；同时身体前倾，直至上身与向后抬起的腿的连线几乎与地面平行，支撑腿微屈（见图4-75）。

3.回到起始姿势，按规定次数重复动作；对侧亦然。

图 4-75　BOSU 球·单腿罗马尼亚硬拉

（十一）瑞士球·仰卧弯腿

动作要点：

1.受试者仰卧；双臂放在体侧，掌心朝下；双腿伸直，脚后跟放在瑞士球上，小腿与脚背成90°夹角。

2.保持身体从肩到踝成一条直线，缓慢地抬起臀部；保持髋关节角度不变，屈膝，用脚后跟将瑞士球拉向臀部，直至大、小腿成90°夹角（见图4-76）。

3.整个过程中要始终保持躯干稳定。停留2秒后伸腿，缓慢地将瑞士球推离臀部。

4.回到起始姿势，按规定次数重复动作。

图 4-76　瑞士球·仰卧弯腿

（十二）瑞士球·单腿仰卧推拉

动作要点：

1.受试者仰卧；双臂放在体侧，掌心朝下；右腿伸直，脚后跟放在瑞士球上，左腿抬起，小腿与脚背成90°夹角。

2.保持左脚姿势不变，缓慢地抬起臀部，直至身体从肩到踝成一条直线；右腿屈膝，用脚后跟将瑞士球拉向臀部，直至大、小腿成90°夹角（见图4-77）。

3.整个过程中要始终保持躯干稳定。停留2秒后伸右腿，缓慢地将瑞士球推离臀部。

4.回到起始姿势，按规定次数重复动作；对侧亦然。

图4-77　瑞士球·单腿仰卧推拉

（十三）瑞士球·靠墙深蹲

动作要点：

1.受试者双脚平行开立，间距比肩稍宽；双臂屈曲，双手举哑铃；背靠墙面夹住瑞士球。

2.缓慢地下蹲，直至大腿与地面平行，小腿与地面垂直；膝关节和踝关节在一条直线上，膝关节不要超过脚尖（见图4-78）。

3.回到起始姿势，按规定次数重复动作。

图4-78　瑞士球·靠墙深蹲

（十四）跳箱·单腿支撑

动作要点：

1.受试者面向跳箱站立；双臂伸直，举过头顶；双脚间距与肩同宽；背部直立。

2.双臂迅速摆动，以手臂带动身体迅速伸髋、伸膝；双脚蹬离地面，向前跳上跳箱。

3.跳上跳箱时，屈髋、屈膝落地缓冲的同时，双臂下摆至髋部两侧；膝关节保持稳定，以单腿运动姿势站立（见图4-79）。

4.回到起始姿势，按规定次数重复动作；对侧亦然。

图4-79　跳箱·单腿支撑

（十五）跳箱·90°旋转跳

动作要点：

1.受试者站在跳箱一侧，双脚间距与肩同宽，背部平直。

2.双臂迅速摆动，以手臂带动身体迅速伸髋、伸膝；双脚蹬离地面，身体逆时针旋转90°，跳上跳箱。

3.跳上跳箱时，屈髋、屈膝落地缓冲的同时，双臂下摆至髋部两侧；膝关节保持稳定，以基本运动姿势站立（见图4-80）。

4.回到起始姿势，按规定次数重复动作。

图4-80　跳箱·90°旋转跳

# 第五章　髋关节功能评定与训练

髋关节是人体的主要组成部分之一，是人体用于运动的重要部位。它是人体承受力量最大的一个关节，在支撑上半身的同时，还要负责下半身的大部分活动。髋关节属于强调灵活性的关节，我们随意地抬腿、走路，甚至弯腰、转动上半身都有髋关节的参与。相应地，髋关节也是一个极不稳定的关节。在运动过程中，髋关节需要承受很大的负荷，有可能造成"牵一发而动全身"的失衡状态。因此，在保证髋关节灵活性的同时，加强其稳定性也是十分有必要的。通过本章节的内容，大家可以对髋关节有一个全新的了解。

## 第一节　髋关节解剖结构

### 一、髋关节骨骼结构

髋关节由股骨头和髋臼构成，属于球窝关节，是人体典型的杆臼关节。大量的韧带和大块的肌肉把股骨头稳稳地固定在髋臼内，股骨近端厚厚的关节软骨、肌肉和松质骨有助于减缓通过髋关节的巨大力量。

（一）髂骨

位置：位于髋骨的后上方，分髂骨体和髂骨翼两部分（见图5-1）。

功能：构成髋臼和髋臼窝的月状面。

图5-1　髂骨

（二）耻骨

位置：位于髋臼的前下方（见图5-2）。

功能：构成骨盆并使骨盆稳定，保护盆腔内器官，为下肢运动提供一个稳定的基础。

图5-2　耻骨

（三）坐骨

位置：位于骨盆的后下方（见图5-3）。

功能：构成骨盆并使骨盆稳定，保护盆腔内器官，为下肢运动提供一个稳定的基础。

图5-3 坐骨

（四）股骨

位置：位于大腿内部（见图5-4）。

功能：上端的股骨头与髋臼构成髋关节，下端与髌骨、胫骨上端构成膝关节；支撑体重。

图5-4 股骨

## 二、髋关节连接结构

髋关节的骨连接主要由周围的韧带组成，主要包括髂股韧带、耻股韧带、坐股韧带和耻骨联合，能使关节囊更加稳固。

（一）髂股韧带

位置：起自髂前上棘，呈"人"字形向下经关节囊的前方止于股骨转子间线（见图5-5）。

功能：防止大腿过度伸展，对保持人体的直立姿势有很大的作用。

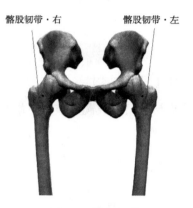

图5-5　髂股韧带

（二）耻股韧带

位置：由耻骨上支向外经关节囊前下壁与髂股韧带的深部融合（见图5-6）。

功能：限制大腿的外展和外旋。

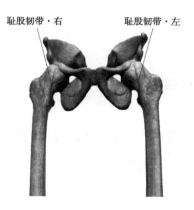

图5-6　耻股韧带

（三）坐股韧带

位置：起自坐骨体，斜向外上方与关节囊融合，附着于大转子根部（见图5-7）。

功能：限制大腿内旋。

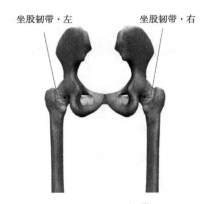

图5-7　坐股韧带

（四）耻骨联合

位置：由双侧的耻骨联合面藉纤维软骨构成的耻骨间盘连结构成（见图5-8）。

功能：在运动中具有减震作用，增加骨盆活动度。

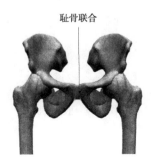

图5-8　耻骨联合

### 三、髋关节肌肉结构

髋关节的肌肉主要有髂腰肌、股四头肌、缝匠肌、耻骨肌、长收肌、短收肌等，其中股四头肌和髂腰肌的力量是最强的。股四头肌跨越两个关节，除了具有屈曲髋关节的作用，还具有伸直膝关节的作用。另外，阔筋膜张肌对髋关节的屈曲也具有一定的作用。有助于髋关节屈曲的肌肉也具有保持髋关节周围力量平衡的作用，对保持人体的直立姿势和行走的步态都是非常重要的。

（一）股直肌

起点：髂前下棘、髋臼下缘。

止点：髌骨底部、胫骨粗隆（见图5-9）。

功能：1.向心收缩：屈髋。

2.离心收缩：伸髋。

3.等长收缩：保持髋关节稳定。

图5-9　股直肌

（二）股二头肌

起点：长头起自坐骨结节，短头起自股骨的后方。

止点：腓骨头（见图5-10）。

功能：1.向心收缩：伸髋和胫骨内旋。

2.离心收缩：屈髋和胫骨外旋。

3.等长收缩：保持髋关节稳定。

图5-10 股二头肌

（三）半腱肌

起点：骨盆的坐骨结节和骶结节韧带的一部分。

止点：胫骨内侧髁的上方（鹅足肌腱位置）（见图5-11）。

功能：1.向心收缩：伸髋和胫骨内旋。

2.离心收缩：屈髋和胫骨外旋。

3.等长收缩：保持髋关节稳定。

图5-11 半腱肌

（四）半膜肌

起点：坐骨结节。

止点：胫骨内侧髁的后方（见图5-12）。

功能：1.向心收缩：伸髋和胫骨内旋。

2.离心收缩：屈髋和胫骨外旋。

3.等长收缩：保持髋关节稳定。

图5-12 半膜肌

（五）长收肌

起点：耻骨下支的前方。

止点：股骨粗线中部（见图5-13）。

功能：1.向心收缩：髋关节内收和屈曲。

　　　2.离心收缩：髋关节外展和伸展。

　　　3.等长收缩：保持髋关节稳定。

图5-13　长收肌

（六）短收肌

起点：耻骨下支的前方。

止点：股骨粗线近端三分之一处（见图5-14）。

功能：1.向心收缩：髋关节内收和屈曲。

　　　2.离心收缩：髋关节外展和伸展。

　　　3.等长收缩：保持髋关节稳定。

图 5-14 短收肌

（七）大收肌

起点：骨盆的坐骨支。

止点：股骨粗线（见图 5-15）。

功能：1.向心收缩：髋关节内收和屈曲。

2.离心收缩：髋关节外展和伸展。

3.等长收缩：保持髋关节稳定。

图 5-15 大收肌

（八）股薄肌

起点：耻骨体下方前面。

止点：股骨近端内侧面（鹅足肌腱位置）（见图5–16）。

功能：1.向心收缩：髋关节内收和屈曲、胫骨内旋。

2.离心收缩：髋关节外展和伸展。

3.等长收缩：保持髋关节稳定。

图5–16 股薄肌

（九）耻骨肌

起点：耻骨上支。

止点：股骨上方后面（见图5–17）。

功能：1.向心收缩：髋关节内收和屈曲。

2.离心收缩：髋关节外展和伸展。

3.等长收缩：保持髋关节稳定。

图5-17　耻骨肌

（十）臀大肌

起点：髂骨外侧、骶骨和尾骨的后方，骶结合韧带和骶髂后韧带的一部分。

止点：臀肌粗隆及髂胫束（见图5-18）。

功能：1.向心收缩：髋关节伸展和外旋。

2.离心收缩：髋关节屈曲和内旋，通过髂胫束减缓胫骨内旋。

3.等长收缩：保持髋关节稳定。

图5-18　臀大肌

（十一）臀中肌

起点：髂骨翼外侧。

止点：股骨大转子外侧（见图5-19）。

功能：1.向心收缩：髋关节外展。

2.离心收缩：髋关节内收。

3.等长收缩：保持髋关节稳定。

图5-19　臀中肌

（十二）臀小肌

起点：臀前线与臀下线之间的髂骨处。

止点：股骨大转子（见图5-20）。

功能：1.向心收缩：髋关节外展。

2.离心收缩：髋关节内收。

3.等长收缩：保持髋关节稳定。

图5-20 臀小肌

（十三）阔筋膜张肌

起点：髂脊外侧，紧靠髂前上棘的后方。

止点：髂胫束近端三分之一处（见图5-21）。

功能：1.向心收缩：髋关节屈曲、外展和内旋。

2.离心收缩：髋关节伸展、内收和外旋。

3.等长收缩：保持髋关节稳定。

图5-21 阔筋膜张肌

（十四）髂肌

起点：髂窝上方三分之二处。

止点：股骨小转子（见图5-22）。

功能：1.向心收缩：髋关节屈曲、内收和内旋。

　　　2.离心收缩：髋关节伸展、外展和外旋。

　　　3.等长收缩：保持髋关节稳定。

图5-22　髂肌

（十五）腰大肌

起点：胸椎最后一块椎骨、腰椎椎骨体外侧和横突。

止点：股骨小转子（见图5-23）。

功能：1.向心收缩：髋关节屈曲和外旋。

　　　2.离心收缩：髋关节伸展和内旋。

　　　3.等长收缩：保持髋关节稳定。

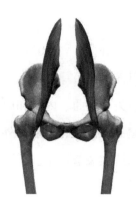

图5-23　腰大肌

（十六）缝匠肌

起点：髂前上棘。

止点：胫骨体上端内侧（见图5-24）。

功能：1.向心收缩：髋关节屈曲和外旋。

　　　2.离心收缩：髋关节伸展和内旋。

　　　3.等长收缩：保持髋关节稳定。

图5-24　缝匠肌

（十七）梨状肌

起点：骶骨的前方。

止点：股骨大转子（见图5-25）。

功能：1.向心收缩：髋关节外旋、外展和伸展。

2.离心收缩：髋关节内旋、内收和屈曲。

3.等长收缩：保持髋关节稳定。

图5-25　梨状肌

# 第二节　髋关节功能评定

髋关节是连接躯干和下肢的重要关节，承受着躯干的重量。在日常活动中，髋关节在承受巨大重量的同时，也在人体的直立行走中起着特殊的力传导作用。因此它既有稳固性，又有很大的灵活性。

## 一、髋关节灵活性评定

髋关节是以强调灵活性为主的关节，它的动作以屈曲、伸展、外展、内收、内旋和外旋为主。许多运动项目或动作都需要髋关节参与，因而对其灵活性有较高的要求。

髋关节灵活性一般通过以量角器测量髋关节的主动关节活动度和被动关节活动度的方法进行评定，将受试者实际可达到的关节活动范围同正常范围进行比较来确定该关节活动受限的程度。表5-1列出了正常的髋关节的主动关节活动范围。

表 5-1　髋关节活动度

| 动作 | 主动活动度 |
| --- | --- |
| 屈曲 | 120° |
| 伸展 | 10° |
| 外展 | 40° |
| 内收 | 15° |
| 内旋 | 45° |
| 外旋 | 45° |

（Jackson B H. Joint Motion：Method of Measuring and Recording[J]. American Academy of Orthopaedic Surgeons，1965.）

髋关节灵活性评定方法主要有：

（一）髋关节屈曲

受试者仰卧，髋关节完全屈曲并处于中立位。测试者将量角器的轴心正对受试者股骨大转子，使固定臂与骨盆外侧中线、腋中线方向一致，将移动臂放在其股骨外侧中线处（见图5-26）。受试者做髋关节屈曲，髋关节处于中立位并保持不动。通过测量量角器两边的夹角，可得出髋关节主动屈曲的活动度。然后测试者在此状态下握住受试者的胫骨粗隆，对受试者的髋关节施加一定的继续屈曲的力量，力量不要过大，到受试者无法承受为止；最后测出髋关节被动屈曲的活动度。

图5-26　髋关节屈曲

（二）髋关节伸展

受试者仰卧，一侧骨盆位于按摩床外；对侧髋关节屈曲，使下腰背平贴在床上，同时向后旋转骨盆，测试腿屈曲约90°。测试者将量角器的轴心正对受试者股骨大转子，将固定臂贴在其躯干外侧中线上，将移动臂贴在其股骨外侧中线上（见图5-27）。受试者做髋关节伸展，髋关节处于中立位并保持不动。通过测量量角器两边的夹角，可得出髋关节主动伸展的活动度。然后测试者在此状态下握住受试者的大腿，对受试者的髋关节施加一定的继续伸展的力量，力量不要过大，到受试者无法承受为止；最后测出髋关节被动伸展的活动度。

图5-27　髋关节伸展

（三）髋关节外展

受试者仰卧，测量腿伸直，髋关节处于中立位。测试者将量角器的轴心正对受试者测量腿的髂前上棘，使固定臂与双侧髂前上棘的连线方向一致，将移动臂放在其股骨前表面中线处（见图5-28）。受试者做髋关节外展，髋关节处于中立位并保持不动。通过测量量角器两边的夹角，可得出髋关节主动外展的活动度。然后测试者在此状态下握住受试者的小腿，对受试者的髋关节施加一定的继续外展的力量，力量不要过大，到受试者无法承受为止；最后测出髋关节被动外展的活动度。

图5-28　髋关节外展

（四）髋关节内收

受试者仰卧，测量腿伸直，髋关节处于中立位。测试者将量角器的轴心正对受试者测量腿的髂前上棘，使固定臂与双侧髂前上棘的连线方向一致，将移动臂放在其股骨前表面中线处（见图5-29）。受试者做髋关节内收，髋关节处于中立位并保持不动。通过测量量角器两边的夹角，可得出髋关节主动内收的活动度。然后测试者在此状态下握住受试者的小腿，对受试者的髋关节施加一定的继续内收的力量，力量不要过大，到受试者无法承受为止；最后测出髋关节被动内收的活动度。

图5-29 髋关节内收

（五）髋关节外旋

受试者仰卧；测量腿屈髋90°，髋关节内收、外展角度都为0°，膝关节屈曲90°。测试者将量角器的轴心正对受试者测量腿的髌骨外侧，使固定臂平行于身体中心线，将移动臂放在其小腿前表面中线处（见图5-30）。受试者做髋关节外旋，髋关节处于中立位并保持不动。通过测量量角器两边的夹角，可得出髋关节主动外旋的活动度。然后测试者在此状态下一手握住受试者的小腿，另一手握住其大腿，向外旋转股骨，力量不要过大，到受试者无法承受为止；最后测出髋关节被动外旋的活动度。

图5-30　髋关节外旋

（六）髋关节内旋

受试者仰卧；测量腿屈髋90°，髋关节内收、外展角度都为0°，膝关节屈曲90°。测试者将量角器的轴心正对受试者测量腿的髌骨外侧，使固定臂平行于身体中心线，将移动臂放在其小腿前表面中线处（见图5-31）。受试者做髋关节内旋，髋关节处于中立位并保持不动。通过测量量角器两边的夹角，可得出髋关节主动内旋的活动度。然后测试者在此状态下一手握住受试者的小腿，另一手握住其大腿，向内侧旋转股骨，力量不要过大，到受试者无法承受为止；最后测出髋关节被动内旋的活动度。

图5-31　髋关节内旋

## 二、髋关节稳定性评定

髋关节尽管是以强调灵活性为主的关节，但是它需要承受躯干的重量，因而对稳定性也有较高的要求。髋关节具有较强的稳定性，不但可以增强运动自我保护能力，还能更好地帮助身体完成各种高强度训练。

髋关节是人体最大的负重、受力关节之一，髋关节不够稳定或者力量较弱，会对身体产生极大的危害。因此，我们需要对髋关节的稳定性进行评定。

（一）静态姿势评定

评定方法：

受试者站立，双腿伸直，躯干处于中立位。测试者分别从正面、侧面和后面观察受试者的髋关节是否存在侧倾现象（见图5-32）。

评定标准：

标准动作 —— 受试者髋关节双侧髂前上棘的连线与地面平行。

代偿动作 —— 受试者髋关节双侧髂前上棘的连线与地面不平行，出现骨盆侧倾现象。

图5-32　静态姿势评定

（二）过顶深蹲

评定方法：

受试者双脚平行开立，间距与肩同宽，脚尖朝前；双臂高举过头；下蹲，直至大腿与地面平行，然后回到起始姿势。测试者分别从正面、侧面和后面观察受试者髋关节的状态（见图5-33）。

评定标准：

标准动作 —— 受试者的髋关节处于中立位，髋关节两侧髂前上棘的连线与地面平行。

代偿动作 —— 受试者的髋关节出现侧倾、非对称性重心偏移现象。

图5-33　过顶深蹲

（三）单腿蹲

评定方法：

受试者单腿站立，双手叉腰，目视前方；支撑腿脚尖朝前，足、踝、膝和躯干处于中立位；下蹲到最大限度，然后回到起始姿势。测试者观察受试者髋关节的状态（见图5-34）。

评定标准：

标准动作 —— 受试者的髋关节处于中立位，髋关节双侧髂前上棘的连线与地面平行。

代偿动作 —— 受试者的髋关节出现上提和下降现象。

图5-34　单腿蹲

（四）步态评估

评定方法：

受试者站立，目视前方；然后以比较舒服的速度向前行走，足、踝、膝和躯干处于中立位。测试者观察受试者髋关节的状态（见图5-35）。

评定标准：

标准动作 —— 受试者的髋关节处于中立位，髋关节双侧髂前上棘的连线与地面平行。

代偿动作 —— 受试者的髋关节出现上提和下降现象。

图5-35　步态评估

# 第三节　髋关节纠正性训练

我们已经对髋关节的功能进行了评定。如果髋关节不够稳定或者力量较弱，当承受较大的外力刺激时，身体就会不稳定，严重者还可能出现意外。因此，我们需要针对髋关节障碍进行纠正性训练，使其稳定性得到改善和提高。

髋关节纠正性训练方法主要包括松解技术、拉长技术、激活技术和整合技术四种。

## 一、松解技术

松解技术即使用泡沫轴、按摩球等工具对髋关节周围大腿前表面、后表面肌肉，臀部肌肉和运动肌群进行松解，以减小肌肉张力，降低神经、肌肉、筋膜组织的过度活跃状态。

（一）泡沫轴·股四头肌松解

动作要点：

1.受试者俯卧，双腿伸直；将泡沫轴放在大腿的前表面，双肘撑地（见图5-36）。

2.双臂屈伸带动身体移动，使泡沫轴从骨盆至膝关节的上方来回滚动。

3.在肌肉酸痛点停留一段时间，按规定时间完成动作。

图5-36　泡沫轴·股四头肌松解

（二）泡沫轴·股二头肌松解

动作要点：

1.受试者保持坐姿，双腿水平伸直；将泡沫轴放在大腿的后表面；双臂支撑于身体的后方，背部平直，腹部收紧（见图5-37）。

2.双手推地带动身体移动，使泡沫轴从坐骨结节至腘窝来回滚动。

3.在肌肉酸痛点停留一段时间，按规定时间完成动作。

图5-37　泡沫轴·股二头肌松解

（三）泡沫轴·髂胫束松解

动作要点：

1.受试者左侧卧，左腿伸直，将泡沫轴放在左侧髋关节外侧；右腿屈髋、屈膝于身体的前方；左肘撑地，右手放在身体的前方（见图5-38）。

2.右脚蹬地发力，带动身体移动，使泡沫轴从髋关节外侧至膝关节外侧来回滚动。

3.在肌肉酸痛点停留一段时间，按规定时间完成动作；对侧亦然。

图5-38  泡沫轴·髂胫束松解

（四）泡沫轴·股内侧肌群松解

动作要点：

1.受试者俯卧；左腿外展，将泡沫轴放在左腿大腿内侧靠近膝关节处；双肘撑地。

2.右腿伸直，右脚脚尖撑地，将身体抬离地面（见图5-39）。

3.双臂和右腿推地带动身体移动，使泡沫轴从骨盆至膝关节内侧来回滚动。

4.在肌肉酸痛点停留一段时间，按规定时间完成动作；对侧亦然。

图5-39 泡沫轴·股内侧肌群松解

（五）泡沫轴·臀部肌群松解

动作要点：

1.受试者保持坐姿，将泡沫轴放在臀部的下方；双臂支撑于身体的后方，背部平直，腹部收紧（见图5-40）。

2.双手推地带动身体移动，使泡沫轴从坐骨结节至下腰背来回滚动。

3.在肌肉酸痛点停留一段时间，按规定时间完成动作。

图5-40 泡沫轴·臀部肌群松解

（六）按摩球·股内侧肌群松解

动作要点：

1.受试者俯卧，双肘撑地，将按摩球放在大腿内侧靠近膝关节处（见图5-41）。

2.调整位置直至找到酸痛点；小腿屈伸按压按摩球，使之滚动。

3.在肌肉酸痛点停留一段时间，按规定时间完成动作；对侧亦然。

图5-41　按摩球·股内侧肌群松解

（七）按摩球·髂腰肌松解

动作要点：

1.受试者俯卧，双肘撑地，将按摩球放在左侧髋关节处（见图5-42）。

2.调整位置直至找到酸痛点；身体移动按压按摩球，使之滚动。

3.在肌肉酸痛点停留一段时间，按规定时间完成动作；对侧亦然。

图5-42　按摩球·髂腰肌松解

（八）按摩球·臀部肌群松解

动作要点：

1.受试者保持坐姿，将按摩球放在臀部的下方，双手撑于身体的后方（见图5-43）。

2.调整位置直至找到酸痛点；双脚蹬地发力，按压按摩球，使之滚动。

3.在肌肉酸痛点停留一段时间，按规定时间完成动作；对侧亦然。

图5-43　按摩球·臀部肌群松解

## 二、拉长技术

拉长技术即利用静态拉伸和PNF拉伸对髋关节周围那些过度活跃或被压缩的神经、肌肉、筋膜组织进行拉长，恢复髋关节的关节活动度，增加肌肉组织的延展性，使髋关节更好地完成相关动作。

（一）静态拉伸

1.股四头肌拉伸

动作要点：

（1）受试者保持弓步跪姿，上身挺直；拉伸腿在后，同侧手握住拉伸腿的踝关节；另一条腿在前，大、小腿夹角为90°（见图5-44）。

（2）拉伸腿一侧手拉动踝关节，使膝关节屈曲，小腿向大腿靠近，直至股四头肌有中等强度的牵拉感。

（3）按规定时间保持姿势，对侧亦然。

图5-44　股四头肌拉伸

2.股二头肌拉伸

动作要点：

（1）受试者前后分腿站立；双手叉腰；背部平直，腹部收紧。

（2）始终保持左腿伸直，左脚背屈，脚后跟着地（见图5-45）。逐渐屈髋向后坐，直至股二头肌有中等强度的牵拉感。

（3）按规定时间保持姿势，对侧亦然。

图5-45　股二头肌拉伸

3.髂肌拉伸

动作要点：

（1）受试者保持前后分腿姿势，左腿在前，右腿在后；背部平直，腹部收紧。

（2）左臂自然垂于体侧；右臂向上伸展并内旋，身体逐渐向左侧倾斜（见图5-46），直至髂肌有中等强度的牵拉感。

（3）按规定时间保持姿势，对侧亦然。

图5-46　髂肌拉伸

4.阔筋膜张肌拉伸

动作要点：

（1）受试者仰卧；左腿屈髋、屈膝撑地，右腿搭在左腿上（见图5-47）。

（2）右腿用力将左腿大腿水平拉向右侧，膝关节尽量贴地，直至阔筋膜张肌有中等强度的牵拉感。

（3）按规定时间保持姿势，对侧亦然。

图 5-47　阔筋膜张肌拉伸

**5. 梨状肌拉伸**

动作要点：

（1）受试者仰卧，将右脚脚踝放在左膝的上方，头部和身体紧贴地面。

（2）双手抱住左腿大腿的后表面，将其拉向躯干（见图 5-48），直至梨状肌有中等强度的牵拉感。

（3）按规定时间保持姿势，对侧亦然。

图 5-48　梨状肌拉伸

**6. 股内侧肌群拉伸**

动作要点：

（1）受试者站立；左腿向左侧伸直，双脚脚尖朝前；双臂前平举，掌心朝外。

（2）向身体右后下方坐（见图 5-49），直至股内侧肌群有中等强度的牵拉感。

（3）按规定时间保持姿势，对侧亦然。

图5-49　股内侧肌群拉伸

7.臀部肌群拉伸

动作要点：

（1）受试者仰卧；左腿伸直，右腿屈髋、屈膝；头部和身体紧贴地面。

（2）双手抱住右腿大腿的后表面，将其拉向胸部（见图5-50），直至臀部肌群有中等强度的牵拉感。

（3）按规定时间保持姿势，对侧亦然。

图5-50　臀部肌群拉伸

（二）PNF拉伸

**1.PNF拉伸·股四头肌**

动作要点：

（1）受试者俯卧；左腿尽可能地屈曲，右腿自然放在按摩床上，髋部紧贴按摩床。

（2）牵拉者站在受试者左侧；右手支撑于其右侧的按摩床边，左肘抵在其骶骨处；上身前倾，右肩抵在其左侧踝关节处（见图5-51）。

（3）受试者缓慢地伸直左腿，对抗牵拉者施加的阻力；牵拉者协助受试者做股四头肌等长收缩并保持6秒。

（4）等长收缩后，回到起始位置，让受试者放松并深吸气。

（5）受试者呼气；牵拉者帮助其继续牵拉，在无痛的情况下，尽量使其小腿靠近大腿。可进一步加大对受试者股四头肌的牵拉幅度。

（6）按规定次数重复动作，对侧亦然。

图5-51　PNF拉伸·股四头肌

**2.PNF拉伸·股二头肌**

动作要点：

（1）受试者仰卧；右腿水平伸直并尽可能地抬高，左腿自然放在按摩床上；保持髋部稳定。

（2）牵拉者站在受试者右侧；左手压在其右脚前脚掌处，右手绕过其右腿固定其膝关节（见图5-52）。

（3）受试者缓慢地下压脚后跟，对抗牵拉者施加的阻力；牵拉者协助受试者做股二头肌等长收缩并保持6秒。

（4）等长收缩后，回到起始位置，让受试者放松并深吸气。

（5）受试者呼气，主要收缩股四头肌、髂腰肌等屈髋肌群；可进一步加大对股二头肌的牵拉幅度。

（6）按规定次数重复动作，对侧亦然。

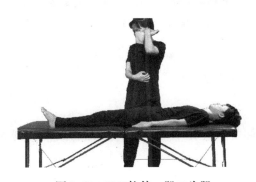

图5-52　PNF拉伸·股二头肌

3.PNF拉伸·髂肌

动作要点：

（1）受试者俯卧，双腿伸直，髋关节处于中立位。

（2）牵拉者站在受试者左侧；左手固定其骨盆右侧，使之平行贴在按摩床上，右手放在其左腿大腿的前表面，将其左腿抬起（见图5-53）。

（3）受试者缓慢地向相反方向对抗牵拉者施加的阻力，牵拉者协助受试者做髂肌等长收缩并保持6秒。

（4）等长收缩后，回到起始位置，让受试者放松并深吸气。

（5）受试者呼气，收缩伸髋肌群；同时，牵拉者可以协助受试者做髋关节伸展。可进一步加大对受试者髂肌的牵拉幅度。

（6）按规定次数重复动作，对侧亦然。

图5-53　PNF拉伸·髂肌

4.PNF拉伸·阔筋膜张肌

动作要点：

（1）受试者仰卧；左腿水平伸直，右腿屈曲，右脚放在左腿膝关节旁边。

（2）牵拉者站在受试者右侧；左手固定其骨盆右侧，右手放在其右膝上（见图5-54），将其右膝压向左下方。

（3）受试者缓慢地向相反方向对抗牵拉者施加的阻力，牵拉者协助受试者做阔筋膜张肌等长收缩并保持6秒。

（4）等长收缩后，回到起始位置，让受试者放松并深吸气。

（5）受试者呼气，收缩股内侧肌群；同时，牵拉者可以协助受试者做髋关节内收。可进一步加大对受试者阔筋膜张肌的牵拉幅度。

（6）按规定次数重复动作，对侧亦然。

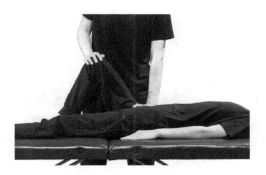

图5-54　PNF拉伸·阔筋膜张肌

5.PNF拉伸·梨状肌

动作要点：

（1）受试者仰卧；右腿抬起，膝关节和髋关节都屈曲90°，小腿向左侧内旋，左腿自然放在按摩床上；骶骨紧贴按摩床。

（2）牵拉者站在受试者右侧；左手放在其右腿膝关节外侧，右手放在其同侧踝关节外侧（见图5-55）；缓慢地在其右膝和右侧踝关节上施加一定大小的力。

（3）受试者缓慢地向相反方向对抗牵拉者施加的阻力，牵拉者协助受试者做梨状肌等长收缩并保持6秒。

（4）等长收缩后，回到起始位置，让受试者放松并深吸气。

（5）受试者呼气，收缩屈髋肌群和内收肌群；同时，牵拉者可以推动受试者的髋关节，使其屈曲、内收，并做少许的侧旋。可进一步加大对受试者梨状肌的牵拉幅度。

（6）按规定次数重复动作，对侧亦然。

图5-55　PNF拉伸·梨状肌

**6.PNF拉伸·股内侧肌**

动作要点：

（1）受试者仰卧；屈髋、屈膝，双脚脚掌相对，膝关节朝外。

（2）牵拉者跪在受试者双脚的下方；双手放在其双腿大腿内侧，将其大腿缓慢地向下按压（见图5-56）。

（3）受试者缓慢地向相反方向对抗牵拉者施加的阻力，牵拉者协助受试者做股内侧肌等长收缩并保持6秒。

（4）等长收缩后，回到起始位置，让受试者放松并深吸气。

（5）受试者呼气，收缩内收肌群；同时，牵拉者可以推动其大腿。可进一步加大对受试者股内侧肌的牵拉幅度。

（6）按规定次数重复动作。

图5-56　PNF拉伸·股内侧肌

7.PNF拉伸·臀部肌群

动作要点：

（1）受试者仰卧；右腿向内侧屈髋、屈膝，左腿水平伸直。

（2）牵拉者站在受试者体侧；左手放在其右腿大腿外侧，右手握住其同侧小腿，将其大腿向内侧及前上方拉伸（见图5-57）。

（3）受试者缓慢地向相反方向对抗牵拉者施加的阻力，牵拉者协助受试者做臀部肌群等长收缩并保持6秒。

（4）等长收缩后，回到起始位置，让受试者放松并深吸气。

（5）受试者呼气，收缩屈髋肌群；同时，牵拉者可以推动受试者的大腿。可进一步加大对受试者臀部肌群的牵拉幅度。

（6）按规定次数重复动作，对侧亦然。

图5-57　PNF拉伸·臀部肌群

## 三、激活技术

激活技术即通过分离强化和定位等长对髋关节进行训练，目的是刺激髋关节周围不够活跃的肌肉，通过向心、离心训练和定位等长运动增强髋关节的灵活性和稳定性。

（一）分离强化训练

1.向前弓步

动作要点：

（1）受试者站立，抬头，挺胸，背部平直，双手放在体侧；左脚向前跨出一步，右臂抬起。

（2）左腿屈髋、屈膝，大、小腿成90°夹角，左脚全脚掌着地；右腿大、小腿同样成90°夹角（见图5-58）。下蹲时保持膝关节和踝关节在一个平面内，髋关节处于中立位。

（3）回到起始姿势，按规定次数重复动作；对侧亦然。

图5-58　向前弓步

2.单腿拜佛

动作要点：

（1）受试者单腿站立，左脚着地，右腿抬起；躯干直立，双臂自然垂于体侧，髋关节处于中立位。

（2）以髋关节为轴，屈髋，躯干前倾，直至躯干几乎与地面平行。整个过程中支撑腿要始终处于伸直状态，背部保持平直（见图5-59）。

（3）回到起始姿势，按规定次数重复动作；对侧亦然。

图5-59 单腿拜佛

**3.跪姿顶髋**

动作要点：

（1）受试者双腿跪在地上，臀部坐在踝关节处，双臂交叉，放在胸前。

（2）受试者顶髋，伸膝，躯干抬起，使膝关节、髋关节和躯干在一个平面内，躯干保持直立（见图5-60）。

（3）回到起始姿势，按规定次数重复动作。

图5-60 跪姿顶髋

4.臀肌桥

动作要点：

（1）受试者仰卧，双臂放在体侧，双腿屈膝、勾脚。

（2）臀部收缩，抬起髋部，使肩关节、躯干、髋关节、膝关节在一条直线上，膝关节和踝关节在一个平面内，髋关节处于中立位（见图5-61）。

（3）回到起始姿势，按规定次数重复动作。

图5-61　臀肌桥

5.单腿仰卧顶髋

动作要点：

（1）受试者单腿仰卧；肩部靠在卧推凳上；支撑腿屈膝，另一条腿抬起，水平伸直并勾脚。

（2）身体逐渐下降至最低点，臀部不能着地；然后臀部发力向上顶髋，回到起始姿势（见图5-62）。

（3）按规定次数重复动作；对侧亦然。

图5-62　单腿仰卧顶髋

6.仰卧髋外展

动作要点：

（1）受试者仰卧，背部平直；双腿并拢，屈髋、屈膝，小腿与地面平行，双脚脚尖朝上。

（2）右腿带动髋关节外展，动作要缓慢；躯干始终紧贴地面（见图5-63）。

（3）回到起始姿势，按规定次数重复动作；对侧亦然。

图5-63　仰卧髋外展

7.仰卧钟摆

动作要点：

（1）受试者仰卧，背部平直；双腿并拢，屈髋，向上伸直，紧贴墙壁。

（2）左腿紧贴墙壁向下滑动，右腿保持伸直（见图5-64）。

（3）回到起始姿势，按规定次数重复动作；对侧亦然。

图5-64　仰卧钟摆

**8.哑铃·硬拉**

动作要点：

（1）受试者深蹲；双脚平行，间距比肩稍宽；双手握哑铃，自然垂于体侧。

（2）髋关节伸展，贴着双腿外侧竖直提起哑铃；匀速站起，直至身体直立（见图5-65）。

（3）回到起始姿势，按规定次数重复动作。

图5-65　哑铃·硬拉

**9.哑铃·捧杯式深蹲**

动作要点：

（1）受试者双脚平行开立，间距比肩稍宽；双手捧杯式持哑铃于胸前。

（2）屈髋、屈膝下蹲，直至大腿与地面平行；匀速站起，直至身体直立（见图5-66）。

（3）回到起始姿势，按规定次数重复动作。

图5-66　哑铃·捧杯式深蹲

10.杠铃·跪姿髋伸展

动作要点：

（1）受试者保持跪姿；双膝间距比髋稍宽，屈髋，使臀部和脚在一个平面内；双手握住杠铃，将杠铃放在颈后。

（2）髋关节前伸，使躯干和大腿在一个平面内，保持身体直立（见图5-67）。

（3）回到起始姿势，按规定次数重复动作。

图5-67　杠铃·跪姿髋伸展

11.杠铃·仰卧顶髋

动作要点：

（1）受试者仰卧；肩部靠在卧推凳上，双腿屈膝撑地，将杠铃放在髋关节处，双手握杠铃。

（2）身体逐渐下降至最低点，臀部不能着地；然后臀部发力向上顶髋，回到起始姿势（见图5-68）。

（3）按规定次数重复动作。

图5-68　杠铃·仰卧顶髋

**12. 弹力带·髋关节屈曲**

动作要点：

（1）受试者单腿仰卧，双臂放在体侧；支撑腿屈膝，另一条腿水平伸直并勾脚，将弹力带绑在该腿的脚背处。

（2）训练腿屈髋、屈膝，屈髋肌群发力，向躯干靠近，保持运动轨迹在一个平面内（见图5-69）。

（3）回到起始姿势，按规定次数重复动作；对侧亦然。

图5-69　弹力带·髋关节屈曲

**13. 弹力带·髋关节伸展**

动作要点：

（1）受试者保持跪姿；双手、双膝撑地，腹部收紧，将弹力带绑在双腿的膝关节处。

（2）训练腿抬起，使髋关节处于伸展状态；背部平直（见图5-70）。

（3）回到起始姿势，按规定次数重复动作；对侧亦然。

图5-70　弹力带·髋关节伸展

14.弹力带·髋关节外展

动作要点：

（1）受试者右侧卧；头枕手臂；双腿水平伸直，双脚脚尖勾起，身体成一条直线，将弹力带绑在膝关节的上方。

（2）臀部外侧肌群发力，抬起左腿并伸直，保持双脚勾脚尖（见图5-71）。

（3）回到起始姿势，按规定次数重复动作；对侧亦然。

图5-71　弹力带·髋关节外展

15.弹力带·髋关节内收

动作要点：

（1）受试者单腿站立；双腿伸直，将弹力带绑在双腿踝关节处，背部平直。

（2）训练腿做髋关节内收，股内侧肌群发力，向对侧抬起，髋关节处于中立位（见图5-72）。

（3）回到起始姿势，按规定次数重复动作；对侧亦然。

图5-72 弹力带·髋关节内收

（二）定位等长训练

1.股薄肌训练

动作要点：

（1）受试者仰卧；双腿水平伸直，一条腿内旋到最大限度。

（2）牵拉者站在受试者体侧；一手放在其内旋腿小腿处，一手放在其另一条腿膝关节处（见图5-73）。牵拉者对受试者的小腿施加与内旋相反的力，受试者对抗其阻力。

（3）牵拉者施加小腿内旋的阻力分别为最大主动收缩力量（MVC）的25%、50%、75%和100%，保持4秒等长收缩（每次收缩间歇2秒）。

（4）按规定次数重复动作，对侧亦然。

图5-73 股薄肌训练

2. 臀大肌训练

动作要点：

（1）受试者仰卧，一条腿小腿抬起到最大限度。

（2）牵拉者站在受试者体侧；一手放在其抬起的腿膝关节的后表面，一手放在其腰部（见图5-74）。牵拉者对受试者的髋关节施加与伸展相反的力，受试者对抗其阻力。

（3）牵拉者施加髋关节伸展的阻力分别为最大主动收缩力量（MVC）的25%、50%、75%和100%，保持4秒等长收缩（每次收缩间歇2秒）。

（4）按规定次数重复动作，对侧亦然。

图5-74 臀大肌训练

3.阔筋膜张肌训练

动作要点：

（1）受试者仰卧，双腿水平伸直；一条腿抬起并外展到最大限度。

（2）牵拉者站在受试者体侧；一手放在其抬起的腿踝关节外侧，一手放在其另一条腿踝关节的前表面（见图5-75）。牵拉者对受试者的髋关节施加与外展相反的力，受试者对抗其阻力。

（3）牵拉者施加髋关节外展的阻力分别为最大主动收缩力量（MVC）的25%、50%、75%和100%，保持4秒等长收缩（每次收缩间歇2秒）。

（4）按规定次数重复动作，对侧亦然。

图5-75　阔筋膜张肌训练

4.屈髋肌群训练

动作要点：

（1）受试者仰卧；一条腿抬起，大腿靠近躯干，使髋关节屈曲到最大限度。

（2）牵拉者站在受试者体侧；一手放在其抬起的腿膝关节的前表面，一手放在其同侧踝关节的后表面（见图5-76）。牵拉者对受试者的髋关节施加与屈曲相反的力，受试者对抗其阻力。

（3）牵拉者施加髋关节屈曲的阻力分别为最大主动收缩力量（MVC）的25%、50%、75%和100%，保持4秒等长收缩（每次收缩间歇2秒）。

（4）按规定次数重复动作，对侧亦然。

图5-76　屈髋肌群训练

**5.伸髋肌群训练**

动作要点：

（1）受试者保持跪姿，双手、双膝撑地；一条腿抬起，使髋关节伸展到最大限度。

（2）牵拉者站在受试者体侧；一手放在其抬起的腿髋关节的前表面，一手放在其同侧膝关节的后表面（见图5-77）。牵拉者对受试者的髋关节施加与伸展相反的力，受试者对抗其阻力。

（3）牵拉者施加髋关节伸展的阻力分别为最大主动收缩力量（MVC）的25%、50%、75%和100%，保持4秒等长收缩（每次收缩间歇2秒）。

（4）按规定次数重复动作，对侧亦然。

图5-77　伸髋肌群训练

6.外展肌群训练

动作要点:

(1)受试者侧卧;双腿水平伸直,一条腿抬起并外展到最大限度。

(2)牵拉者站在受试者体侧;一手放在其腰部,一手放在其抬起的腿小腿外侧(见图5-78)。牵拉者对受试者的髋关节施加与外展相反的力,受试者对抗其阻力。

(3)牵拉者施加髋关节外展的阻力分别为最大主动收缩力量(MVC)的25%、50%、75%和100%,保持4秒等长收缩(每次收缩间歇2秒)。

(4)按规定次数重复动作,对侧亦然。

图5-78　外展肌群训练

7. 内收肌群训练

动作要点：

（1）受试者仰卧；双腿水平伸直，一条腿抬起并向另一侧摆动，使髋关节内收到最大限度。

（2）牵拉者站在受试者双脚的下方；一手放在其内收腿的踝关节内侧，一手放在其另一条腿踝关节的上表面（见图5-79）。牵拉者对受试者的髋关节施加与内收相反的力，受试者对抗其阻力。

（3）牵拉者施加髋关节内收的阻力分别为最大主动收缩力量（MVC）的25%、50%、75%和100%，保持4秒等长收缩（每次收缩间歇2秒）。

（4）按规定次数重复动作，对侧亦然。

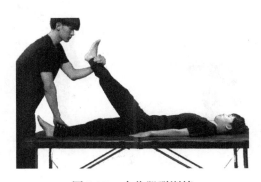

图5-79　内收肌群训练

## 四、整合技术

整合技术即通过多平面、多关节的动态动作练习对髋关节进行再训练，重塑髋关节良好的神经控制能力，提高肌肉的协调性，使其成为一个具有功能性的关节，减少运动损伤的发生。

（一）壶铃·甩摆

动作要点：

1.受试者双脚平行开立，间距与肩同宽，背部平直；双手握壶铃，自然垂于体前。

2.双膝微屈，向后伸髋；双臂将壶铃甩摆至胯下；同时上身前倾、下沉，直至几乎与地面平行。

3.保持双臂伸直，迅速伸髋站直，将壶铃上摆至头部高度（见图5-80）。

4.回到起始姿势，按规定次数重复动作。

图5-80　壶铃·甩摆

（二）瑞士球·靠墙深蹲

动作要点：

1.受试者双脚平行开立，间距比肩稍宽；双臂屈曲，双手持哑铃；躯干背靠墙面夹住瑞士球。

2.缓慢地下蹲，直至大腿与地面平行，膝关节和踝关节在一条直线上，膝关节不要超过脚尖（见图5-81）。

3.回到起始姿势，按规定次数重复动作。

图 5-81　瑞士球·靠墙深蹲

（三）瑞士球·夹球转髋

动作要点：

1.受试者仰卧；肩部紧贴地面，肩胛骨收紧；双腿夹紧瑞士球；双臂伸直，放在体侧。

2.双腿夹球向左侧转髋，然后回到起始姿势，再向右侧转髋（见图5-82）。整个过程中肩部要始终紧贴地面，膝关节不要触地，髋关节处于中立位。

3.按规定次数重复动作。

图 5-82　瑞士球·夹球转髋

（四）瑞士球·夹球屈髋

动作要点：

1.受试者仰卧，肩部紧贴地面；用双腿脚后跟和腘绳肌之间的部分夹紧瑞士球；双臂伸直，放在体侧。

2.缓慢地夹球、屈髋，直至骨盆离地，膝关节靠近胸部（见图5-83）。整个过程中肩部要始终紧贴地面。

3.回到起始姿势，按规定次数重复动作。

图5-83　瑞士球·夹球屈髋

（五）瑞士球·臀肌桥

动作要点：

1.受试者仰卧，背部平直；上背部紧贴瑞士球，双脚撑地，双手叉腰。

2.伸髋肌群收缩，抬起髋关节，直至肩关节、躯干、髋关节和膝关节在一条直线上（见图5-84）。

3.回到起始姿势，按规定次数重复动作。

图5-84　瑞士球·臀肌桥

（六）瑞士球·双腿伸髋

动作要点：

1.受试者双手撑地，俯卧在瑞士球上；腹部、臀部收紧，双臂伸直，双脚脚后跟并拢，头部、背部和脚后跟在一条直线上。

2.伸髋肌群收缩并屈臂，使双脚抬起至更高的高度；保持背部平直，双脚并拢、伸直（见图5-85）。

3.回到起始姿势，按规定次数重复动作。

图5-85　瑞士球·双腿伸髋

（七）哑铃·侧向深蹲

动作要点：

1.受试者站立；双手握哑铃，自然垂于体侧。

2.左腿伸直；右腿向右侧跨出一大步，屈髋、屈膝下蹲，直至大腿与地面平行；右臂自然垂于右腿外侧，左臂自然垂于双腿之间（见图5-86）。

3.回到起始姿势，按规定次数重复动作；对侧亦然。

图5-86　哑铃·侧向深蹲

（八）哑铃·弓步抬腿

动作要点：

1.受试者保持前后分腿姿势；双手握哑铃，自然垂于体侧；躯干直立。

2.后面的腿抬起，直至大腿与地面平行，同时，前面的腿伸直；双臂下垂；躯干直立，核心收紧（见图5-87）。

3.回到起始姿势，按规定次数重复动作；对侧亦然。

图5-87　哑铃·弓步抬腿

（九）哑铃·侧弓步至过顶推举

动作要点：

1.受试者站立；双手握哑铃举至头顶的正上方，双臂伸直。

2.向左侧跨步，保持侧弓步姿势，同时将哑铃放下至肩上耳侧（见图5-88）；左腿向外蹬出站起，双手向上推起哑铃，保持躯干直立。

3.回到起始姿势，按规定次数重复动作；对侧亦然。

图5-88 哑铃·侧弓步至过顶推举

（十）哑铃·弓步至过顶推举

动作要点：

1.受试者保持弓步姿势，前面、后面的腿都屈膝，使大、小腿都成90°夹角，躯干直立；双手握哑铃于胸前，下臂几乎与地面垂直。

2.后面的腿向前跨步站起；同时双手向上推起哑铃，直至双臂伸直（见图5-89）。

3.回到起始姿势，按规定次数重复动作；对侧亦然。

图5-89　哑铃·弓步至过顶推举

（十一）哑铃·单腿下蹲至过顶推举

动作要点：

1.受试者单腿下蹲，屈髋、屈膝；一条腿抬离地面；同侧手握哑铃，手臂自然垂于体前。

2.支撑脚蹬地，伸髋、伸膝；另一条腿抬起，直至大腿与地面平行；同时向上推起哑铃，直至手臂伸直（见图5-90）。

3.回到起始姿势，按规定次数重复动作；对侧亦然。

图5-90　哑铃·单腿下蹲至过顶推举

（十二）杠铃·单腿罗马尼亚硬拉

动作要点：

1.受试者站立；双手握杠铃，自然垂于体前，握距比肩稍宽。

2.以左髋为轴，右腿伸直并向后抬起；同时身体前倾，直至上身和右腿连线几乎与地面平行（见图5-91）。

3.回到起始姿势，按规定次数重复动作；对侧亦然。

图5-91　杠铃·单腿罗马尼亚硬拉

（十三）杠铃·单腿早安式硬拉

动作要点：

1.受试者单腿站立；左腿支撑，右腿抬起，直至大腿与地面平行；双手握杠铃于颈后肩上，握距比肩稍宽。

2.以左髋为轴，右腿伸直并向后抬起；同时身体前倾，直至上身和右腿连线几乎与地面平行（见图5-92）。

3.回到起始姿势，按规定次数重复动作；对侧亦然。

图5-92 杠铃·单腿早安式硬拉

（十四）滑垫·腿内收

动作要点：

1.受试者站立，躯干直立；双脚踏在滑垫上，双腿伸直，双手十指交叉，放在胸前。

2.双脚踏滑垫向两侧滑动到最大限度，然后滑动滑垫使双腿内收（见图5-93）。

3.回到起始姿势，按规定次数重复动作。

图5-93 滑垫·腿内收

（十五）滑垫·后向弓步

动作要点：

1.受试者站立；右脚踏在滑垫上；双手握哑铃，自然垂于体侧。

2.保持身体重心在左腿，右脚向后滑动滑垫做低分腿动作，双腿大、小腿都成90°夹角，保持踝关节稳定（见图5-94）。

3.回到起始姿势，按规定次数重复动作；对侧亦然。

图5-94　滑垫·后向弓步

（十六）滑垫·旋转弓步

动作要点：

1.受试者站立；右脚踏在滑垫上，保持身体重心在左腿；双手十指交叉，放在胸前。

2.右脚向右侧滑动滑垫，躯干随右脚滑出转至侧面；同时左腿屈髋、屈膝，直至大腿与地面平行（见图5-95）。

3.迅速站起。整个过程中要始终保持重心在左脚上，控制好身体重心移动速度。

4.回到起始姿势，按规定次数重复动作；对侧亦然。

图5-95　滑垫·旋转弓步

# 第六章　腰椎关节评定与训练

腰椎上承胸椎，下接骶骨。腰椎比较粗大，且下段椎体最大。腰椎的生理形状是向前凸的，其关节能够对我们的躯干起到良好的支撑作用，可以连接肢体，保持人体正常的生理姿势。人在进行各种运动时，腰椎关节发挥着特殊的功能。通过本章节的内容，大家可以对腰椎关节有一个全新的了解。

# 第一节　腰椎关节解剖结构

腰椎关节前部由5节椎体，椎间盘和前、后纵韧带连接而成，后部由各椎节的椎弓，横突，上、下关节突和棘突构成，并通过关节囊、各突起间韧带、肌肉等连接。

## 一、腰椎关节骨骼结构

腰椎关节由5块腰椎椎骨和椎间盘构成，椎骨又由椎体和椎弓组成，椎间盘位于相邻两个椎体之间。腰椎的椎骨较颈椎和胸椎大而厚，主要由松质骨组成，外层的密质骨较薄。椎弓位于椎体的后方，包括椎弓根，横突，棘突和上、下关节突。横突，棘突和上、下关节突都是肌肉、韧带的附着部位，并连接上、下腰椎。

（一）椎体

位置：位于椎骨的前方（见图6-1）。

功能：承受体重。

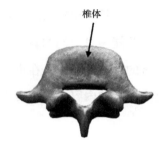

图6-1　椎体

（二）椎弓

位置：位于椎体的后方（见图6-2）。

功能：保护脊髓。

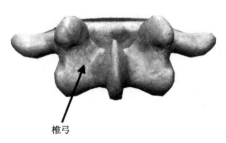

图6-2　椎弓

（三）横突

位置：从椎弓根与椎板连接处向两侧伸出的部分（见图6-3）。

功能：附着肌肉。

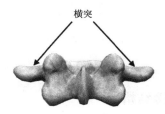

图6-3 横突

（四）棘突

位置：椎弓后下方的突出部分（见图6-4）。

功能：附着肌肉。

图6-4 棘突

（五）关节突

位置：椎弓的上方和下方。

组成：上关节突、下关节突（见图6-5）。

功能：决定运动的方向，如前屈、后伸、侧屈、旋转等。

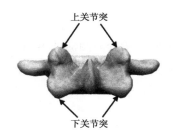

图6-5　关节突

## 二、腰椎关节连接结构

腰椎关节的连接结构主要包括纤维连接和软骨连接。纤维连接包括前纵韧带、后纵韧带、黄韧带和棘上韧带,在腰椎中具有加强骨的稳定性的作用,能够防止腰椎关节过度屈伸,因此具有加强腰椎关节稳定性的作用。软骨连接主要指位于相邻两个椎体之间的椎间盘,比纤维连接有更大的活动范围。软骨将相邻骨的关节面分隔开,增加了关节的柔软性,还有助于进行轻微的运动。

(一)椎间盘

位置:位于相邻两个椎体的平整面之间(见图6-6)。

组成:中央部分为髓核,为柔软而富有弹性的胶状物质。周围部分为纤维环,为多层纤维软骨,按同心圆排列;富有韧性,能够牢固地连接相邻椎体;保护髓核并限制其向周围膨出。

功能:连接椎体,具有缓冲、减震的作用,增加脊柱的运动幅度。

图6-6　椎间盘

（二）前纵韧带

位置：位于椎体和椎间盘的前方；上至枕骨，下至骶骨（见图6-7）。

功能：防止脊椎过度后伸和椎间盘向前突出。

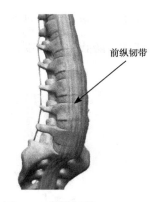

前纵韧带

图6-7　前纵韧带

（三）后纵韧带

位置：位于椎管前壁、椎体的后方（见图6-8）。

功能：防止脊柱过度前屈。

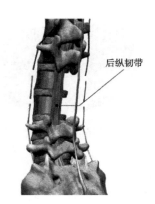

图6-8　后纵韧带

（四）黄韧带

位置：位于相邻椎体的弓板之间（见图6-9）。

功能：协助围成椎管，防止脊柱过度前屈。

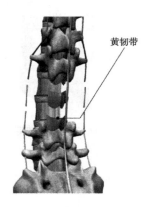

图6-9　黄韧带

（五）棘上韧带

位置：起于枕骨隆突，止于第5腰椎棘突，附着在棘突的表面（见图6-10）。

功能：防止脊柱过度前屈。

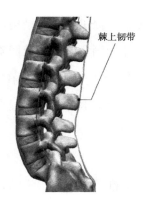

图6-10　棘上韧带

（六）横突间韧带

位置：位于相邻椎体的横突之间（见图6-11）。

功能：连接相邻椎体的横突，为椎体关节提供附属支撑。

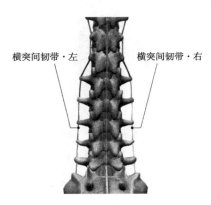

图6-11　横突间韧带

## 三、腰椎关节肌肉结构

腰部的肌肉是为腰椎活动提供动力的结构。借助肌肉的相互配合，脊柱腰段的椎体可进行屈、伸、侧弯、旋转及回旋运动；直立时各个肌肉的张力可协助韧带使脊柱腰段处于平衡状态；在脊柱腰段处于某一体位时，如弯腰工作时，则可协助韧带保持腰部稳定。因此，不论静止还是运动，肌肉的作用都是不可缺少的。

（一）多裂肌

起点：骶骨的后方，腰椎、胸椎和颈椎的骨性突起。

止点：起点处上方1—4个节段的棘突（见图6-12）。

功能：1.向心收缩：脊柱的伸展和向对侧旋转。

2.离心收缩：脊柱的屈曲和旋转。

3.等长收缩：保持脊柱稳定。

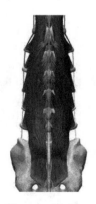

图6-12　多裂肌

（二）腰最长肌

起点：骨盆的髂肌、骶骨，T1—L5的横突和棘突。

止点：T1 — T12的横突、第2 — 第12肋骨（见图6-13）。

功能：1.向心收缩：脊柱的伸展、旋转和侧屈。

　　　2.离心收缩：脊柱的屈曲、向对侧旋转和屈曲。

　　　3.等长收缩：保持脊柱稳定。

图6-13　腰最长肌

（三）髂肋肌

起点：骨盆的髂脊、骶骨，T1 — L5的横突和棘突。

止点：第7 — 第12肋骨下边界（见图6-14）。

功能：1.向心收缩：脊柱的伸展、旋转和侧屈。

　　　2.离心收缩：脊柱的屈曲、旋转和向对侧屈曲。

　　　3.等长收缩：保持脊柱稳定。

图6–14  髂肋肌

（四）横突棘肌

起点：椎骨的横突。

止点：每两个相邻的椎骨（见图6–15）。

功能：1.向心收缩：脊柱的侧屈。

2.离心收缩：脊柱向对侧屈曲。

3.等长收缩：保持脊柱稳定。

图6–15  横突棘肌

（五）腰方肌

起点：骨盆的髂嵴。

止点：第12肋骨和L1—L4的横突（见图6-16）。

功能：1.向心收缩：脊柱的侧屈。

2.离心收缩：脊柱向对侧屈曲。

3.等长收缩：稳定腰椎、骨盆、髋关节复合体。

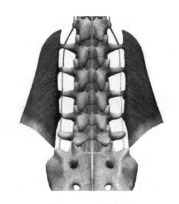

图6-16　腰方肌

（六）腹直肌

起点：耻骨联合。

止点：第5—第7肋骨（见图6-17）。

功能：1.向心收缩：脊柱的屈曲和侧屈。

2.离心收缩：脊柱的伸展和向对侧屈曲。

3.等长收缩：稳定腰椎、骨盆、髋关节复合体。

图6-17 腹直肌

（七）腹内斜肌

起点：髂脊前三分之二处和胸腰筋膜。

止点：第10—第12肋骨、白线、对侧腹直肌鞘（见图6-18）。

功能：1.向心收缩：脊柱的屈曲、侧屈和旋转。

2.离心收缩：脊柱的伸展、向对侧屈曲和旋转。

3.等长收缩：稳定腰椎、骨盆、髋关节复合体。

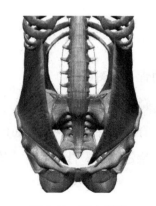

图6-18 腹内斜肌

（八）腹外斜肌

起点：第5—第12肋骨外表面。

止点：髂脊的前方、白线、对侧腹直肌鞘（见图6–19）。

功能：1.向心收缩：脊柱的屈曲、向对侧屈曲和旋转。

　　　2.离心收缩：脊柱的伸展、侧屈和旋转。

　　　3.等长收缩：稳定腰椎、骨盆、髋关节复合体。

图6–19　腹外斜肌

（九）腹横肌

起点：第7—第12肋骨、髂脊前三分之二处和胸腰筋膜。

止点：白线和对侧腹直肌鞘（见图6–20）。

功能：1.向心收缩：增加腹内压，支撑腹部脏器。

　　　2.等长收缩：稳定腰椎、骨盆、髋关节复合体。

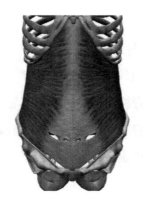

图6-20 腹横肌

# 第二节 腰椎关节功能评定

腰椎是脊柱的重要组成部分，位于胸椎和骶骨之间，起到增加躯干的灵活性和稳定性的作用。腰椎关节是强调稳定性的关节，它需要承受人体上半身的重量，并保持其平衡。在强调稳定性的同时，它也具有一定的灵活性。腰椎关节的灵活性主要体现在矢状面上的屈和伸、冠状面上的左右侧屈、水平面上的旋转。

## 一、腰椎关节灵活性评定

虽然腰椎关节强调稳定性，但它也具有一定的灵活性。腰椎关节受椎间盘、椎体、小关节、韧带、肌肉等影响，灵活性在一定程度上受限。如果腰椎关节灵活性下降，活动度不足，会导致能量的泄露和代偿动作的产生，进而增大胸椎关节及髋关节损伤的风险。腰椎关节灵活性对于人体运动功能也非常重要，因此，我们需要对腰椎关节灵活性进行评定。

腰椎关节灵活性一般通过以量角器测量腰椎关节的主动关节活动度和被动关节活动度的方法进行评定。将受试者实际可达到的关节活动范围同正常范围进行比较来确定该关节活动受限的程度。表6-1列出了正常的腰椎关节的主动关节活动范围。

表 6-1　腰椎关节节段活动度

| 节段 | 屈伸 | 伸展 | 侧屈 | 轴向扭转 |
| --- | --- | --- | --- | --- |
| L1 — L2 | 8° | 5° | 6° | 2° |
| L2 — L3 | 10° | 3° | 6° | 2° |
| L3 — L4 | 12° | 1° | 8° | 2° |
| L4 — L5 | 13° | 2° | 6° | 2° |
| L5 — S1 | 9° | 5° | 3° | 5° |

（Jackson B H. Joint Motion：Method of Measuring and Recording[J]. American Academy of Orthopaedic Surgeons，1965.）

腰椎关节灵活性评定方法主要有：

（一）腰椎前屈

受试者站立，双腿伸直，躯干保持直立。测试者将量角器放在受试者体侧，使轴心位于其髂前上棘处，固定臂竖直向下紧贴其股骨外侧，移动臂与其躯干方向一致。受试者做腰椎前屈（见图6-21），髋关节和下肢保持不动。通过测量量角器两边的夹角，可得出腰椎关节主动前屈的活动度。然后测试者在此状态下扶住受试者的躯干，对受试者的腰椎关节施加一定的继续前屈的力量，力量不要过大，到受试者无法承受为止；最后测出腰椎关节被动前屈的活动度。

图6-21 腰椎前屈

（二）腰椎后伸

受试者站立，双腿伸直，双手放在第五腰椎的后表面，躯干保持直立。测试者将量角器放在受试者体侧，使轴心位于其髂前上棘处，固定臂竖直向下紧贴其股骨外侧，移动臂与其躯干方向一致。受试者做腰椎后伸（见图6-22），髋关节和下肢保持不动。通过测量量角器两边的夹角，可得出腰椎关节主动后伸的活动度。然后测试者在此状态下扶住受试者的躯干，对受试者的腰椎关节施加一定的继续后伸的力量，力量不要过大，到受试者无法承受为止；最后测出腰椎关节被动后伸的活动度。

图6-22 腰椎后伸

（三）腰椎侧屈

受试者站立，双腿伸直，双臂自然垂于体侧，躯干保持直立。测试者将量角器放在受试者躯干的后表面，使轴心位于其第五腰椎处，固定臂与地面垂直，移动臂与其腰椎方向一致。受试者做腰椎侧屈（见图6-23），髋关节和下肢保持不动。通过测量量角器两边的夹角，可得出腰椎关节主动侧屈的活动度。然后测试者在此状态下扶住受试者的躯干，对受试者的腰椎关节施加一定的继续侧屈的力量，力量不要过大，到受试者无法承受为止；最后测出腰椎关节被动侧屈的活动度。

图6-23　腰椎侧屈

（四）腰椎旋转

受试者保持坐姿，双手分别放在同侧膝盖处，躯干保持直立。测试者将量角器放在受试者头顶处，使轴心位于其头顶中点处，固定臂与其双侧髂嵴上喙连线的平行线方向一致，移动臂与其双侧肩峰连线的平行线方向一致。受试者做腰椎旋转（见图6-24），髋关节和下肢保持不动。通过测量量角器两边的夹角，可得出腰椎关节主动旋转的活动度。然后测试者在此状态下扶住受试者的躯干，对受试者的腰椎关节施加一定的继续旋转的力量，力量不要过大，到受试者无法承受为止；最后测出腰椎关节被动旋转的活动度。

图6-24　腰椎旋转

## 二、腰椎关节稳定性评定

腰椎关节是强调稳定性的关节，由于其需要承受人体上半身的重量，因此对其稳定性有较高的要求。如果腰椎关节稳定性缺失，会使整个躯干的重量压在其他相邻的关节上，造成关节负担，在运动中也会产生代偿动作，造成其他关节的运动损伤。因此我们需要对腰椎关节稳定性进行评定。

由于腰椎关节是脊柱的一部分，随着整个脊柱一起活动，所以无法单独对腰椎关节稳定性进行评定。因此，我们可以通过对脊柱进行稳定性评定，观察腰椎关节的稳定状态。

（一）静态姿势评定

评定方法：

受试者保持标准站立姿势，双腿伸直，躯干直立。测试者分别从正面、侧面和后面观察受试者的腰椎关节是否存在过度屈曲、伸展和侧屈现象（见图6-25）。

评定标准：

标准动作——受试者的腰椎关节保持直立。

代偿动作 —— 受试者的腰椎关节出现前倾或后倾现象。

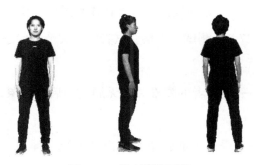

图6-25　静态姿势评定

（二）抬腿测试

评定方法：

受试者双腿并拢，平躺在地上，双臂交叉，放在胸前；然后双腿同时缓慢地抬起（见图6-26），直至双腿与地面垂直；放下双腿，回到起始姿势。整个过程中腰背部要始终紧贴地面。

评定标准：

标准动作 —— 受试者的腰椎关节在运动中紧贴地面。

代偿动作 —— 受试者在放下双腿的过程中，腰椎关节出现向上拱起现象。

图6-26　抬腿测试

（三）俯卧撑测试

评定方法：

受试者俯卧，身体紧贴地面；双手在体侧撑地，使身体抬离地面，双腿伸直（见图6-27）。测试者观察受试者腰椎关节的状态。

评定标准：

标准动作 —— 受试者的腰椎关节无屈曲和后伸现象，与躯干成一条直线。

代偿动作 —— 受试者的腰椎关节出现下沉（伸展）和拱起（屈曲）现象。

图6-27　俯卧撑测试

（四）过顶深蹲

评定方法：

受试者站立，双臂伸直，举过头顶；下蹲至大腿与地面平行，然后回到起始姿势。测试者分别从正面、侧面和后面观察受试者腰椎关节的状态（见图6-28）。

评定标准：

标准动作 —— 受试者的腰椎关节保持直立，无屈曲和后伸现象。

代偿动作 —— 受试者的腰椎关节出现过度后伸和屈曲现象。

图6-28　过顶深蹲

（五）站立哑铃过头举

评定方法：

受试者双脚平行开立，间距与肩同宽，脚尖朝前；双手握适当重量的哑铃，将哑铃举过头顶，双臂伸直，然后回到起始姿势；胸椎和颈椎保持直立，肩部保持水平。测试者从侧面观察受试者腰椎关节的状态（见图6-29）。

评定标准：

标准动作 —— 受试者的腰椎关节保持直立，无屈曲和后伸现象。

代偿动作 —— 受试者的腰椎关节出现过度后伸（塌腰）现象。

图6-29　站立哑铃过头举

# 第三节　腰椎关节纠正性训练

我们已经对腰椎关节的功能进行了评定，如果腰椎关节灵活性和稳定性不足，力量较弱，在进行外部负重训练时，就会造成身体的不稳定，严重者还可能出现意外。因此，我们需要针对腰椎关节障碍进行纠正性训练，使其灵活性和稳定性得到改善和提高。

腰椎关节纠正性训练方法主要包括松解技术、拉长技术、激活技术和整合技术四种。

## 一、松解技术

松解技术即使用泡沫轴、按摩球等工具对腰椎关节、腹部肌肉和运动肌群进行松解，以减小肌肉张力，降低神经、肌肉、筋膜组织的过度活跃状态。

（一）泡沫轴·背阔肌松解

动作要点：

1.受试者侧卧；将泡沫轴放在右臂腋窝处，右臂在头顶方向水平伸直，右手掌心朝下；双腿屈膝，双脚撑地，使髋关节抬离地面（见图6-30）。

2.双腿发力带动身体移动，使泡沫轴从下腰背的一侧至腋窝来回滚动。

3.在肌肉酸痛点停留一段时间，按规定时间完成动作；对侧亦然。

图6-30　泡沫轴·背阔肌松解

（二）泡沫轴·竖脊肌松解

动作要点：

1.受试者仰卧；将泡沫轴放在腰椎关节的下方，与腰椎关节方向一致；双肘于体侧撑地；髋关节保持静止（见图6-31）。

2.双臂发力带动身体轻微地左右移动，使泡沫轴在两肩胛骨之间左右滚动。

3.在肌肉酸痛点停留一段时间，按规定时间完成动作。

图6-31　泡沫轴·竖脊肌松解

（三）泡沫轴·上背部肌群松解

动作要点：

1.受试者仰卧，双腿屈膝；将泡沫轴放在上背部的下方；双臂交叉，放在胸前，腹部收紧，髋关节接触地面。

2.顶髋，使髋关节抬离地面（见图6-32）；双腿屈伸带动泡沫轴在上背部来回滚动。

3.在肌肉酸痛点停留一段时间，按规定时间完成动作。

图6-32　泡沫轴·上背部肌群松解

（四）泡沫轴·下腰背肌群松解

动作要点：

1.受试者仰卧，双腿屈膝；将泡沫轴放在下腰部的下方；双臂交叉，放在胸前，腹部收紧（见图6-33）。

2.双腿屈伸带动身体移动，髋关节抬离地面，使泡沫轴从中背部至腰骶部来回滚动。

3.在肌肉酸痛点停留一段时间，按规定时间完成动作。

图6-33　泡沫轴·下腰背肌群松解

（五）泡沫轴·背伸肌群松解

动作要点：

1.受试者仰卧，双腿屈膝；将泡沫轴放在背部的下方；双手抱头，腹部收紧，髋关节接触地面（见图6-34）。

2.吸气，上背部和头部以泡沫轴为支点后伸；后伸到感到疼痛时停留几秒，然后呼气还原。

3.在肌肉酸痛点停留一段时间，按规定时间完成动作。

图6-34　泡沫轴·背伸肌群松解

（六）按摩球·髂腰肌松解

动作要点：

1.受试者俯卧，双臂撑地，将按摩球放在左侧髋关节处（见图6-35）。

2.调整位置直至找到酸痛点，身体移动按压按摩球，使之滚动。

3.在肌肉酸痛点停留一段时间，按规定时间完成动作；对侧亦然。

图6-35 按摩球·髂腰肌松解

（七）花生球·竖脊肌松解

动作要点：

1.受试者站立，背部紧贴墙壁；将花生球放在胸椎关节的后表面；手臂贴墙抬起，上臂与地面平行，下臂与上臂成90°夹角（见图6-36）。

2.以脊柱按压花生球，使之上下滚动，滚动速度要慢。

3.在肌肉酸痛点停留一段时间，按规定时间完成动作。

图6-36 花生球·竖脊肌松解

（八）花生球·髂肋肌松解

动作要点：

1.受试者仰卧，将花生球沿脊柱放在腰椎关节的下方，双脚脚后跟着地。

2.双手抱头，缓慢地抬起上身；双臂在头顶方向伸直，交替向体侧下放（见图6-37）。

3.在肌肉酸痛点停留一段时间，按规定时间完成动作。

图6-37 花生球·髂肋肌松解

（九）花生球·腰最长肌松解

动作要点：

1.受试者仰卧，将花生球沿脊柱放在腰椎关节的下方，双脚脚后跟着地。

2.双手抱头，双肘夹紧（见图6-38）；仰卧时吸气，卷腹时呼气，在最高点停留3秒，回到起始姿势。

3.在肌肉酸痛点停留一段时间，按规定时间完成动作。

图6-38 花生球·腰最长肌松解

## 二、拉长技术

拉长技术即利用静态拉伸和PNF拉伸对腰椎关节周围那些过度活跃或被压缩的神经、肌肉、筋膜组织进行拉长，恢复腰椎关节的关节活动度，增加肌肉组织的延展性，使腰椎关节更好地完成相关动作。

（一）静态拉伸

1. 背阔肌拉伸

动作要点：

（1）受试者双腿分开坐在垫上，左臂于颈侧伸直，右手握住左肘。

（2）右手用力，将左臂向右拉伸（见图6-39）；同时身体右转，直至背阔肌有中等强度的牵拉感。

（3）按规定时间保持姿势，对侧亦然。

图6-39　背阔肌拉伸

2. 下腰背拉伸

动作要点：

（1）受试者保持坐姿；右腿水平伸直，左腿屈膝，左脚放在右膝外侧，右肘抵在左膝外侧（见图6-40）。

（2）左手放在臀部的正后方 30—40 cm 处并用力推地面，右肘发力向右侧推动左膝，头部和躯干向身体的左后方旋转，直至下腰背有中等强度的牵拉感。

（3）按规定时间保持姿势，对侧亦然。

图 6-40　下腰背拉伸

3. 腹直肌拉伸

动作要点：

（1）受试者俯卧，双手撑地，下肢和髋关节紧贴地面（见图 6-41）。

（2）头向后仰，手向身体方向移动，直至腹直肌有中等强度的牵拉感。

（3）按规定时间保持姿势。

图 6-41　腹直肌拉伸

4.腹斜肌拉伸

动作要点：

（1）受试者俯卧，双手撑地，下肢和髋关节紧贴地面。

（2）躯干随头向左后方转动，手向身体方向移动（见图6-42），直至腹斜肌有中等强度的牵拉感。

（3）按规定时间保持姿势，对侧亦然。

图6-42　腹斜肌拉伸

5.腰方肌拉伸

动作要点：

（1）受试者双腿伸直并分开而坐，背部平直，左臂向上伸直。

（2）右手放在骨盆右侧，左臂带动身体尽可能地向右侧弯曲（见图6-43），直至左侧腰方肌有中等强度的牵拉感。

（3）按规定时间保持姿势，对侧亦然。

图6-43 腰方肌拉伸

6.髂腰肌拉伸

动作要点：

（1）受试者前后分腿站立，左腿在前，右腿在后；背部平直，腹部收紧。

（2）左臂自然下垂；右臂向上伸展并内旋，身体逐渐向左侧倾斜（见图6-44），直至髂腰肌有中等强度的牵拉感。

（3）按规定时间保持姿势，对侧亦然。

图6-44 髂腰肌拉伸

7. 背伸肌群拉伸

动作要点：

（1）受试者保持坐姿；双腿微微屈膝并分开，俯身，双手自然放在身体前方的地面上（见图6-45）。

（2）双手逐渐向前伸，直至背伸肌群有中等强度的牵拉感。

（3）按规定时间保持姿势。

图6-45　背伸肌群拉伸

8. 侧屈肌群拉伸

动作要点：

（1）受试者站立，左手放在髋部，右臂向上伸直并举过头顶。

（2）右臂向左侧倾斜，同时躯干也向左侧倾斜到最大限度（见图6-46），直至侧屈肌群有中等强度的牵拉感。

（3）按规定时间保持姿势，对侧亦然。

图6-46 侧屈肌群拉伸

（二）PNF拉伸

1.PNF拉伸·背阔肌

动作要点：

（1）受试者俯卧，双臂向前伸展并外旋，双腿伸直。

（2）牵拉者弓步站在受试者头顶方向，双手紧握住其手腕（见图6-47）。

（3）受试者缓慢地内旋双臂，使其靠向体侧，保持背阔肌等长收缩6秒。

（4）等长收缩后，回到起始位置，让受试者放松并深吸气。

（5）受试者继续向前伸展双臂，更大幅度地外旋双臂；可进一步加大对背阔肌的牵拉幅度。

（6）按规定次数重复动作。

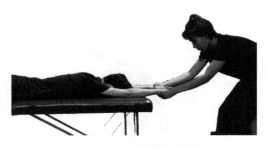

图6-47　PNF拉伸·背阔肌

**2.PNF拉伸·腹部肌群**

动作要点：

（1）受试者仰卧在瑞士球上，双臂伸直，双腿自然下垂。

（2）牵拉者站在受试者体侧，右手放在其左侧髂骨上，左手放在其右肩上（见图6-48）。

（3）牵拉者右手固定受试者的骨盆，左手用力，将其上身向下压；受试者对抗牵拉者施加的阻力，牵拉者协助受试者做髂肌等长收缩并保持6秒。

（4）等长收缩后，回到起始位置，让受试者放松并深吸气。

（5）牵拉者将受试者的躯干更大幅度地向下压，可进一步加大对其腹部肌群的牵拉幅度。

（6）按规定次数重复动作。

图6-48　PNF拉伸·腹部肌群

3.PNF拉伸·腹斜肌

动作要点：

（1）受试者保持盘腿坐姿，背部平直，尽力向左侧转动上身。

（2）牵拉者坐在受试者身后；右手放在其右侧肩胛骨上，靠近内侧缘，左手经其左臂下绕，直抓住其左肩的前表面（见图6-49）。

（3）受试者躯干发力缓慢地向右旋转上身，头部处于中立位，对抗牵拉者施加的阻力；牵拉者协助受试者做髂肌等长收缩并保持6秒。

（4）等长收缩后，回到起始位置，让受试者放松并深吸气。

（5）受试者上身更大幅度地向右旋转，可进一步加大对左侧腹斜肌的牵拉幅度。

（6）按规定次数重复动作，对侧亦然。

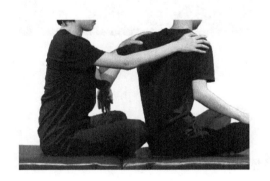

图6-49　PNF拉伸·腹斜肌

4.PNF拉伸·腰方肌

动作要点：

（1）受试者左侧卧；双腿水平伸直，髋部平直；将左臂放在头下，右臂放在胸前。

（2）牵拉者站在受试者身后；双臂交叉，左手放在其右侧髂脊处，右手放在其胸腔侧面（见图6-50）。

（3）受试者躯干侧屈；臀部上端向胸腔靠近，髋部和肋部相互靠近以收缩右侧腰方肌；牵拉者协助受试者做髂肌等长收缩并保持6秒。

（4）等长收缩后，回到起始位置，让受试者放松并深吸气。

（5）受试者左腿尽力紧贴床面，可进一步加大对腰方肌的牵拉幅度。

（6）按规定次数重复动作，对侧亦然。

图6-50　PNF拉伸·腰方肌

5.PNF拉伸·髂腰肌

动作要点：

（1）受试者俯卧；双腿伸直，髋关节处于中立位。

（2）牵拉者站在受试者左侧；左手固定其骨盆右侧，使之平行贴于垫上，右手放在其左腿大腿的前表面，将其左腿抬起（见图6-51）。

（3）受试者缓慢地向相反方向对抗牵拉者施加的阻力，牵拉者协助受试者做髂腰肌等长收缩并保持6秒。

（4）等长收缩后，回到起始位置，让受试者放松并深吸气。

（5）受试者呼气，收缩伸髋肌群；同时，牵拉者可以协助受试者做髋关节伸展。可进一步加大对受试者髂腰肌的牵拉幅度。

（6）按规定次数重复动作，对侧亦然。

图6-51　PNF拉伸·髂腰肌

6.PNF拉伸·背部肌群

动作要点：

（1）受试者仰卧；双手打开，掌心朝上；左腿水平伸直，右腿屈髋、屈膝，右脚放在左膝外侧。

（2）牵拉者站在受试者右侧；右手放在其右腿大腿外侧，左手压住其右肩（见图6-52）。

（3）牵拉者右手用力缓慢地将受试者的右膝向左下方压，左手固定其右肩，使之贴在垫上；受试者继续收缩背部肌群以加强牵拉力度，同时缓慢地伸展脊柱以对抗牵拉者施加的阻力，并保持背部肌群等长收缩6秒。

（4）等长收缩后，回到起始位置，让受试者放松并深吸气。

（5）受试者伸髋、伸膝，可进一步加大对背伸肌群的牵拉幅度。

（6）按规定次数重复动作，对侧亦然。

图6-52　PNF拉伸·背部肌群

7.PNF拉伸·背伸肌群

动作要点：

（1）受试者坐在按摩床上，腰椎关节微屈，腹直肌和腰肌收缩，髋部屈曲，上身前倾，保持头部和脊柱在一条直线上；牵拉者站在受试者身后，双手放在其下背部（见图6-53）。

（2）受试者缓慢地向后伸展脊柱，对抗牵拉者施加的阻力；牵拉者协助受试者做背伸肌群等长收缩并保持；等长收缩后，保持受试者的脊柱在起始位置，让受试者放松并深吸气。

（3）受试者继续收缩腹直肌和腰肌，做更大幅度的屈曲，以加强背伸肌群的牵拉力度；牵拉者可以根据受试者的牵拉幅度，将双手放在其中背部；受试者缓慢地伸展脊柱以对抗牵拉者施加的阻力，并保持背伸肌群等长收缩。

（4）受试者可以将下颌靠向胸部，可进一步加大对背伸肌群的牵拉幅度。

（5）按规定次数重复动作。

图6-53　PNF拉伸·背伸肌群

8.PNF拉伸·侧屈肌群

动作要点：

（1）受试者坐在按摩床一侧，双脚自然下垂，躯干直立，双臂交叉，放在胸前，手臂和躯干在一个平面内；牵拉者站在受试者体前。

（2）受试者做侧屈动作。侧屈到最大限度时静止3秒，保持侧屈肌群等长收缩。

（3）牵拉者站在与受试者侧屈方向相反的方向，对受试者施加阻力（见图6-54）；受试者缓慢地伸展脊柱以对抗牵拉者施加的阻力，并保持侧屈肌群等长收缩6秒。

（4）等长收缩后，回到起始位置，让受试者放松并深吸气。

（5）受试者将手臂向更远处伸展，更大幅度地外旋手臂；可进一步加大对侧屈肌群的牵拉幅度。

（6）按规定次数重复动作，对侧亦然。

图6-54　PNF拉伸·侧屈肌群

## 三、激活技术

激活技术即通过分离强化和定位等长对腰椎关节进行训练，目的是刺激腰椎关节周围不够活跃的肌肉，通过向心、离心训练和定位等长运动增强腰椎关节的灵活性和稳定性。

（一）分离强化训练

1.猫驼式

动作要点：

（1）受试者保持跪姿；双手、双膝撑地，双手间距与肩同宽，膝部和臀部的连线垂直于地面。

（2）吸气时，低头，脊柱向上拱起；呼气时，头部后仰，塌腰，臀部提起（见图6-55）。

（3）回到起始姿势，按规定次数重复动作。

图6-55　猫驼式

2.死虫式

动作要点：

（1）受试者仰卧；双臂向上伸直，双腿屈膝抬起，大腿和双臂都垂直于地面。

（2）臀下部微微离地，使腰椎关节紧贴地面；一侧手臂和对侧腿分别放下，直至与地面平行（见图6-56）。

（3）回到起始姿势，按规定次数重复动作；对侧亦然。

图6-56　死虫式

3.蝎子摆尾式

动作要点：

（1）受试者俯卧，身体紧贴地面；双臂伸直，放在体侧；双腿伸直。

（2）左腿屈膝，带动髋关节向右侧摆动到最大限度，拉伸腰椎关节；头部向左侧转动（见图6-57）。

（3）回到起始姿势，按规定次数重复动作；对侧亦然。

图6-57　蝎子摆尾式

### 4.卷腹

动作要点：

（1）受试者仰卧；双手放在下背部，撑住腰椎；一条腿水平伸直，另一条腿屈膝，脚掌撑地。

（2）肘部抬离地面，悬于体侧，头和肩也抬离地面（见图6-58）；保持10秒钟，然后放下。整个过程中躯干要始终保持不动，紧贴地面。

（3）回到起始姿势，按规定次数重复动作。

图6-58　卷腹

### 5.双腿屈膝转髋

动作要点：

（1）受试者仰卧；双腿并拢抬起，屈膝、屈髋，小腿与地面平行，大腿与地面垂直；双臂伸直，放在体侧。

（2）双腿带动髋关节向右旋转；腰椎关节始终紧贴地面，保持中立位（见图6-59）；回到起始位置，再向左转动。

（3）按规定次数重复动作。

图6-59　双腿屈膝转髋

6.臀肌桥

动作要点：

（1）受试者仰卧；双臂伸直，放在体侧；双腿屈膝、勾脚。

（2）臀部收缩，抬起髋部，使肩关节、躯干、髋关节、膝关节在一条直线上，膝关节和踝关节在一个平面内，髋关节处于中立位（见图6-60）。

（3）回到起始姿势，按规定次数重复动作。

图6-60　臀肌桥

7.空中蹬车

动作要点：

（1）受试者仰卧；双臂伸直，放在体侧；双腿伸直并抬起，与地面成30°夹角。

（2）双腿交替屈伸，蹬时动作要缓慢；腰椎关节始终紧贴地面（见图6-61）。

（3）回到起始姿势，按规定次数重复动作。

图6-61　空中蹬车

8.单腿蹬

动作要点：

（1）受试者保持跪姿；双手、双膝撑地；背部平直；腹肌收紧。

（2）缓慢地抬起左腿，使之与躯干成一条直线；脊柱处于中立位（见图6-62）。然后换至对侧练习。

（3）回到起始姿势，按规定次数重复动作。

图6-62　单腿蹬

9.俯桥对侧伸

动作要点：

（1）受试者俯卧；肘关节支撑于肩部的正下方，双脚间距与肩同宽。

（2）做双肘、双脚支撑动作，保持背部平直；抬起一侧手臂和对侧腿（见图6-63）。

（3）回到起始姿势，按规定次数重复动作；对侧亦然。

图6-63　俯桥对侧伸

10."T"字形俯卧撑

动作要点：

（1）受试者俯卧；双手、双脚撑地，双手间距比肩稍宽，双臂伸直，身体从头到脚成一条直线。

（2）屈臂，身体下沉，直至胸部几乎靠近地面，下臂与躯干的夹角约为90°；迅速推起身体，回到起始姿势。

（3）保持左臂不动；身体向右侧旋转，竖直向上举起右臂，直至双臂成一条直线，垂直于地面（见图6-64）。

（4）回到起始姿势，按规定次数重复动作；对侧亦然。

图6-64　"T"字形俯卧撑

11.背起

动作要点：

（1）受试者俯卧；双腿伸直，双臂交叉，背于躯干的后表面。

（2）头和肩缓慢地抬起，腹部紧贴地面，颈椎不要过度后伸（见图6-65）。

（3）回到起始姿势，按规定次数重复动作。

图6-65　背起

12.瑞士球·卷腹

动作要点：

（1）受试者仰卧，上背部紧贴瑞士球；膝关节和躯干在一个平面内；双脚撑地；双臂向上伸直。

（2）屈髋，躯干弯曲，双臂带动肩部抬起（见图6-66）。整个过程中要控制好身体平衡。

（3）回到起始姿势，按规定次数重复动作。

图6-66　瑞士球·卷腹

13. 瑞士球·臀肌桥

动作要点：

（1）受试者仰卧；双臂伸直，放在体侧；双腿伸直，脚后跟放在瑞士球上，勾脚尖。

（2）臀部收缩，抬起髋部，直至肩关节、躯干、髋关节和膝关节在一条直线上，背部平直（见图6-67）。

（3）回到起始姿势，按规定次数重复动作。

图6-67　瑞士球·臀肌桥

14.瑞士球·单腿臀肌桥

动作要点：

（1）受试者仰卧；双手放在体侧；双腿伸直，脚后跟放在瑞士球上，勾脚尖。

（2）臀部收缩并抬起，直至肩关节、躯干、髋关节和膝关节在一条直线上；然后左腿伸直并抬起，保持背部平直（见图6-68）。

（3）回到起始姿势，按规定次数重复动作；对侧亦然。

图6-68　瑞士球·单腿臀肌桥

15.瑞士球·单手单脚伸

动作要点：

（1）受试者俯卧，将瑞士球放在腹部的下方；双手、双脚撑地，背部平直。

（2）同时抬起右臂和左腿，直至与地面平行，注意不要过高，保持手臂、躯干和腿成一条直线（见图6-69）；然后换至对侧练习。

（3）回到起始姿势，按规定次数重复动作。

图6-69 瑞士球·单手单脚伸

16.杠铃·腰椎旋转

动作要点：

（1）受试者保持坐姿；双臂在体前交叉，双手握住杠铃杆，将杠铃杆放在肩上。

（2）腰椎关节带动杠铃杆向右侧水平旋转，保持胸椎关节和肩关节在一个平面内（见图6-70）。

（3）回到起始姿势，按规定次数重复动作；对侧亦然。

图6-70 杠铃·腰椎旋转

17.杠铃·山羊挺身

动作要点：

（1）受试者在罗马椅上俯卧；双手握住杠铃，将其放在颈后；躯干平直，身体成一条直线（见图6-71）。

（2）躯干带动杠铃缓慢地向下屈曲，屈曲的幅度不要过大，保持躯干成一条直线，避免腰椎关节过度屈曲。

（3）回到起始姿势，按规定次数重复动作。

图6-71　杠铃·山羊挺身

18.杠铃·臀推

动作要点：

（1）受试者仰卧；双腿屈膝，双脚撑地；肩部靠在卧推凳上；双手握住杠铃，将其放在髋关节处。

（2）臀部缓慢地下移，下降至最低点时不能着地；然后臀部发力向上顶髋（见图6-72）。

（3）回到起始姿势，按规定次数重复动作。

图6-72　杠铃·臀推

19.杠铃·屈腿躬身

动作要点：

（1）受试者站立，双脚间距与肩同宽；双手握住杠铃，将其放在颈后；抬头，挺胸，收腹。

（2）呼气时，上身缓慢地前倾，直至腰背部与地面平行。这时要翘臀，使身体重心在脚后跟（见图6-73）；动作过程中要始终微屈膝，保持脊柱平直。

（3）停留2秒后伸髋，通过腰背力量使上身缓慢地直立，回到起始姿势。

（4）按规定次数重复动作。

图6-73　杠铃·屈腿躬身

（二）定位等长训练

1.屈曲肌群训练

动作要点：

（1）受试者仰卧；双臂交叉，放在胸前；躯干抬起，向大腿处屈曲，使腰椎关节屈曲到最大限度。

（2）牵拉者站在受试者体侧；一手放在其一条腿大腿的前表面，一手放在其对侧肩部（见图6-74）。牵拉者对受试者的腰椎关节施加与屈曲相反的力，受试者对抗其阻力。

（3）牵拉者施加腰椎关节屈曲的阻力分别为最大主动收缩力量（MVC）的25％、50％、75％和100％，保持4秒等长收缩（每次收缩间歇2秒）。

（4）按规定次数重复动作。

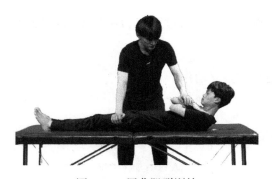

图6-74　屈曲肌群训练

### 2.伸展肌群训练

动作要点：

（1）受试者俯卧；双手交叉，放在头部的后方；躯干抬起，使腰椎关节伸展到最大限度。

（2）牵拉者站在受试者体侧；一手放在其一条腿大腿的后表面，一手放在其颈部的后表面（见图6-75）。牵拉者对受试者的腰椎关节施加与伸展相反的力，受试者对抗其阻力。

（3）牵拉者施加腰椎关节伸展的阻力分别为最大主动收缩力量（MVC）的25％、50％、75％和100％，保持4秒等长收缩（每次收缩间歇2秒）。

（4）按规定次数重复动作。

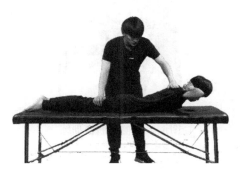

图6-75　伸展肌群训练

3.侧屈肌群训练

动作要点：

（1）受试者站立；一只手放在髋关节处，躯干向另一侧屈曲，使腰椎关节侧屈到最大限度。

（2）牵拉者站在受试者体侧；一手放在其侧屈方向肩关节处，一手放在与其侧屈方向相反的髋关节处（见图6-76）。牵拉者对受试者的腰椎关节施加与侧屈相反的力，受试者对抗其阻力。

（3）牵拉者施加腰椎关节侧屈的阻力分别为最大主动收缩力量（MVC）的25%、50%、75%和100%，保持4秒等长收缩（每次收缩间歇2秒）。

（4）按规定次数重复动作，对侧亦然。

图6-76 侧屈肌群训练

**4.旋转肌群训练**

动作要点：

（1）受试者站立，双臂自然垂于体侧；躯干向一侧旋转，使腰椎关节旋转到最大限度。

（2）牵拉者站在受试者体侧，双手放在其肩关节处（见图6-77）。牵拉者对受试者的腰椎关节施加与旋转相反的力，受试者对抗其阻力。

（3）牵拉者施加腰椎关节旋转的阻力分别为最大主动收缩力量（MVC）的25％、50％、75％和100％，保持4秒等长收缩（每次收缩间歇2秒）。

（4）按规定次数重复动作，对侧亦然。

图6-77 旋转肌群训练

### 四、整合技术

整合技术即通过多平面、多关节的动态动作练习对腰椎关节进行再训练，重塑腰椎关节良好的神经控制能力，提高肌肉的协调性，使其成为一个具有功能性的关节，减少运动损伤的发生。

（一）鸟狗式

动作要点：

1.受试者保持跪姿，双手、双膝撑地，肩关节和手、髋关节和膝都在一条直线上；使腰椎处于无痛位置，胸椎略向上弯曲。

2.同时抬起一侧手臂和对侧腿，手臂不要高于肩，腿不要高于髋，与地面平行（见图6-78）。

3.回到起始姿势，按规定次数重复动作；对侧亦然。

图6-78　鸟狗式

（二）仰卧风车

动作要点：

1.受试者仰卧；双臂伸直，放在体侧；双腿屈膝抬起，向一侧旋转。

2.双腿尽量绷紧、并拢，勾起脚尖，左右来回摆动；腰椎关节紧贴地面（见图6-79）。

3.回到起始姿势，按规定次数重复动作。

图6-79　仰卧风车

（三）壶铃·甩摆

动作要点：

1.受试者双脚平行开立，间距与肩同宽；双手握壶铃，自然垂于体前；腹部收紧，腰背部平直。

2.屈髋、屈膝，双臂将壶铃甩至胯下；上身前倾，直至与地面几乎平行，顶髋发力。

3.髋部将力量传递到双臂，使壶铃上摆到头部高度（见图6-80）。

4.回到起始姿势，按规定次数重复动作。

图6-80　壶铃·甩摆

（四）壶铃·交替甩摆

动作要点：

1.受试者双脚平行开立，间距与肩同宽；左手握壶铃，自然垂于双腿之间，右臂在体侧伸直；腹部收紧，腰背部平直。

2.髋部将力量传递到手臂，使壶铃上摆到头部高度，同时换右手抓握壶铃；两侧交替。

3.回到起始姿势，按规定次数重复动作（见图6-81）。

图6-81　壶铃·交替甩摆

（五）瑞士球·仰卧弯腿

动作要点：

1.受试者仰卧；双臂伸直，放在体侧，掌心朝下；双腿伸直，脚后跟放在瑞士球上，保持身体从肩到踝成一条直线。

2.臀部抬离地面，保持髋关节角度不变，屈膝，用脚后跟将瑞士球拉向臀部，直至双腿大、小腿都成90°夹角（见图6-82）。

3.整个过程中要始终保持躯干稳定；停留2秒后伸腿，缓慢地将瑞士球推离臀部。

4.回到起始姿势，按规定次数重复动作。

图6-82　瑞士球·仰卧弯腿

（六）瑞士球·单腿仰卧推拉

动作要点：

1.受试者仰卧；双臂伸直，放在体侧，掌心朝下；右腿伸直，脚后跟放在瑞士球上；左腿抬起并勾脚尖，使脚面、小腿成90°夹角。

2.左腿姿势不变，缓慢地抬起臀部，身体成一条直线；右腿屈膝将瑞士球拉向臀部，直至右腿大、小腿成90°夹角（见图6-83）。

3.停留2秒后伸右腿，缓慢地将瑞士球推离臀部。整个过程中要始终保持躯干稳定。

4.回到起始姿势，按规定次数重复动作；对侧亦然。

图6-83　瑞士球·单腿仰卧推拉

（七）瑞士球·平板屈膝

动作要点：

1.受试者俯卧；双腿小腿放在瑞士球上，双臂伸直，双手撑地，躯干和双腿成一条直线。

2.屈髋、屈膝，使膝部尽量靠近胸部，带动瑞士球向前滚动，直至脚尖触及瑞士球顶部（见图6-84）。

3.回到起始姿势，按规定次数重复动作。

图6-84　瑞士球·平板屈膝

（八）瑞士球·俄罗斯旋转

动作要点：

1.受试者仰卧；肩部放在瑞士球上，肩胛骨收紧；躯干和双腿大腿成一条直线；双臂向上伸直，双手并拢。

2.双臂带动上身向左侧旋转，直至双臂与地面平行；背部保持平直，下肢处于中立位（见图6-85）。

3.回到起始姿势，按规定次数重复动作；对侧亦然。

图6-85　瑞士球·俄罗斯旋转

（九）瑞士球·夹球屈髋

动作要点：

1.受试者仰卧；用双腿脚后跟和腘绳肌之间的部分夹住瑞士球；双臂伸直，放在体侧；躯干处于中立位。

2.缓慢地夹球、屈髋，直至骨盆离地，膝部靠近胸部（见图6-86）。

3.回到起始姿势，按规定次数重复动作。

图6-86　瑞士球·夹球屈髋

（十）瑞士球·夹球转髋

动作要点：

1.受试者仰卧；双腿夹紧瑞士球；肩胛骨收紧；双臂伸直，放在体侧。

2.双腿夹球向右侧转髋（见图6-87），回到起始姿势再向左侧转髋。整个过程中肩部要始终紧贴地面，膝关节不要触地，髋关节要处于中立位。

3.回到起始姿势，按规定次数重复动作。

图6-87　瑞士球·夹球转髋

（十一）杠铃·单腿罗马尼亚硬拉

动作要点：

1.受试者站立；双手握杠铃，自然垂于体前，握距比肩稍宽。

2.以左髋为轴，右腿伸直并向后抬起，同时身体前倾，直至上身和右腿连线几乎与地面平行；左腿微屈（见图6-88）。

3.回到起始姿势，按规定次数重复动作；对侧亦然。

图6-88　杠铃·单腿罗马尼亚硬拉

（十二）杠铃·单腿早安式硬拉

动作要点：

1.受试者单腿站立；左腿支撑，右腿抬起，大腿与地面平行；双手握住杠铃，将其放在颈后，握距比肩稍宽。

2.以左髋为轴，右腿伸直并向后抬起，同时身体前倾，直至上身和右腿连线几乎与地面平行；左腿微屈（见图6-89）。

3.回到起始姿势，按规定次数重复动作；对侧亦然。

图6-89　杠铃·单腿早安式硬拉

（十三）悬吊带·锯式

动作要点：

1.受试者保持平板支撑姿势；双肘撑地，上臂垂直于地面；双脚撑在悬吊带的把手内，双腿伸直；身体从头到脚成一条直线。

2.保持肘关节位置不变，伸臂将身体尽可能地向后推，直至上臂与地面约成45°夹角（见图6-90）。

3.回到起始姿势，按规定次数重复动作。

图6-90　悬吊带·锯式

（十四）悬吊带·躯干旋转

动作要点：

1.受试者面向悬吊带站立；双手合十，握住把手，双臂前平举。

2.保持躯干稳定，双腿伸直，双脚并拢，身体从头到脚成一条直线；身体向后倾斜适当角度，保证悬吊带绷直。

3.双臂向上伸直，躯干带动双臂向右侧旋转，直至面向右侧（见图6-91）。

4.回到起始姿势，按规定次数重复动作；对侧亦然。

图6-91　悬吊带·躯干旋转

（十五）悬吊带·俯卧撑至屈体

动作要点：

1.受试者俯卧；双脚撑在悬吊带的把手内；双手撑地，间距比肩稍宽，双臂伸直。

2.屈臂，身体下沉，直至胸部几乎靠近地面，下臂与地面的夹角约为45°；迅速推起身体，回到起始姿势。

3.保持双臂、双腿伸直；屈髋，将双腿向头部方向拉，直至躯干几乎与地面垂直（见图6-92）。

4.回到起始姿势，按规定次数重复动作。

图6-92　悬吊带·俯卧撑至屈体

# 第七章　胸椎关节功能评定与训练

胸椎上承颈椎，下接腰椎，是脊柱中最大的关节。胸椎的形状是向后凸的。胸椎关节对躯干具有良好的支撑作用，它可以保证上背部的灵活性。胸椎同样支撑着人体的五脏六腑，如果胸椎关节不适，就会引发胸闷、气喘、咳嗽，甚至胃、肝、胆、肾等疾病，所以说胸椎关节的健康是我们正常生活的重要保障。通过本章节的内容，大家可以对胸椎关节有一个全新的了解。

## 第一节　胸椎关节解剖结构

胸椎关节由椎骨、椎间盘和韧带构成，并保持身体的灵活性和稳定性。椎骨由椎体和椎弓组成，椎体主要承受负重负荷，椎弓主要承受拉伸负荷。

### 一、胸椎关节骨骼结构

胸椎关节由12块椎骨构成，椎骨又由椎体、椎弓、横突、棘突和关节突组成。

（一）椎体

位置：位于椎骨的前方（见图7-1）。

功能：承受体重。

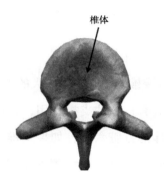

图7-1　椎体

（二）椎弓

位置：位于椎体的后方（见图7-2）。

功能：保护脊髓。

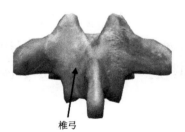

图7-2　椎弓

（三）横突

位置：椎弓根与椎板连接处向两侧伸出的部分（见图7-3）。

功能：附着肌肉。

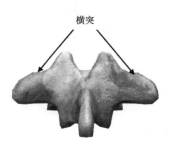

图7-3　横突

（四）棘突

位置：椎弓后下方的突出部分（见图7-4）。

功能：附着肌肉。

图7-4　棘突

（五）关节突

位置：位于椎弓的上方和下方，分为上关节突和下关节突（见图7-5）。

功能：决定运动的方向，如前屈、后伸、侧屈、旋转等。

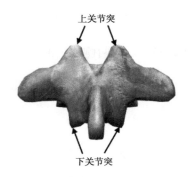

图7-5　关节突

## 二、胸椎关节连接结构

胸椎关节的连接结构主要包括纤维连接和软骨连接。纤维连接包括前纵韧带、后纵韧带、棘上韧带、黄韧带和横突间韧带，在胸椎中具有加强骨的稳定性的作用，能够防止胸椎关节过度屈伸。软骨连接主要指位于相邻椎体之间的椎间盘，比纤维连接有更大的活动范围。软骨将相邻骨的关节面分隔开，增加了关节的柔软性，还有助于进行轻微的运动。

（一）椎间盘

位置：位于相邻椎体的平整面之间。

组成：中央部分为髓核，为柔软而富有弹性的胶状物质。周围部分为纤维环：为多层纤维软骨，按同心圆排列；富有韧性，能够牢固地连接相邻椎体；保护髓核并限制其向周围膨出（见图7-6）。

功能：连接椎体，具有缓冲、减震的作用，增加脊柱的运动幅度。

图7-6　椎间盘

（二）前纵韧带

位置：位于椎体和椎间盘的前方；上至枕骨，下至骶骨（见图7-7）。

功能：防止脊柱过度后伸和椎间盘向前突出。

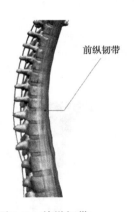

前纵韧带

图7-7　前纵韧带

（三）后纵韧带

位置：位于椎管前壁、椎体的后方（见图7-8）。

功能：防止脊柱过度前屈。

图7-8　后纵韧带

（四）棘上韧带

位置：起于枕骨隆突，止于第5腰椎棘突；附着在棘突的表面（见图7-9）。

功能：防止脊柱过度前屈。

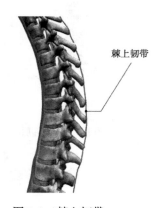

图7-9　棘上韧带

（五）黄韧带

位置：位于相邻椎体的弓板之间（见图7-10）。

功能：协助围成椎管，防止脊柱过度前屈。

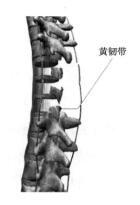

图7-10　黄韧带

（六）横突间韧带

位置：位于相邻椎体的横突之间（见图7-11）。

功能：连接相邻椎体的横突，为椎体关节提供附属支撑。

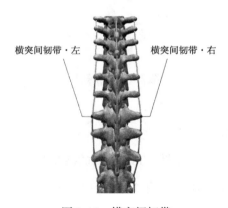

横突间韧带·左　　　横突间韧带·右

图7-11　横突间韧带

## 三、胸椎关节肌肉结构

胸椎关节周围的肌肉可以加强椎骨之间的连接，增强胸椎关节运动的灵活性和稳定性。

（一）胸棘肌

起点：骨盆的髂肌、骶骨，T1 — L5 的横突和棘突。

止点：T4 — T7 的棘突（见图7–12）。

功能：1.向心收缩：脊柱的伸展、旋转和侧屈。

2.离心收缩：脊柱的屈曲、旋转和侧曲。

3.等长收缩：保持脊柱稳定。

图7-12　胸棘肌

（二）胸最长肌

起点：骨盆的髂肌、骶骨，T1 — L5 的横突和棘突。

止点：T1 — T12 的横突、第2 — 第12肋骨（见图7–13）。

功能：1.向心收缩：脊柱的伸展、旋转和侧屈。

2.离心收缩：脊柱的屈曲、旋转和侧曲。

3.等长收缩：保持脊柱稳定。

图7-13　胸最长肌

（三）髂肋肌

起点：骨盆的髂肌、骶骨，T1—L5的横突和棘突。

止点：第1—第6肋骨上边界（见图7-14）。

功能：1.向心收缩：脊柱的伸展、旋转和侧屈。

2.离心收缩：脊柱的屈曲、旋转和侧曲。

3.等长收缩：保持脊柱稳定。

图7-14　髂肋肌

（四）横突棘肌

起点：T2 — T12的横突。

止点：C6 — T4的棘突（见图7–15）。

功能：1.向心收缩：脊柱的伸展和侧屈。

2.离心收缩：脊柱的侧屈。

3.等长收缩：保持脊柱稳定。

图7–15　横突棘肌

（五）多裂肌

起点：骶骨的后方，腰椎、胸椎和颈椎的骨性突起。

止点：起点处上方1 — 4个节段的棘突（见图7–16）。

功能：1.向心收缩：脊柱的伸展和旋转。

2.离心收缩：脊柱的屈曲和旋转。

3.等长收缩：保持脊柱稳定。

图7-16　多裂肌

（六）背阔肌

起点：T7 — T12的棘突、骨盆的髂嵴、胸腰筋膜、第9 — 第12肋骨。

止点：肩胛骨下角、肱骨结节间沟（见图7-17）。

功能：1.向心收缩：肩关节的伸展、内收和内旋。

　　　2.离心收缩：肩关节的屈曲、外展和外旋，以及脊柱的侧屈。

　　　3.等长收缩：稳定腰椎、骨盆、髋关节复合体和肩关节。

图7-17　背阔肌

（七）肋提肌

起点：椎骨C7—T11。

止点：肋骨外表面（见图7-18）。

功能：1.向心收缩：脊柱的侧屈。

2.离心收缩：脊柱向对侧屈曲。

3.等长收缩：保持脊柱和肋骨稳定。

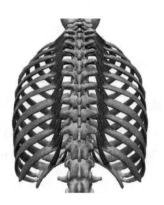

图7-18　肋提肌

# 第二节　胸椎关节功能评定

胸椎是脊柱的重要组成部分，位于颈椎和腰椎之间，具有灵活性和稳定性。在正常的状态下，胸椎关节的灵活性主要体现为矢状面上的屈和伸、冠状面上的左右侧屈、水平面上的旋转，稳定性主要体现为保持躯干稳定。

## 一、胸椎关节灵活性评定

根据相邻关节假说，胸椎关节位于强调稳定性的肩胸关节和腰椎关节之间，所以胸椎关节主导躯干的灵活性。胸椎关节受椎间盘、椎体、小关节、韧带、肌肉等影响，灵活性在一定程度上受到限制，容易导致活动度下降、灵活性不足、能量泄露和代偿动作产生，增加肩胸关节和腰椎关节损伤的风险。

胸椎关节灵活性一般通过以量角器测量胸椎关节的主动关节活动度和被动关节活动度的方法进行评定，将受试者实际可达到的关节活动范围同正常范围进行比较来确定该关节活动受限的程度。表7-1列出了正常的胸椎关节的主动关节活动范围。

表 7-1　胸椎关节节段活动度

| 节段 | 屈伸 | 侧屈 | 轴向扭转 |
|------|------|------|----------|
| T1 — L2 | 4° | 6° | 9° |
| T2 — L3 | 4° | 6° | 8° |
| T3 — L4 | 4° | 6° | 8° |
| T4 — L5 | 4° | 6° | 8° |
| T5 — L6 | 4° | 6° | 8° |
| T6 — L7 | 5° | 6° | 8° |
| T7 — L8 | 6° | 6° | 8° |
| T8 — L9 | 6° | 6° | 7° |
| T9 — L10 | 6° | 6° | 4° |
| T10 — L11 | 9° | 7° | 2° |

续表

| 节段 | 屈伸 | 侧屈 | 轴向扭转 |
| --- | --- | --- | --- |
| T11 — L12 | 12° | 9° | 2° |
| T12 — L1 | 12° | 8° | 2° |

（Jackson B H. Joint Motion：Method of Measuring and Recording[J]. American Academy of Orthopaedic Surgeons，1965.）

胸椎关节灵活性评定方法主要有：

（一）胸椎前屈

受试者保持坐姿或站姿。测试者先找到受试者的第1腰椎和第7颈椎，标记为L1和C7，然后将量角器放在标记好的点上；受试者胸椎前屈，腰椎保持直立状态不动（见图7-19）。通过测量量角器两边的夹角，可得出胸椎主动前屈的活动度。然后测试者在此状态下对受试者的胸椎关节施加一定的继续前屈的力量，力量不要过大，到受试者无法承受为止；最后测出胸椎关节被动前屈的活动度。

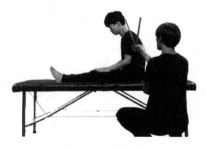

图7-19　胸椎前屈

（二）胸椎后伸

与胸椎前屈测试步骤一致，受试者保持坐姿或站姿。测试者将量角器放在标记好的点上，受试者做胸椎后伸到最大限度（见图7-20）。通过测量量角器两边的夹角，可得出胸椎关节主动后伸的活动度。然后测试者在此状态下对受试者的胸椎关节施加一定的继续后屈的力量，力量不要过大，到受试者无法承受为止；最后测出胸椎关节被动后伸的活动度。

图7-20　胸椎后伸

（三）胸椎侧屈

与之前的测试步骤一致，受试者保持坐姿或站姿。测试者将量角器放在标记好的点上，受试者做胸椎侧屈到最大限度（见图7-21）。通过测量量角器两边的夹角，可得出胸椎主动侧屈的活动度。然后测试者在此状态下对受试者的胸椎关节施加一定的继续侧屈的力量，力量不要过大，到受试者无法承受为止；最后测出胸椎关节被动侧屈的活动度。

图7-21　胸椎侧屈

（四）胸椎旋转

受试者保持坐姿或站姿。测试者以受试者双肩连线的平行线与脊柱的延长线在头顶上的交点作为量角器的轴心；将其双侧髂前上棘连线的平行线作为固定边，将两肩胛骨的切线作为移动边。受试者的骨盆处于中立位（见图7-22），旋转胸椎到最大限度。通过测量量角器两边的夹角，可得出胸椎关节主动旋转的活动度。然后测试者在此状态下对受试者的胸椎关节施加一定的继续旋转的力量，力量不要过大，到受试者无法承受为止；最后测出胸椎关节被动旋转的活动度。

图7-22　胸椎旋转

## 二、胸椎关节稳定性评定

胸椎关节尽管是以强调灵活性为主的关节，但也离不开稳定性。动作模式灵活性和稳定性的高度统一是创造优异运动成绩的重要基础。如果胸椎关节稳定性缺失，会使相邻的关节产生代偿动作，造成运动损伤。因此我们需要对胸椎关节稳定性进行评定。

由于胸椎是脊柱的一部分，在运动中随着腰椎关节或颈椎关节一起活动，所以无法单独对胸椎关节稳定性进行评定。因此，我们可通过对脊柱进行稳定性评定来观察胸椎关节的稳定状态。

（一）静态姿势评估

评定方法：

受试者保持标准站立姿势；躯干直立；双腿伸直，双脚脚尖朝前；双臂自然垂于体侧；目视前方（见图7-23）。测试者观察受试者的胸椎关节是否存在不稳定现象。

评定标准：

标准动作——受试者的躯干、脊柱保持直立。

代偿动作——受试者的胸椎关节发生屈曲、侧屈或过度后伸。

图7-23　静态姿势评估

（二）肘撑平板

评定方法：

受试者俯卧；双肘、双脚撑地，肘关节支撑于肩关节的正下方，双臂上、下臂都成90°夹角；腹部收紧，身体成一条直线（见图7-24）。测试者观察受试者的胸椎关节在矢状面上对抗伸的稳定性。

评定标准：

标准动作——受试者的躯干成一条直线。

代偿动作——受试者的胸椎关节发生后伸。

图7-24　肘撑平板

（三）侧桥

评定方法：

受试者侧卧，身体成一条直线；右肘支撑于肩部的正下方，右臂上、下臂成90°夹角；双腿并拢、伸直（见图7-25）。右侧评定完毕后换左侧。测试者观察受试者的胸椎关节在冠状面上对抗侧屈的稳定性。

评定标准：

标准动作——受试者的躯干成一条直线，胸椎关节无侧屈现象。

代偿动作——受试者的胸椎关节呈现出向上屈的状态。

图7-25　侧桥

（四）臀桥

评定方法：

受试者仰卧；双臂伸直，放在体侧，掌心朝上；屈膝，勾脚；臀部收紧，抬起髋部，直至肩关节、躯干、髋关节、膝关节在一条直线上（见图7-26）。测试者观察受试者的胸椎关节在矢状面上对抗屈的稳定性。

评定标准：

标准动作 —— 受试者的躯干成一条直线。

代偿动作 —— 受试者的胸椎关节呈现出向下屈的状态。

图7-26　臀桥

# 第三节　胸椎关节纠正性训练

我们已经对胸椎关节的功能进行了评定，当胸椎关节出现功能障碍时，便会被肌体当成"损伤"看待，于是便开始了损伤积累循环的过程。因此，我们需要针对胸椎关节障碍进行纠正性训练，使其灵活性得到改善和提高。

胸椎关节纠正性训练方法主要包括松解技术、拉长技术、激活技术和整合技术四种。

# 一、松解技术

松解技术即使用泡沫轴、按摩球等工具对胸椎关节周围的胸棘肌、背阔肌等背部肌肉和运动肌群进行松解，以减小肌肉张力，降低神经、肌肉、筋膜组织的过度活跃状态。

（一）泡沫轴·背阔肌松解

动作要点：

1.受试者侧卧；将泡沫轴放在右臂腋窝处，右臂在头顶方向水平伸直，右手掌心朝下；双腿屈膝，双脚撑地，使髋关节抬离地面（见图7-27）。

2.双腿发力带动身体移动，使泡沫轴从下腰背的一侧至腋窝来回滚动。

3.在肌肉酸痛点停留一段时间，按规定时间完成动作；对侧亦然。

图7-27　泡沫轴·背阔肌松解

（二）泡沫轴·胸棘肌松解

动作要点：

1.受试者仰卧；将泡沫轴放在胸椎关节的下方，双肘于体侧撑地，髋关节保持静止（见图7-28）。

2.双臂发力带动身体轻微地左右移动，使泡沫轴在两肩胛骨之间左右滚动。

3.在肌肉酸痛点停留一段时间，按规定时间完成动作。

图7-28　泡沫轴·胸棘肌松解

（三）泡沫轴·上背部肌群松解

动作要点：

1.受试者仰卧，双腿屈膝；将泡沫轴放在上背部的下方，双臂交叉，放在胸前，腹部收紧，髋关节接触地面。

2.顶髋，使髋关节抬离地面（见图7-29）；双腿屈伸带动泡沫轴在上背部来回滚动。

3.在肌肉酸痛点停留一段时间，按规定时间完成动作。

图7-29　泡沫轴·上背部肌群松解

（四）泡沫轴·背伸肌群松解

动作要点：

1.受试者仰卧，双腿屈膝；将泡沫轴放在背部的下方，双手抱头，腹部收紧，髋关节接触地面（见图7-30）。

2.吸气时，上背部和头部以泡沫轴为支点后伸；后伸到感到疼痛时停留几秒，然后呼气还原。

3.在肌肉酸痛点停留一段时间，按规定时间完成动作。

图7-30 泡沫轴·背伸肌群松解

（五）花生球·胸棘肌松解

动作要点：

1.受试者仰卧，将花生球沿脊柱放在胸椎关节的下方，双脚脚后跟着地。

2.双手抱头，缓慢地抬起上身；双臂在头顶方向伸直，交替向体侧下放（见图7-31）。

3.在肌肉酸痛点停留一段时间，按规定时间完成动作。

图7-31 花生球·胸棘肌松解

（六）花生球·胸最长肌松解

动作要点：

1.受试者仰卧，将花生球沿脊柱放在胸椎关节的下方，双脚脚后跟着地。

2.双手抱头，双肘夹紧（见图7-32）；仰卧时吸气，卷腹时呼气；在最高点停留3秒，回到起始姿势。

3.在肌肉酸痛点停留一段时间，按规定时间完成动作。

图7-32 花生球·胸最长肌松解

（七）花生球·竖脊肌松解

动作要点：

1.受试者站立，背部紧贴墙壁；将花生球放在胸椎关节的后表面；手臂贴墙抬起，上臂与地面平行，下臂与上臂成90°夹角（见图7-33）。

2.以脊柱按压花生球，使之上下滚动，滚动速度要慢。

3.在肌肉酸痛点停留一段时间，按规定时间完成动作。

图7-33 花生球·竖脊肌松解

## 二、拉长技术

拉长技术即利用静态拉伸和PNF拉伸对胸椎关节周围那些过度活跃或被压缩的神经、肌肉、筋膜组织进行拉长，恢复胸椎关节的关节活动度，增加肌肉组织的延展性，使胸椎关节更好地完成相关动作。

（一）静态拉伸

1.背阔肌拉伸

动作要点：

（1）受试者站立；抬头，挺胸，双手握住牵拉架或其他辅助工具，握距比肩稍宽（见图7-34）。

（2）屈膝，利用自身重力使身体逐渐下沉，双臂伸展，直至背阔肌有中等强度的牵拉感。

（3）按规定时间保持姿势。

图7-34　背阔肌拉伸

2. 竖脊肌拉伸

动作要点：

（1）受试者仰卧；双腿屈髋、屈膝，双手抱住膝盖，使大腿紧贴胸部。

（2）头部向胸部靠拢，下颌内收；加大卷曲幅度，直至竖脊肌有中等强度的牵拉感（见图7-35）。

（3）按规定时间保持姿势。

图7-35　竖脊肌拉伸

3. 胸棘肌拉伸

动作要点：

（1）受试者双膝跪地；将卧推凳放在体前，仅以肘部触碰凳子；双手抱于头部的后方；背部平直（见图7-36）。

（2）下肢静止，身体向下移动，直至有舒适的拉伸感，胸棘肌有中等强度的牵拉感。

（3）按规定时间保持姿势。

图7-36　胸棘肌拉伸

4.背部肌群拉伸

动作要点：

（1）受试者保持坐姿；右腿水平伸直，左腿屈膝，左脚放在右膝外侧。

（2）右肘抵在左膝外侧；左臂伸直，于身体的左后方支撑身体。

（3）上身转向左侧，右肘用力向右侧顶，上身始终垂直于地面，直至背部肌群有中等强度的牵拉感（见图7-37）。

（4）按规定时间保持姿势，对侧亦然。

图7-37　背部肌群拉伸

5.背伸肌群拉伸

动作要点：

（1）受试者保持坐姿；双腿微微屈膝并分开，俯身，双手自然放在身体前方的地面上（见图7-38）。

（2）双手逐渐向前伸，直至背伸肌群有中等强度的牵拉感。

（3）按规定时间保持姿势。

图7-38　背伸肌群拉伸

**6.侧屈肌群拉伸**

动作要点：

（1）受试者站立；左手放在髋部，右臂向上伸直并举过头顶。

（2）右臂向左侧倾斜，同时躯干也向左侧倾斜到最大限度（见图7-39），直至侧屈肌群有中等强度的牵拉感。

（3）按规定时间保持姿势，对侧亦然。

图7-39　侧屈肌群拉伸

（二）PNF拉伸

1.PNF拉伸·背阔肌

动作要点：

（1）受试者俯卧，双臂向前伸展并外旋，双腿伸直。

（2）牵拉者弓步站在受试者头顶方向，双手紧握住其手腕（见图7-40）。

（3）受试者缓慢地内旋双臂，使其靠向体侧，保持背阔肌等长收缩6秒。

（4）等长收缩后，回到起始位置，让受试者放松并深吸气。

（5）受试者继续向前伸展手臂，更大幅度地外旋手臂；可进一步加大对背阔肌的牵拉幅度。

（6）按规定次数重复动作。

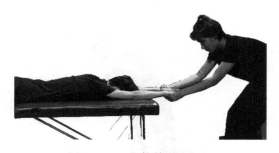

图7-40　PNF拉伸·背阔肌

2.PNF拉伸·背部肌群

动作要点：

（1）受试者仰卧；双手打开，掌心朝上；左腿水平伸直，右腿屈髋、屈膝，右脚放在左膝外侧。

（2）牵拉者站在受试者右侧；右手放在其右腿大腿外侧，左手压住其右肩（见图7-41）。

（3）牵拉者右手用力缓慢地将受试者的右膝向左下方压，左手固定其右肩，使之贴在垫上；受试者继续收缩背部肌群以加强牵拉力度，同时缓慢地伸展脊柱以对抗牵拉者施加的阻力，并保持背部肌群等长收缩6秒。

（4）等长收缩后，回到起始位置，让受试者放松并深吸气。

（5）受试者伸髋、伸膝，可进一步加大对背伸肌群的牵拉幅度。

（6）按规定次数重复动作，对侧亦然。

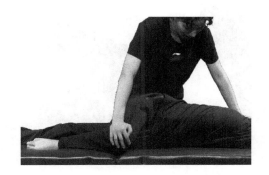

图7-41　PNF拉伸·背部肌群

3.PNF拉伸·背伸肌群

动作要点：

（1）受试者坐在按摩床上；胸椎关节微屈，腹直肌和腰肌收缩，髋部屈曲，上身前倾，保持头部和脊柱在一条直线上；牵拉者站在受试者身后，双手放在其下背部（见图7-42）。

（2）受试者缓慢地向后伸展脊柱，对抗牵拉者施加的阻力；牵拉者协助受试者做背伸肌群等长收缩并保持；等长收缩后，保持受试者的脊柱在起始位置，让受试者放松并深吸气。

（3）受试者继续收缩腹直肌和腰肌，做更大幅度的屈曲，以加强背伸肌群的牵拉力度；牵拉者可以根据受试者的牵拉幅度，将双手放在其中背部；受试者缓慢地伸展脊柱以对抗牵拉者施加的阻力，并保持背伸肌群等长收缩。

（4）受试者可以将下颌靠向胸部，可进一步加大对背伸肌群的牵拉幅度。

（5）按规定次数重复动作。

图7-42　PNF拉伸·背伸肌群

4.PNF拉伸·侧屈肌群

动作要点：

（1）受试者坐在按摩床一侧，双脚自然下垂，躯干直立，双臂交叉，放在胸前，双臂和躯干在一个平面内；牵拉者站在受试者体前。

（2）受试者做侧屈动作。侧屈到最大限度时静止3秒，保持侧屈肌群等长收缩。

（3）牵拉者站在与受试者侧屈方向相反的方向，对受试者施加阻力（见图7-43）；受试者缓慢地伸展脊柱以对抗牵拉者施加的阻力，并保持侧屈肌群等长收缩6秒。

（4）等长收缩后，回到起始位置，让受试者放松并深吸气。

（5）受试者将手臂向更远处伸展，更大幅度地外旋手臂；可进一步加大对侧屈肌群的牵拉幅度。

（6）按规定次数重复动作，对侧亦然。

图7-43　PNF拉伸·侧屈肌群

## 三、激活技术

激活技术即通过分离强化和定位等长对胸椎关节进行训练，目的是刺激胸椎关节周围不够活跃的肌肉，通过向心、离心训练和定位等长运动增强胸椎关节的灵活性和稳定性。

（一）分离强化训练

1.跪姿胸椎旋转

动作要点：

（1）受试者保持婴儿跪姿；左臂放在腰后，右臂平放在地面上。

（2）胸椎关节向左侧旋转，旋转到最大角度时，保持3秒（见图7-44）。注意，骨盆不要旋转，左臂保持不动；整个过程中要始终保持躯干和胸椎关节稳定。

（3）回到起始姿势，按规定次数重复动作；对侧亦然。

图7-44 跪姿胸椎旋转

2.俯身贴地扭转

动作要点：

（1）受试者保持俯身跪姿，腰背平直，双臂缓慢地向前伸展。

（2）右臂在体下伸向左侧（见图7-45）。注意，转动的是胸椎而不是腰椎，保持均匀的呼吸。

（3）回到起始姿势，按规定次数重复动作；对侧亦然。

图7-45 俯身贴地扭转

3.团身前伸

动作要点：

（1）受试者保持坐姿；左腿放在体前，屈髋、屈膝，右腿向后伸髋、屈膝；躯干平直。

（2）上身向左前方靠近地面，胸椎关节旋转；然后双臂沿地面向左侧前伸（见图7-46）。

（3）回到起始姿势，按规定次数重复动作；对侧亦然。

图7-46　团身前伸

**4.侧卧风车**

动作要点：

（1）受试者侧卧；双臂向侧卧方向水平伸直，手掌相对；双腿屈膝夹住泡沫轴，骨盆处于中立位，髋关节和腰椎位置不变。

（2）上方的手臂向上转动，直至紧贴与侧卧方向相反方向的地面（见图7-47）。注意，转动的是胸椎而不是腰椎，不能以大腿离开泡沫轴作为代偿。

（3）回到起始姿势，按规定次数重复动作；对侧亦然。

图7-47　侧卧风车

5.侧卧展

动作要点：

（1）受试者侧卧；紧贴地面的一条腿自然伸直，另一条腿屈膝夹住泡沫轴，目的是保持骨盆处于中立位，髋关节和腰椎位置不变。

（2）双臂向侧卧方向水平伸直，手掌相对；上方的手臂向对侧外展，眼睛看手指的方向，直至手臂无法向下放（见图7-48）。注意，转动的是胸椎而不是腰椎，不能以大腿离开泡沫轴作为代偿。

（3）回到起始姿势，按规定次数重复动作；对侧亦然。

图7-48　侧卧展

6.杠铃·过顶举

动作要点：

（1）受试者保持弓步；双手握住杠铃，将其放在颈后，背部平直。

（2）将杠铃竖直推举至肩部的正上方，双臂伸直（见图7-49）。整个过程中要始终保持躯干和胸椎关节稳定。

（3）回到起始姿势，按规定次数重复动作。

图7-49　杠铃·过顶举

### 7. 杠铃·胸椎旋转

动作要点：

（1）受试者保持坐姿；双臂在体前交叉，双手握住杠铃杆，将杠铃杆放在肩上（见图7-50）。

（2）胸椎关节带动杠铃杆向右侧水平旋转，腰椎保持不动。整个过程中要始终保持躯干和胸椎关节稳定。

（3）回到起始姿势，按规定次数重复动作；对侧亦然。

图7-50　杠铃·胸椎旋转

### 8. 壶铃·俯身姿后拉

动作要点：

（1）受试者趴在训练椅上；双手握住壶铃，自然垂于体侧；背部平直。

（2）肩胛骨内收，屈臂，抬肘，将壶铃竖直上提至胸部高度（见图7-51）。整个过程中要始终保持躯干和胸椎关节稳定。

（3）回到起始姿势，按规定次数重复动作。

图7-51　壶铃·俯身姿后拉

9.弹力带·过顶后拉

动作要点：

（1）受试者俯卧，身体紧贴地面；双臂前伸，双手握住弹力带，握距比肩稍宽。

（2）使弹力带平行于地面并向头部的后方拉动，直至双臂上、下臂成90°夹角，保持3秒（见图7-52）。

（3）回到起始姿势，按规定次数重复动作。

图7-52　弹力带·过顶后拉

10.弹力带·站姿水平拉

动作要点：

（1）受试者站立；双手握住弹力带的两端，握距比肩稍宽，双臂平举于胸前。

（2）肩胛骨内收，屈臂，将弹力带向后拉至胸前（见图7–53）。整个过程中要始终保持躯干和胸椎关节稳定。

（3）回到起始姿势，按规定次数重复动作。

图7–53　弹力带·站姿水平拉

（二）定位等长训练

1.屈曲肌群训练

动作要点：

（1）受试者保持坐姿；双臂交叉，放在胸前；腰椎关节处于中立位，胸椎关节向前屈曲到最大限度。

（2）牵拉者站在受试者体侧；一手放在其腰部的后表面，一手放在其胸前双手处（见图7–54）。牵拉者对受试者的胸椎关节施加与屈曲相反的力，受试者对抗其阻力。

（3）牵拉者施加胸椎关节屈曲的阻力分别为最大主动收缩力量（MVC）的25%、50%、75%和100%，保持4秒等长收缩（每次收缩间歇2秒）。

（4）按规定次数重复动作。

图7-54　屈曲肌群训练

**2.伸展肌群训练**

动作要点：

（1）受试者保持坐姿；双手分别放在同侧膝关节处，腰椎关节处于中立位，胸椎关节向后伸展到最大限度。

（2）牵拉者站在受试者体侧；一手放在其腰部，一手放在其上背部（见图7-55）。牵拉者对受试者的胸椎关节施加与伸展相反的力，受试者对抗其阻力。

（3）牵拉者施加胸椎关节伸展的阻力分别为最大主动收缩力量（MVC）的25％、50％、75％和100％，保持4秒等长收缩（每次收缩间歇2秒）。

（4）按规定次数重复动作。

图7-55　伸展肌群训练

3.侧屈肌群训练

动作要点：

（1）受试者保持坐姿；双臂交叉，放在胸前，腰椎关节处于中立位，胸椎关节向一侧屈曲到最大限度。

（2）牵拉者站在受试者体前，双手放在其肩关节处（见图7-56）。牵拉者对受试者的胸椎关节施加与侧屈相反的力，受试者对抗其阻力。

（3）牵拉者施加胸椎关节侧屈的阻力分别为最大主动收缩力量（MVC）的25%、50%、75%和100%，保持4秒等长收缩（每次收缩间歇2秒）。

（4）按规定次数重复动作，对侧亦然。

图7-56　侧屈肌群训练

4.旋转肌群训练

动作要点：

（1）受试者保持坐姿；双手并拢，双臂前平举；腰椎关节处于中立位；胸椎带动手臂向一侧旋转到最大限度。

（2）牵拉者站在受试者体前，右手放在其腰部，左手拉住其右手将其右臂向左侧拉（见图7-57）。牵拉者对受试者的胸椎关节施加与旋转相反的力，受试者对抗其阻力。

（3）牵拉者施加胸椎关节旋转的阻力分别为最大主动收缩力量（MVC）的25%、50%、75%和100%，保持4秒等长收缩（每次收缩间歇2秒）。

（4）按规定次数重复动作，对侧亦然。

图7-57　旋转肌群训练

## 四、整合技术

整合技术即通过多平面、多关节的动态动作练习对胸椎关节进行再训练，重塑胸椎关节良好的神经控制能力，提高肌肉的协调性，使其成为一个具有功能性的关节，减少运动损伤的发生。

（一）进阶肩部"W"字形

动作要点：

1.受试者俯卧，背部平直，双臂向前伸直。

2.先抬起双臂、头部和胸部；然后向内、向下收紧肩胛骨，带动双臂后缩，与身体成"W"字形（见图7-58）。整个过程中要始终保持胸椎关节稳定。

3.回到起始姿势，按规定次数重复动作。

图7-58　进阶肩部"W"字形

（二）单臂站姿水平拉

动作要点：

1.受试者站立；双手握住弹力带，握距比肩稍宽，双臂向前伸直。

2.右侧肩胛骨内收，屈臂，胸椎关节向后旋转，将弹力带向后拉到最大限度（见图7-59）。整个过程中要始终保持胸椎关节稳定。

3.回到起始姿势，按规定次数重复动作；对侧亦然。

图7-59　单臂站姿水平拉

（三）鸟狗式

动作要点：

1.受试者保持跪姿，双手、双膝撑地，肩关节和手、髋关节和膝都在一条直线上；使腰椎处于无痛位置，胸椎略向上弯曲。

2.同时抬起一侧手臂和对侧腿，手臂和腿尽量与躯干成一条直线，并与地面平行（见图7–60）。整个过程中要始终保持胸椎关节稳定。

3.回到起始姿势，按规定次数重复动作；对侧亦然。

图7–60　鸟狗式

（四）哑铃·俯身单臂旋转后拉

动作要点：

1.受试者双脚平行开立，间距与肩同宽，屈髋、屈膝；左手叉腰，右手握哑铃，自然垂于肩部的正下方；背部平直。

2.右侧肩胛骨内收，屈臂，抬肘，下臂外旋，将哑铃竖直上提至腹部高度；同时保持腰椎不动，上身向右侧旋转到最大限度（见图7–61）。

3.回到起始姿势，按规定次数重复动作；对侧亦然。

图7-61　哑铃·俯身单臂旋转后拉

（五）杠铃·前蹲

动作要点：

1.受试者站立；双手握住杠铃，握距比肩稍宽，将杠铃放在颈前肩上。

2.双侧肩关节保持稳定；屈髋、屈膝下蹲，直至大腿与地面几乎平行（见图7-62），然后迅速站起。整个过程中要始终保持胸椎关节稳定。

3.回到起始姿势，按规定次数重复动作。

图7-62　杠铃·前蹲

（六）杠铃·仰卧伸展

动作要点：

1.受试者仰卧在卧推椅上；双臂在头部的上方伸直，双手握住杠铃，握距比肩稍宽；全脚掌着地。

2.手臂与躯干约成135°夹角；保持上臂不动，屈臂，使杠铃下降至头顶位置（见图7-63）。

3.回到起始姿势，按规定次数重复动作。

图7-63 杠铃·仰卧伸展

（七）壶铃·俯桥交替后拉

动作要点：

1.受试者双手握壶铃撑地，掌心相对；身体成一条直线；肩关节处于中立位。

2.左臂支撑，右臂屈臂将壶铃拉向胸部（见图7-64）。整个过程中要始终保持躯干稳定。

3.回到起始姿势，按规定次数重复动作；对侧亦然。

图7-64 壶铃·俯桥交替后拉

（八）壶铃·斜上举

动作要点：

1.受试者仰卧；将瑞士球放在肩部的下方；双手握壶铃于胸前；双脚撑地，身体从头到膝成一条直线。

2.双臂上举壶铃，伸直后停留3秒（见图7-65）。练习时要防止球向后滑动，保持胸椎关节稳定。

3.回到起始姿势，按规定次数重复动作。

图7-65　壶铃·斜上举

（九）悬吊带·单腿仰卧弯腿

动作要点：

1.受试者仰卧；双臂放在体侧，掌心朝上；右腿伸直，将踝关节放在悬吊带的把手内，左腿大、小腿成90°夹角，同时勾脚尖，使脚面、小腿成90°夹角。

2.保持左腿姿势不变，缓慢地抬起臀部，直至身体从肩到膝成一条直线；然后右腿屈膝将悬吊带把手拉向臀部，直至右腿大、小腿成90°夹角（见图7-66）。整个过程中要始终保持躯干和胸椎关节稳定。

3.回到起始姿势，按规定次数重复动作；对侧亦然。

图7-66 悬吊带·单腿仰卧弯腿

（十）悬吊带·简易飞鸟

动作要点：

1.受试者前后分腿站立，身体适当前倾；双手握悬吊带把手于胸部的正前方，握距比肩稍宽，双臂伸直，身体成一条直线，保证悬吊带绷紧。

2.保持躯干和下肢姿势不变；双臂微屈并张开，身体下沉至把手高度，双臂内收（见图7-67）。

3.双臂与躯干夹角不要大于90°；挺胸，背部平直，腹部收紧，不要塌腰或翘起臀部；身体不要晃动。

4.回到起始姿势，按规定次数重复动作。

图7-67 悬吊带·简易飞鸟

（十一）瑞士球·单腿仰卧弯腿

动作要点：

1.受试者仰卧；双臂放在体侧，掌心朝下；右腿伸直，脚后跟放在瑞士球上；左腿抬起并勾脚尖，使脚面、小腿成90°夹角。

2.保持左脚姿势不变，缓慢地抬起臀部，直至身体成一条直线；右腿屈膝将瑞士球拉向臀部，直至右腿大、小腿成90°夹角（见图7–68）。

3.停留2秒后，右腿伸腿，缓慢地将瑞士球推离臀部。整个过程中要始终保持躯干和胸椎关节稳定。

4.回到起始姿势，按规定次数重复动作；对侧亦然。

图7–68　瑞士球·单腿仰卧弯腿

（十二）瑞士球·卧姿胸椎伸展

动作要点：

1.受试者俯身，将瑞士球放在胸部的下方，并将弹力带的中点固定在球下；双手握住弹力带的两端，双膝撑地，躯干处于中立位。

2.双臂带动弹力带向后伸展，伸展到最大限度时保持3秒（见图7–69）。整个过程中要始终保持躯干稳定。

3.回到起始姿势，按规定次数重复动作。

图7-69 瑞士球·卧姿胸椎伸展

（十三）瑞士球·俯卧撑

动作要点：

1.受试者保持俯卧撑姿势；双手放在瑞士球上，双腿伸直，双脚撑地，身体成一条直线。

2.屈臂，使躯干下沉，胸部紧贴球面（见图7-70）；双臂伸直，推起躯干。整个过程中要始终保持躯干平直。

3.按规定次数重复动作。

图7-70 瑞士球·俯卧撑

（十四）瑞士球·肩部"Y"字形

动作要点：

1.受试者俯卧；将瑞士球放在腹部的下方，背部平直，双臂向前伸直，胸部不能贴球。

2.双侧肩胛骨收紧，抬起手臂，与身体成"Y"字形（见图7-71）。整个过程中要始终保持躯干和胸椎关节稳定。

3.回到起始姿势，按规定次数重复动作。

图7-71　瑞士球·肩部"Y"字形

# 第八章　肩胸关节功能评定与训练

肩胸关节由肩胛骨和和胸廓后壁构成，肩胛骨依靠简单的肌肉连接附着在胸廓上，尽管不具有关节的结构，但是具备关节的功能。在大多数情况下，肩胸关节在人体运动的过程中扮演稳定的角色，对肩关节的运动起着重要的支撑作用，使人体可以完成手臂过顶举等系列动作。通过本章节的内容，大家可以对肩胸关节有一个全新的了解。

## 第一节　肩胸关节解剖结构

肩胸关节由肩胛骨和胸壁构成，它们并不直接接触，而是由多块肌肉相互牵拉组成。

### 一、肩胸关节骨骼结构

肩胸关节中，肩胛骨由肌肉连接，附着在胸廓上。

（一）肩胛骨

位置：贴于胸廓后外侧，位于第2和第7肋骨之间（见图8-1）。

功能：附着肌肉；决定运动方向，如上提、下降、外旋、内旋等。

图8-1　肩胛骨

（二）胸壁

位置：位于胸腔壁，由12个胸椎、12对肋骨和肋软骨、1块胸骨构成，近似圆锥形（见图8-2）。

功能：附着肌肉，保护、支持并参与呼吸运动。

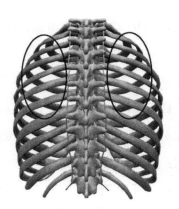

图8-2　胸壁

## 二、肩胸关节连接结构

肩胸关节具有关节的功能，但不具有关节软骨、滑膜、关节囊等关节结构（见图8-3）。

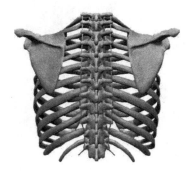

图8-3　肩胸关节

## 三、肩胸关节肌肉结构

肩胸关节由多块肌肉相互牵拉、连接组成，使肩胛骨紧紧附着在胸廓的后上方。

（一）斜方肌上束

起点：枕外隆突、C7的棘突。

止点：锁骨外侧三分之一处、肩胛骨的肩峰（见图8-4）。

功能：1.向心收缩：肩胛骨上提。

　　　2.离心收缩：肩胛骨下降。

　　　3.等长收缩：稳定肩胛骨。

图8-4　斜方肌上束

（二）斜方肌中束

起点：T1 — T5 的棘突。

止点：肩胛骨的肩峰、肩胛冈的上方（见图8-5）

功能：1.向心收缩：肩胛骨后缩。

　　　2.离心收缩：肩胛骨前伸和上提。

　　　3.等长收缩：稳定肩胛骨。

图8-5　斜方肌中束

（三）斜方肌下束

起点：T6 — T12的棘突。

止点：肩胛冈（见图8-6）。

功能：1.向心收缩：肩胛骨下降。

　　　2.离心收缩：肩胛骨上提。

　　　3.等长收缩：稳定肩胛骨。

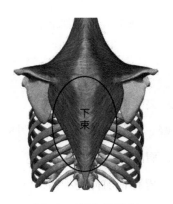

图8-6　斜方肌下束

（四）肩胛提肌

起点：C1 — C4的横突。

止点：肩胛上角（见图8-7）。

功能：1.向心收缩：颈椎固定时，辅助肩胛骨上提和下回旋。

　　　2.离心收缩：颈椎固定时，辅助肩胛骨下降和上回旋。

　　　3.等长收缩：稳定肩胛骨。

图8-7 肩胛提肌

（五）小菱形肌

起点：C6 — C7的棘突。

止点：肩胛骨内侧缘（见图8-8）。

功能：1.向心收缩：肩胛骨后缩和下回旋。

      2.离心收缩：肩胛骨前伸和上回旋。

      3.等长收缩：稳定肩胛骨。

图8-8 小菱形肌

（六）大菱形肌

起点：T1 — T4 的棘突。

止点：肩胛骨内侧缘（见图8–9）。

功能：1.向心收缩：肩胛骨后缩和下回旋。

2.离心收缩：肩胛骨前伸和上回旋。

3.等长收缩：稳定肩胛骨。

图8–9　大菱形肌

（七）前锯肌

起点：第1 — 第9肋骨。

止点：肩胛骨内侧缘（见图8–10）。

功能：1.向心收缩：肩胛骨前伸。

2.离心收缩：肩胛骨后缩。

3.等长收缩：稳定肩胛骨。

图8-10　前锯肌

（八）胸大肌

起点：锁骨的前表面、胸骨的前表面、第1—第6肋软骨。

止点：肱骨大结节（见图8-11）。

功能：1.向心收缩：肩关节屈曲、水平内收和内旋。

　　　2.离心收缩：肩关节伸展、水平外展和外旋。

　　　3.等长收缩：稳定肩胛带。

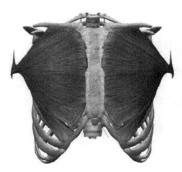

图8-11　胸大肌

（九）胸小肌

起点：第3—第5肋骨。

止点：肩胛骨喙突（见图8-12）。

功能：1.向心收缩：肩胛骨前伸。

2.离心收缩：肩胛骨后缩。

3.等长收缩：稳定肩胛带。

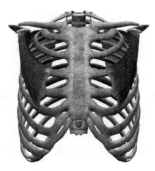

图8-12　胸小肌

（十）喙肱肌

起点：肩胛骨喙突。

止点：肱骨内侧的中部（见图8-13）。

功能：1.向心收缩：肩胛骨上提。

2.离心收缩：肩胛骨下降。

3.等长收缩：稳定肩胛带。

图8-13　喙肱肌

# 第二节　肩胸关节功能评定

肩胸关节的运动在运动学中占有非常重要的地位，肩关节的功能运动会受肩胸关节影响。但是以前很多人并没有注意到肩胸关节的重要性，哪怕在康复领域，人们一开始也是肩关节发生疼痛就在肩关节中寻找病因；后来慢慢发现了肩胸关节对肩关节的影响。所以说，即使肩胸关节没有关节结构，我们也不能忽视它的作用。

## 一、肩胸关节灵活性评定

肩胸关节虽然是强调稳定性功能的关节，但也离不开灵活性。关节灵活性和稳定性的高度统一是创造优异运动成绩的重要基础。肩胸关节不具有真正的关节结构使它在许多方向上都具有极大的灵活性；也因为没有真正的关节结构，肩胸关节非常容易出现病理状态。肩胸关节灵活性缺失会使相邻的关节做出代偿动作，造成运动损伤。因此我们需要对肩胸关节灵活性进行评定。

肩胸关节灵活性一般通过以量角器测量肩胸关节的主动关节活动度和被动关节活动度的方法来进行评定，将受试者实际可达到的关节活动范围同正常范围进行比较来确定该关节活动受限的程度。表8-1列出了正常的肩胸关节的主动关节活动范围。

表 8-1　肩胸关节活动度

| 动作 | 主动活动度 |
|------|-----------|
| 上提 | 20° |
| 下降 | 10° |
| 内收 | 20° |
| 外展 | 20° |
| 内旋 | 20° |
| 外旋 | 40° |

（Jackson B H. Joint Motion：Method of Measuring and Recording[J]. American Academy of Orthopaedic Surgeons，1965.）

肩胸关节灵活性评定方法主要有：

（一）肩胛骨上提

受试者保持坐姿或站姿；测试者先找到其肩胛骨的肩胛冈，标记肩胛冈内侧和外侧，然后将量角器放在标记好的点上；受试者做肩胛骨上提到最大限度（见图8-14）。通过测量量角器两边的夹角，可得出肩胛骨主动上提的活动度。然后测试者在此状态下对受试者的肩胛骨施加一定的继续向上的力量，力量不要过大，到受试者无法承受为止；最后测出肩胛骨被动上提的活动度。

图8-14　肩胛骨上提

（二）肩胛骨下降

与之前的测试步骤一致，受试者保持坐姿或站姿。测试者将量角器放在标记好的点上，受试者做肩胛骨下降到最大限度（见图8-15）。通过测量量角器两边的夹角，可得出肩胛骨主动下降的活动度。然后测试者在此状态下对受试者的肩胛骨施加一定的继续向下的力量，力量不要过大，到受试者无法承受为止；最后测出肩胛骨被动下降的活动度。

图8-15　肩胛骨下降

（三）肩胛骨前伸

与之前的测试步骤一致，受试者保持坐姿或站姿。测试者将量角器放在标记好的点上，受试者做肩胛骨前伸到最大限度（见图8-16）。通过测量量角器两边的夹角，可得出肩胛骨主动前伸的活动度。然后测试者在此状态下对受试者的肩胛骨施加一定的继续向前伸的力量，力量不要过大，到受试者无法承受为止；最后测出肩胛骨被动前伸的活动度。

图8-16　肩胛骨前伸

（四）肩胛骨后缩

与之前的测试步骤一致，受试者保持坐姿或站姿。测试者将量角器放在标记好的点上，受试者做肩胛骨后缩到最大限度（见图8-17）。通过测量量角器两边的夹角，可得出肩胛骨主动后缩的活动度。然后测试者在此状态下对受试者的肩胛骨施加一定的继续向后缩的力量，力量不要过大，到受试者无法承受为止；最后测出肩胛骨被动后缩的活动度。

图8-17　肩胛骨后缩

（五）肩胛骨下回旋

与之前的测试步骤一致，受试者侧卧在按摩床上。测试者将量角器放在标记好的点上，受试者做肩胛骨下回旋到最大限度（见图8-18）。通过测量量角器两边的夹角，可得出肩胛骨主动下回旋的活动度。然后测试者在此状态下对受试者的肩胛骨施加一定的继续向下回旋的力量，力量不要过大，到受试者无法承受为止；最后测出肩胛骨被动下回旋的活动度。

图8-18　肩胛骨下回旋

（六）肩胛骨上回旋

与之前的测试步骤一致。受试者侧卧在按摩床上，测试者将量角器放在标记好的点上，受试者做肩胛骨上回旋到最大限度（见图8-19）。通过测量量角器两边的夹角，可得出肩胛骨主动上回旋的活动度。然后测试者在此状态下对受试者的肩胛骨施加一定的继续向上回旋的力量，力量不要过大，到受试者无法承受为止；最后测出肩胛骨被动上回旋的活动度。

图8-19　肩胛骨上回旋

## 二、肩胸关节稳定性评定

根据相邻关节假说，肩胸关节位于强调灵活性的肩关节和胸椎关节之间，因此主导躯干的稳定性。肩胸关节稳定性不足会导致能量的泄露和代偿动作的产生，增大肩关节及胸椎关节损伤的风险。

肩胸关节作为一个强调稳定性的关节，肩胛骨是肩胸关节的主要组成部分，肩胛骨稳定是肩胸关节稳定的前提；肩胸关节的运动也是以肩胛骨的运动为主的。因此肩胸关节稳定性评定可以通过评定肩胛骨来进行，而对肩胛骨位置的评定更是肩胸关节稳定性评定的一个重要的方法。

（一）静态姿势评定

评定方法：

受试者保持标准站立姿势。测试者通过分别从正面、侧面和后面对其肩胛骨进行观察来对其肩胸关节进行评定（见图8-20）。

评定标准：

标准动作 —— 受试者的肩胛骨在一条水平线上，两个肩峰成一条直线，无前伸现象。

代偿动作 —— 受试者的肩胛骨不在一条直线上，一高一低；或肩胛骨前伸，呈现出非正常的后凹曲线。

图8-20　静态姿势评定

（二）肘撑平板

评定方法：

受试者俯卧；双肘支撑于肩部的正下方，双臂上、下臂成90°夹角；双肘用力将身体向上推起，保持双肘、双脚支撑姿势；腹部收紧，身体成一条直线（见图8-21）。测试者观察受试者肩胸关节的状态。

评定标准：

标准动作——受试者的身体成一条直线，肩胸关节不存在内收或内旋现象。

代偿动作——受试者的肩胸关节出现内收或内旋现象，胸部出现下塌现象。

图8-21　肘撑平板

（三）俯卧撑

评定方法：

受试者俯卧，身体紧贴地面；双手在体侧撑地，双腿伸直（见图8-22）。测试者观察受试者肩胸关节的状态。

评定标准：

标准动作——受试者的身体始终成一条直线，肩胸关节处于中立位。

代偿动作——受试者的肩胛骨出现内收或内旋现象。

图8-22　俯卧撑

（四）站立划船

评定方法：

受试者前后分腿站立，双脚脚尖朝前，手臂前伸，握住弹力带；将弹力带拉至胸前，然后回到起始位置；躯干保持直立，肩部保持水平（见图8-23）。测试者分别从侧面和后面观察受试者肩胸关节的状态。

评定标准：

标准动作 —— 受试者的躯干与后支撑腿成一条直线，肩胛骨无上提和过度内收现象。

代偿动作 —— 受试者的肩胛骨出现上提或过度内收现象。

图8-23　站立划船

（五）哑铃过头举

评定方法：

受试者双脚平行开立，间距与肩同宽，脚尖朝前；双臂向上伸直，将哑铃举过头顶，躯干保持直立，肩部保持水平（见图8-24），然后回到起始姿势。测试者分别从侧面和后面观察受试者肩胸关节的状态。

评定标准：

标准动作 —— 受试者的身体成一条直线，肩部保持水平，肩胛骨无外展和过度内收现象，无耸肩现象。

代偿动作 —— 受试者的肩胛骨外旋（肩部耸起），或出现肩胛骨外展和过度内收现象。

图8-24　哑铃过头举

# 第三节　肩胸关节纠正性训练

我们已经对肩胸关节的功能进行了评定，当肩胸关节出现功能障碍时，便会被肌体当成"损伤"看待，于是便开始了损伤积累循环的过程。因此，我们需要针对肩胸关节障碍进行纠正性训练，使其灵活性和稳定性得到改善和提高。

肩胸关节纠正性训练方法主要包括松解技术、拉长技术、激活技术和整合技术四种。

## 一、松解技术

松解技术即使用泡沫轴、按摩球等工具对肩胸关节周围背部肌群、肩部肌群、胸部肌群等肌肉和运动肌群进行松解，以减小肌肉张力，降低神经、肌肉、筋膜组织的过度活跃状态。

（一）泡沫轴·上背部松解

动作要点：

1.受试者仰卧；双腿屈膝，将泡沫轴放在上背部的下方，双臂交叉，放在胸前，收紧腹部，髋关节抬离地面（见图8-25）。

2.收紧双腿带动身体前后移动，使泡沫轴从上背部至肩关节匀速来回滚动。

3.在肌肉酸痛点停留一段时间，按规定时间完成动作。

图8-25　泡沫轴·上背部松解

（二）泡沫轴·肩胛提肌松解

动作要点：

1.受试者仰卧，躯干向一侧倾斜；将泡沫轴放在颈部的下方，手臂放松（见图8-26）。

2.腿部发力带动身体移动，使泡沫轴在颈下来回滚动。

3.在肌肉酸痛点停留一段时间，按规定时间完成动作；对侧亦然。

图8-26　泡沫轴·肩胛提肌松解

（三）泡沫轴·背阔肌松解

动作要点：

1.受试者侧卧；将泡沫轴放在右臂腋窝处，右臂在头顶方向水平伸直，右手掌心朝下；双腿屈膝，双脚撑地，使髋关节抬离地面（见图8-27）。

2.双腿发力带动身体移动，使泡沫轴从下腰背的一侧至腋窝来回滚动。

3.在肌肉酸痛点停留一段时间，按规定时间完成动作；对侧亦然。

图8-27　泡沫轴·背阔肌松解

（四）泡沫轴·菱形肌松解

动作要点：

1.受试者仰卧；将泡沫轴放在胸椎关节的下方，双肘于体侧撑地，髋关节处于中立位（见图8-28）。

2.双臂发力带动身体轻微地左右移动，使泡沫轴在两肩胛骨之间滚动。

3.在肌肉酸痛点停留一段时间，按规定时间完成动作。

图8-28　泡沫轴·菱形肌松解

（五）按摩球·冈下肌松解

动作要点：

1.受试者靠墙站立，将按摩球放在肩胛骨内侧和脊柱外侧之间，双臂自然下垂。

2.静止按压，保持5—10秒；同时头部向后下方转动，或者缓慢地举起按压侧手臂（见图8-29）。

3.在肌肉酸痛点停留一段时间，按规定时间完成动作；对侧亦然。

图8-29　按摩球·冈下肌松解

（六）按摩球·胸大肌松解

动作要点：

1.受试者俯卧，将按摩球放在左侧胸大肌处、腋窝之上（见图8-30）。

2.调整位置直至找到酸痛点，左臂摆动带动按摩球加压滚动。

3.在肌肉酸痛点停留一段时间，按规定时间完成动作；对侧亦然。

图8-30　按摩球·胸大肌松解

（七）按摩球·三角肌前束松解

动作要点：

1.受试者保持坐姿或站姿，躯干直立，将按摩球放在三角肌的前表面。

2.双手按压按摩球，被按压侧肩关节后展；按压几秒后在周围进行滚动按压（见图8-31）。

3.在肌肉酸痛点停留一段时间，按规定时间完成动作；对侧亦然。

图8-31　按摩球·三角肌前束松解

（八）按摩球·三角肌后束松解

动作要点：

1.受试者侧卧，躯干略向后倾斜；将按摩球放在三角肌后窝位置，同侧手臂向前伸直，掌心朝上（见图8–32）。

2.按压几秒后在周围进行滚动按压，在刺痛点位置缓慢地做手臂屈伸动作。

3.按规定时间完成动作，对侧亦然。

图8–32　按摩球·三角肌后束松解

（九）按摩球·喙肱肌松解

动作要点：

1.受试者侧卧；屈髋、屈膝，右臂上臂与身体垂直，将按摩球放在右肩外侧（见图8–33）。

2.调整位置直至找到酸痛点；左手将右臂向下压，使按摩球加压于肩后位置。

3.在肌肉酸痛点停留一段时间，按规定时间完成动作；对侧亦然。

图8–33　按摩球·喙肱肌松解

（十）花生球·菱形肌松解

动作要点：

1.受试者仰卧，将花生球沿脊柱放在胸椎关节的下方，双脚脚后跟着地。

2.双手抱头，双肘夹紧；仰卧时吸气，卷腹时呼气，在最高点停留3秒（见图8-34）；回到起始姿势。

3.在肌肉酸痛点停留一段时间，按规定时间完成动作。

图8-34　花生球·菱形肌松解

## 二、拉长技术

拉长技术即利用静态拉伸和PNF拉伸对肩胸关节周围那些过度活跃或被压缩的神经、肌肉、筋膜组织进行拉长，恢复肩胸关节的关节活动度，增加肌肉组织的延展性，使肩胸关节更好地完成相关动作。

（一）静态拉伸

1.胸大肌拉伸

动作要点：

（1）受试者站立，抬头，挺胸；左臂自然垂于体侧，右臂抬起，肘关节屈曲，下臂抵住牵拉架或其他辅助工具（见图8-35）。

（2）保持背部平直的同时，身体逐渐前倾，直至胸大肌有中等强度的牵拉感。

（3）按规定时间保持姿势，对侧亦然。

图8-35　胸大肌拉伸

2.胸小肌拉伸

动作要点：

（1）受试者前后分腿站立，抬头，挺胸；双臂伸直，双手手指于背后相扣（见图8-36）。

（2）保持身体直立的同时，尽量将肩胛骨向下拉，缓慢地向上抬臂，直至胸小肌有中等强度的牵拉感。

（3）按规定时间保持姿势。

图8-36　胸小肌拉伸

3.肩胛下肌拉伸

动作要点：

（1）受试者站立，抬头，挺胸；右臂自然垂于体侧，左手掌心朝外抓住牵拉架或其他辅助工具，左臂上、下臂成90°夹角（见图8-37）。

（2）保持身体不动的同时，左臂内旋尽力推牵拉架或其他辅助工具，直至肩胛下肌有中等强度的牵拉感。

（3）按规定时间保持姿势，对侧亦然。

图8-37　肩胛下肌拉伸

4.肩胛提肌拉伸

动作要点：

（1）受试者盘腿坐在垫上；躯干直立，肩部处于水平状态；右手放在头部左侧，左手于背后撑地（见图8-38）。

（2）右手轻轻用力将头拉向右肩，拉伸轨迹保持在额状面内，躯干保持不动，直至肩胛提肌有中等强度的牵拉感。

（3）按规定时间保持姿势，对侧亦然。

图8-38　肩胛提肌拉伸

5.斜方肌拉伸

动作要点：

（1）受试者站立，微微屈膝；双臂在胸前伸直，双手交叉，掌心朝前（见图8-39）。

（2）双臂向前移动，夹紧胸部并微微弯腰，屈膝，直至斜方肌有中等强度的牵拉感。

（3）按规定时间保持姿势。

图8-39　斜方肌拉伸

6.外展肌群拉伸

动作要点：

（1）受试者站立，抬头，挺胸，目视前方；双手背在腰部位置，掌心朝外（见图8-40）。

（2）肘关节向前伸展，躯干和双手的位置保持不变，直至肩胛骨外展肌群有中等强度的牵拉感。

（3）按规定时间保持姿势。

图8-40 外展肌群拉伸

7.内收肌群拉伸

动作要点：

（1）受试者站立；双臂在体侧抬起，与躯干成30°夹角，掌心朝前；躯干和肩关节处于中立位。

（2）双臂向后伸展，躯干和肩部保持不动（见图8-41），不要有耸肩现象，直至肩胛骨内收肌群有中等强度的牵拉感。

（3）按规定时间保持姿势。

图8-41　内收肌群拉伸

8.肩内旋肌群拉伸

动作要点：

（1）受试者手握柱子站立；左臂上臂在体侧紧贴躯干，与下臂成90°夹角。

（2）右手拉住左臂上臂，使其紧贴躯干；以左侧肩关节为轴，身体向右旋转，直至肩内旋肌群有中等强度的牵拉感（见图8-42）。

（3）按规定时间保持姿势，对侧亦然。

图8-42　肩内旋肌群拉伸

9.肩外旋肌群拉伸

动作要点：

（1）受试者右侧卧；右侧肩关节前屈90°，右臂上、下臂成90°夹角，上臂紧贴垫子。

（2）左手握住右侧腕关节，用力缓慢地将右臂下臂向下压（见图8-43），直至肩外旋肌群有中等强度的牵拉感。

（3）按规定时间保持姿势，对侧亦然。

图8-43　肩外旋肌群拉伸

（二）PNF拉伸

1.PNF拉伸·前锯肌

动作要点：

（1）受试者俯卧；双臂放松，放在体侧；双腿伸直。

（2）牵拉者站在受试者体侧，将双手手指的指腹放在其右侧肩胛骨的外侧缘，并指导其向脊柱方向回缩肩胛骨（见图8-44）。

（3）受试者前伸右侧肩胛骨，对抗牵拉者施加的阻力；牵拉者协助受试者做左侧前锯肌等长收缩并保持6秒。

（4）等长收缩后，回到起始位置，让受试者放松并深吸气。

（5）受试者呼气，收缩菱形肌，拉动肩胛骨，使其靠近脊柱；可进一步加大对左侧前锯肌的牵拉幅度。

（6）按规定次数重复动作，对侧亦然。

图8-44　PNF拉伸·前锯肌

**2.PNF拉伸·菱形肌**

动作要点：

（1）受试者右侧卧；头枕在右臂上，左臂前伸，使肩胛骨远离脊柱。

（2）牵拉者蹲在受试者身后；双手放在其左侧肩胛骨上，双手拇指呈对接状放在其肩胛骨的内侧缘（见图8-45）。

（3）受试者缓慢地向脊柱方向回缩肩胛骨，对抗牵拉者施加的阻力；牵拉者协助受试者做菱形肌等长收缩并保持6秒。

（4）等长收缩后，回到起始位置，让受试者放松并深吸气。

（5）受试者呼气，左臂向更远处伸；可进一步加大对菱形肌的牵拉幅度。

（6）按规定次数重复动作，对侧亦然。

图8-45　PNF拉伸·菱形肌

3.PNF拉伸·冈下肌

动作要点：

（1）受试者俯卧，将脸放在按摩床的护脸圈中；右侧肩关节外展90°，右臂上、下臂成90°夹角，左臂放松，放在按摩床上。

（2）牵拉者站在受试者右侧，左手握住其腕关节，右手放在其肘部（见图8-46）。

（3）受试者逐渐外旋右臂，对抗牵拉者施加的阻力；牵拉者协助受试者做右侧冈下肌等长收缩并保持6秒。

（4）等长收缩后，回到起始位置，让受试者放松并深吸气。

（5）受试者继续完成右臂内旋动作，呼气并主动收缩肩胛下肌；可进一步加大对右侧冈下肌的牵拉幅度。

（6）按规定次数重复动作，对侧亦然。

图8-46 PNF拉伸·冈下肌

4.PNF拉伸·斜方肌上束

动作要点：

（1）受试者仰卧；在无痛的情况下，尽量向右侧旋转头部，尽可能地收下颌。

（2）牵拉者站在受试者头部左上方45°位置；左手放在其枕骨位置，右手放在其左肩上（见图8-47）。

（3）受试者缓慢地旋转头部，使其向左肩靠近，对抗牵拉者施加的阻力；牵拉者协助受试者做左侧斜方肌上束等长收缩并保持6秒。

（4）等长收缩后，回到起始位置，让受试者放松并深吸气。

（5）受试者呼气，更大幅度地向右侧旋转头部，收下颌，同时，更大幅度地向下拉左肩；可进一步加大对左侧斜方肌上束的牵拉幅度。

（6）按规定次数重复动作，对侧亦然。

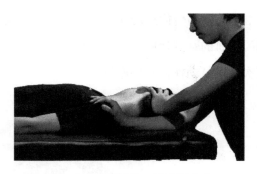

图8-47　PNF拉伸·斜方肌上束

5.PNF拉伸·胸大肌

动作要点：

（1）受试者俯卧，将脸放在按摩床的护脸圈中；右侧肩关节外展90°，右臂上、下臂成90°夹角，左臂放松，放在按摩床上。

（2）牵拉者弓步蹲在牵拉者右侧；用右臂下臂和右手支撑受试者的右臂下臂和右手，与其相贴（见图8-48）。

（3）受试者尽可能地抬高右臂上臂并保持下臂处于水平位，胸部不能离开床面；然后缓慢地从肘部开始收缩，将手臂缩回至胸前，做右侧胸大肌等长收缩并保持6秒。

（4）等长收缩后，回到起始位置，让受试者放松并深吸气。

（5）受试者进一步抬高右臂上臂，同时，保持下臂处于水平位；可进一步加大对右侧胸大肌的牵拉幅度。

（6）按规定次数重复动作，对侧亦然。

图8-48　PNF拉伸·胸大肌

6.PNF拉伸·胸小肌

动作要点：

（1）受试者仰卧，右臂自然放在体侧，双腿屈膝。

（2）牵拉者弓步蹲在受试者左侧；左手握住其左手，右手放在其左肩上（见图8-49）。

（3）受试者尽可能地使肩部靠近床面，同时，使肩胛骨向后下方移动，牵拉者可以辅助受试者完成这一动作；受试者缓慢地向上方用力，然后做左侧胸小肌等长收缩并保持6秒。

（4）等长收缩后，回到起始位置，让受试者放松并深吸气。

（5）受试者再次使肩部靠近床面，肩胛骨向后下方移动；可进一步加大对左侧胸小肌的牵拉幅度。

（6）按规定次数重复动作，对侧亦然。

图8-49　PNF拉伸·胸小肌

7.PNF拉伸·肩胛下肌

动作要点：

（1）受试者仰卧；左侧肩关节外展90°，左臂上、下臂成90°夹角，右臂放松，放在按摩床上。

（2）牵拉者站在受试者左侧；右手握住其左侧腕关节，左手协助其做左侧肩胛下肌等长收缩并保持6秒（见图8-50）。

（3）等长收缩后，回到起始位置，让受试者放松并深吸气。

（4）受试者继续完成左臂内旋动作，呼气并主动收缩冈下肌；可进一步加大对左侧肩胛下肌的牵拉幅度。

（5）按规定次数重复动作，对侧亦然。

图8-50　PNF拉伸·肩胛下肌

8.PNF拉伸·肩胛提肌

动作要点：

（1）受试者仰卧；在无痛的情况下，尽量向右侧旋转头部，尽可能地收下颌。

（2）牵拉者站在受试者头部左上方45°位置；左手放在其枕骨位置，右手放在其左肩上（见图8-51）。

（3）受试者缓慢地旋转头部，使其向左肩靠近，对抗牵拉者施加的阻力；牵拉者协助受试者做左侧肩胛提肌等长收缩并保持6秒。

（4）等长收缩后，回到起始位置，让受试者放松并深吸气。

（5）受试者呼气，更大幅度地向右侧旋转头部，收下颌，同时，更大幅度地向下拉左肩；可进一步加大对左侧肩胛提肌的牵拉幅度。

（6）按规定次数重复动作，对侧亦然。

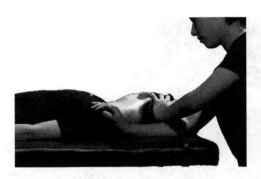

图8-51　PNF拉伸·肩胛提肌

## 三、激活技术

激活技术即通过分离强化和定位等长对肩胸关节进行训练，目的是刺激肩胸关节周围不够活跃的肌肉，通过向心、离心训练和定位等长运动增强肩胸关节的灵活性和稳定性。

（一）分离强化训练

1."W"字形站姿

动作要点：

（1）受试者保持运动姿势；抬头，挺胸，背部平直；双臂放在体侧，上、下臂成90°夹角。

（2）双侧肩胛骨向下、向内收紧，然后抬起双臂与躯干成"W"字形，躯干平直（见图8-52）。

（3）回到起始姿势，按规定次数重复动作。

图8-52　"W"字形站姿

2. "W"字形滑行

动作要点：

（1）受试者靠墙坐，躯干直立，双臂贴墙向上伸直。

（2）双臂下降直至成"W"字形，肩胛骨始终紧贴墙壁（见图8-53）。

（3）回到起始姿势，按规定次数重复动作。

图8-53　"W"字形滑行

3. 地板"眼镜蛇"

动作要点：

（1）受试者俯卧，身体紧贴地面，下颌略抬离地面；双腿伸直，脚尖触地；双臂后伸，放在体侧，掌心朝上。

（2）吸气，内收肩胛骨，夹紧背部；同时双臂和上身抬离地面，保持

2秒（见图8-54）。

（3）回到起始姿势，按规定次数重复动作。

图8-54　地板"眼镜蛇"

**4.俯卧撑**

动作要点：

（1）受试者俯卧，双手、双脚撑地；双手间距比肩稍宽，双臂伸直，躯干和肩关节在一个平面内。

（2）屈臂，身体下沉，直至胸部几乎接触地面，上臂紧贴躯干（见图8-55）。

（3）回到起始姿势，按规定次数重复动作。

图8-55　俯卧撑

**5.肩胛骨推**

动作要点：

（1）受试者保持跪姿；双手、双膝撑地，双臂伸直，躯干平直。

（2）双手将躯干向上推，使胸部尽量远离地面（见图8-56）。

（3）回到起始姿势，按规定次数重复动作。

图8-56 肩胛骨推

6.杠铃·过顶推举

动作要点：

（1）受试者站立；双手握杠铃于胸前，躯干保持直立，双侧肩关节保持水平。

（2）将杠铃竖直推举至肩部的正上方，双臂伸直（见图8-57）。

（3）回到起始姿势，按规定次数重复动作。

图8-57 杠铃·过顶推举

7.杠铃·上斜卧推

动作要点：

（1）受试者仰卧在多功能训练椅上，将训练椅的倾斜角度调至30° 左右；双手握杠铃于肩部的正上方，握距比肩稍宽，双臂伸直。

（2）竖直放下杠铃至胸部的上方，双臂上、下臂成90°夹角，双肘朝外；然后迅速推起哑铃（见图8-58）。

（3）回到起始姿势，按规定次数重复动作。

图8-58 杠铃·上斜卧推

8.杠铃·站姿耸肩

动作要点：

（1）受试者站立，身体微微前倾，膝关节微屈；双手握杠铃，自然垂于体前。

（2）保持双臂伸直，做耸肩动作；肩部上提，靠近耳朵（见图8-59）；身体不要晃动。

（3）回到起始姿势，按规定次数重复动作。

图8-59 杠铃·站姿耸肩

9.杠铃·直立划船

动作要点：

（1）受试者站立；双手握杠铃，自然垂于体前。

（2）屈臂，将杠铃拉至胸部高度，双肘朝外（见图8-60）。

（3）回到起始姿势，按规定次数重复动作。

图8-60 杠铃·直立划船

10.哑铃·反向飞鸟

动作要点：

（1）受试者俯身；双手握哑铃，自然垂于体前，背部平直，肩关节处于中立位。

（2）肩胛骨收紧，双臂外展，直至与地面平行；躯干平直（见图8-61）。

（3）回到起始姿势，按规定次数重复动作。

图8-61　哑铃·反向飞鸟

11.哑铃·俯身后拉

动作要点：

（1）受试者俯身；双手持哑铃，自然垂于体侧，背部平直。

（2）肩胛骨收紧，屈臂，抬肘，将哑铃沿体侧竖直上提至腹部高度（见图8-62）。

（3）回到起始姿势，按规定次数重复动作。

图8-62　哑铃·俯身后拉

12.哑铃·卧推

动作要点：

（1）受试者仰卧在卧推凳上，躯干紧贴卧推凳；双手握哑铃于胸部的正上方，然后双臂内收并向上伸直。

（2）竖直放下哑铃至胸部高度，双肘朝外；然后迅速向上推起哑铃（见图8-63）。

（3）回到起始姿势，按规定次数重复动作。

图8-63　哑铃·卧推

13.弹力带·抬肘后拉

动作要点：

（1）受试者站立，腰背部直立；双手握住弹力带的两端，双臂向前伸直。

（2）保持肘关节高度不变，肩胛骨内收，屈臂，将弹力带拉至双耳高度，肩关节在一条水平线上（见图8-64）。

（3）回到起始姿势，按规定次数重复动作。

图8-64　弹力带·抬肘后拉

14.弹力带·俯身飞鸟

动作要点：

（1）受试者俯身，躯干与地面成60°夹角；双手握住弹力带的两端，用脚踩住弹力带的中心位置；双臂微屈，自然下垂；躯干处于中立位。

（2）肩胛骨收紧，双臂向身体的后方伸展，躯干平直，肩关节在一条水平线上（见图8-65）。

（3）回到起始姿势，按规定次数重复动作。

图8-65　弹力带·俯身飞鸟

15. 悬吊带·站姿飞鸟

动作要点：

（1）受试者站立，身体适当前倾；双手握悬吊带把手于胸部的正前方，握距比肩稍宽，双臂伸直；双腿并拢、伸直。

（2）保持躯干和下肢不动，双臂微屈并张开，身体下降至把手高度（见图8-66）；然后双臂内收，回到起始位置。

（3）按规定次数重复动作。

图8-66　悬吊带·站姿飞鸟

16. 悬吊带·胸前推起

动作要点：

（1）受试者站立，身体适当前倾；双手握悬吊带把手于胸部的正前方，握距比肩稍宽，双臂伸直；双腿并拢、伸直。

（2）保持躯干和下肢不动；屈臂，身体下沉，直至双臂上、下臂成90°夹角，然后迅速推起身体。整个过程中要始终保持躯干平直（见图8-67）。

（3）回到起始姿势，按规定次数重复动作。

图8-67 悬吊带·胸前推起

（二）定位等长训练

1.菱形肌训练

动作要点：

（1）受试者俯卧，一只手臂在体侧伸出并内旋，与躯干成"T"字形，上臂与地面平行，与下臂成90°夹角；上臂向上抬，使肩胛骨后缩到最大限度。

（2）牵拉者站在受试者体侧；一手放在其内旋手臂上臂远端处，一手放在其对侧肩关节处（见图8-68）。牵拉者对受试者施加与手臂抬高相反的力，受试者对抗其阻力。

（3）牵拉者施加肩胛骨后缩的阻力分别为最大主动收缩力量（MVC）的25%、50%、75%和100%，保持4秒等长收缩（每次收缩间歇2秒）。

（4）按规定次数重复动作，对侧亦然。

图8-68 菱形肌训练

2.斜方肌上束训练

动作要点：

（1）受试者俯卧；抬起一只手臂并伸直，紧贴耳朵，使肩胛骨后缩到最大限度。

（2）牵拉者站在受试者体侧；一手放在其抬起的手臂下臂远端处，一手放在其对侧肩关节处（见图8-69）。牵拉者对受试者施加与手臂抬高相反的力，受试者对抗其阻力。

（3）牵拉者施加肩胛骨后缩的阻力分别为最大主动收缩力量（MVC）的25%、50%、75%和100%，保持4秒等长收缩（每次收缩间歇2秒）。

（4）按规定次数重复动作，对侧亦然。

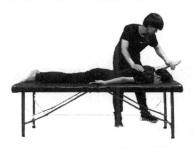

图8-69　斜方肌上束训练

3.上提肌群训练

动作要点：

（1）受试者保持坐姿或站姿，双臂自然垂于体侧；做肩胛骨上提（耸肩）动作到最大限度。

（2）牵拉者站在受试者体前或身后，双手放在其双侧肩关节上（见图8-70）。牵拉者对受试者的肩胛骨施加与上提相反的力，受试者对抗其阻力。

（3）牵拉者施加肩胛骨上提的阻力分别为最大主动收缩力量（MVC）

的25%、50%、75%和100%，保持4秒等长收缩（每次收缩间歇2秒）。

（4）按规定次数重复动作。

图8-70 上提肌群训练

4. 下降肌群训练

动作要点：

（1）受试者保持坐姿或站姿，双臂自然垂于体侧；做肩胛骨下降（沉肩）动作到最大限度。

（2）牵拉者站在受试者体前或身后，双手放在其双侧肩胛骨侧面（见图8-71）。牵拉者对受试者的肩胛骨施加与下降相反的力，受试者对抗其阻力。

（3）牵拉者施加肩胛骨下降的阻力分别为最大主动收缩力量（MVC）的25%、50%、75%和100%，保持4秒等长收缩（每次收缩间歇2秒）。

（4）按规定次数重复动作。

图8-71 下降肌群训练

5.后缩肌群训练

动作要点：

（1）受试者保持坐姿，一只手臂抬起，与地面平行，上、下臂夹角为90°；做肩胛骨后缩动作到最大限度。

（2）牵拉者站在受试者身后；一手放在其抬起的手臂上臂远端处，一手放在其同侧肩关节处（见图8-72）。牵拉者对受试者的肩胛骨施加与后缩相反的力，受试者对抗其阻力。

（3）牵拉者施加肩胛骨后缩的阻力分别为最大主动收缩力量（MVC）的25%、50%、75%和100%，保持4秒等长收缩（每次收缩间歇2秒）。

（4）按规定次数重复动作，对侧亦然。

图8-72　后缩肌群训练

6.前伸肌群训练

动作要点：

（1）受试者保持坐姿，一只手臂前平举，与地面平行；做肩胛骨前伸动作到最大限度。

（2）牵拉者站在受试者体侧，一手握住其前平举手臂腕关节，一手放在其对侧肩关节处（见图8-73）。牵拉者对受试者的肩胛骨施加与前伸相反的力，受试者对抗其阻力。

（3）牵拉者施加肩胛骨前伸的阻力分别为最大主动收缩力量（MVC）的25％、50％、75％和100％，保持4秒等长收缩（每次收缩间歇2秒）。

（4）按规定次数重复动作，对侧亦然。

图8-73　前伸肌群训练

7.上回旋肌群训练

动作要点：

（1）受试者保持坐姿；一只手臂向上抬起，做肩胛骨上回旋动作到最大限度。

（2）牵拉者站在受试者身后；一手握住其向上抬起的手臂腕关节，一手放在其对侧肩关节处（见图8-74）。牵拉者对受试者的肩胛骨施加与上回旋相反的力，受试者对抗其阻力。

（3）牵拉者施加肩胛骨上回旋的阻力分别为最大主动收缩力量（MVC）的25％、50％、75％和100％，保持4秒等长收缩（每次收缩间歇2秒）。

（4）按规定次数重复动作，对侧亦然。

图8-74　上回旋肌群训练

8. 下回旋肌群训练

动作要点：

（1）受试者保持坐姿；右臂向下伸展，做肩胛骨下回旋动作，使肩胛骨下回旋到最大限度。

（2）牵拉者站在受试者身后；一手握住其右侧腕关节，一手放在其左侧肩关节处（见图8-75）。牵拉者对受试者的肩胛骨施加与下回旋相反的力，受试者对抗其阻力。

（3）牵拉者施加肩胛骨下回旋的阻力分别为最大主动收缩力量（MVC）的25%、50%、75%和100%，保持4秒等长收缩（每次收缩间歇2秒）。

（4）按规定次数重复动作，对侧亦然。

图8-75　下回旋肌群训练

### 四、整合技术

整合技术即通过多平面、多关节的动态动作练习对肩胸关节进行再训练，重塑肩胸关节良好的神经控制能力，提高肌肉的协调性，使其成为一个具有功能性的关节，减少运动损伤的发生。

（一）哑铃·交替卧推

动作要点：

1.受试者仰卧在卧推凳上，躯干紧贴卧推凳；双手握小重量哑铃于胸部的正上方，双臂伸直。

2.保持左臂不动；右手竖直放下哑铃至胸部高度，迅速推起哑铃。回到起始姿势，换至对侧（见图8-76）。

3.按规定次数重复动作。

图8-76　哑铃·交替卧推

（二）哑铃·交替上斜卧推

动作要点：

1.受试者仰卧在多功能训练椅上，将训练椅的倾斜角度调至30°左右；双手握哑铃于肩部的正上方，握距比肩稍宽，双臂伸直。

2.保持右臂不动；左手竖直放下哑铃至胸部高度，左臂上、下臂成90°夹角；然后迅速推起哑铃（见图8-77）。回到起始姿势，换至对侧。

3.按规定次数重复动作。

图8-77　哑铃·交替上斜卧推

（三）哑铃·俯身交替后拉

动作要点：

1.受试者俯身；双手握哑铃，自然垂于肩部的正下方；背部平直。

2.右侧肩胛骨内收，屈臂，抬肘，上臂外旋将哑铃竖直上提至腹部高度（见图8-78）；换至对侧。

3.回到起始姿势，按规定次数重复动作。

图8-78　哑铃·俯身交替后拉

（四）哑铃·俯身单臂旋转后拉

动作要点：

1.受试者俯身；左手叉腰，右手握哑铃，自然垂于体前；背部平直。

2.右侧肩胛骨内收，屈臂，抬肘，上臂外旋将哑铃竖直上提至腹部高度；同时保持腰椎不动，上背部向右侧旋转到最大限度（见图8-79）。

3.回到起始姿势，按规定次数重复动作；对侧亦然。

图8-79　哑铃·俯身单臂旋转后拉

（五）哑铃·俯身单腿后拉

动作要点：

1.受试者俯身；右腿抬起并后伸，与身体成一条直线；双手握哑铃，自然垂于肩部的正下方；背部平直。

2.肩胛骨内收，屈臂，抬肘，将哑铃沿体侧竖直上提至腹部高度（见图8-80）。

3.回到起始姿势，按规定次数重复动作；对侧亦然。

图8-80　哑铃·俯身单腿后拉

（六）哑铃·俯身单臂、单腿对侧后拉

动作要点：

1.受试者站立，双脚间距与肩同宽；身体前倾，直至与地面平行；左手支撑于训练椅上，右手握哑铃，自然垂于肩部的正下方；背部平直。

2.左腿微屈；右腿抬起并后伸，与上身成一条直线，右脚脚面与右腿成90°夹角。

3.右侧肩胛骨内收，屈臂，抬肘，将哑铃沿体侧竖直上提至腹部高度（见图8-81）。

4.回到起始姿势，按规定次数重复动作；对侧亦然。

图8-81　哑铃·俯身单臂、单腿对侧后拉

（七）瑞士球·"W"字形练习

动作要点：

1.受试者俯身；将瑞士球放在腹部的下方，胸部不能贴球，保持背部

平直；双臂放在体侧，上、下臂成90°夹角。

2.双手拇指向上，肩胛骨向内、向下收紧，然后抬起手臂与躯干成"W"字形（见图8-82）。

3.回到起始姿势，按规定次数重复动作。

图8-82　瑞士球·"W"字形练习

（八）瑞士球·单腿抬脚俯卧撑

动作要点：

1.受试者保持俯卧撑姿势；一只脚的脚尖放在瑞士球上，双手撑地，双手间距比肩稍宽，双臂伸直，躯干和肩关节在一个平面内。

2.屈臂，身体下沉，直至胸部几乎接触地面，上臂紧贴躯干（见图8-83）。

3.回到起始姿势，按规定次数重复动作；对侧亦然。

图8-83　瑞士球·单腿抬脚俯卧撑

（九）瑞士球·内收练习

动作要点：

1.受试者俯卧，将瑞士球放在腹部的下方，身体成一条直线；双手握住弹力带的两端，双臂伸直，与躯干垂直。

2.双臂向上抬起，使上、下臂成90°夹角，下臂与地面几乎垂直；同时保持身体稳定，躯干平直（见图8-84）。

3.回到起始姿势，按规定次数重复动作。

图8-84 瑞士球·内收练习

（十）瑞士球·外旋练习

动作要点：

1.受试者俯卧，将瑞士球放在腹部的下方，身体成一条直线；双手握住弹力带的两端，双臂伸直。

2.双臂向后拉，将弹力带拉至头部的后方（见图8-85）；同时保持身体稳定，躯干平直。

3.回到起始姿势，按规定次数重复动作。

图8-85 瑞士球·外旋练习

（十一）药球·单球交替俯卧撑

动作要点：

1.受试者保持俯卧撑姿势；双脚和左手撑地，右手支撑于药球上，左臂伸直，双手间距比肩稍宽，躯干和肩关节在一个平面内。

2.屈臂，身体下沉，直至胸部几乎接触地面，上臂紧贴躯干（见图8-86）；然后迅速推起身体，回到起始位置。

3.将药球推至左手位置，右手撑地，左手撑球。

4.按规定次数重复动作。

图8-86 药球·单球交替俯卧撑

（十二）悬吊带·站姿单腿飞鸟

动作要点：

1.受试者单腿站立，另一条腿屈膝，身体适当前倾；双手握悬吊带把手于胸部的正前方，握距比肩稍宽，双臂伸直。

2.保持躯干和下肢不动，双臂微屈并张开，身体下降至把手高度（见图8-87）；然后双臂内收，回到起始位置。

3.按规定次数重复动作。

图8-87 悬吊带·站姿单腿飞鸟

（十三）悬吊带·站姿单腿胸前推起

动作要点：

1.受试者单腿站立，另一条腿屈膝，身体适当前倾；双手握悬吊带把手于胸部的正前方，握距比肩稍宽，双臂伸直。

2.保持躯干和下肢不动，屈臂，身体下降，直至上、下臂成90°夹角（见图8-88）；然后迅速推起身体。整个过程中要始终保持躯干平直。

3.回到起始姿势，按规定次数重复动作。

图8-88 悬吊带·站姿单腿胸前推起

（十四）弹力带·单臂划船至拉弓

动作要点：

1.受试者前后分腿，面向弹力带站立；一只手握住弹力带的一端，手臂向前伸直。

2.肩胛骨内收，屈臂，将弹力带向后拉至胸前；躯干直立，肩关节处于水平状态（见图8-89）。

3.回到起始姿势，按规定次数重复动作；对侧亦然。

图8-89　弹力带·单臂划船至拉弓

（十五）弹力带·深蹲至划船

动作要点：

1.受试者面向弹力带半蹲；双手握住弹力带的两端，双臂向前伸直；躯干平直（见图8-90）。

2.站起的同时屈臂内收，使双侧肩胛骨收紧，将弹力带拉至胸前。整个过程中要始终保持核心收紧、躯干稳定。

3.回到起始姿势，按规定次数重复动作；对侧亦然。

图 8-90　弹力带·深蹲至划船

# 第九章 肩关节功能评定与训练

肩关节指上肢与躯干连接的部分，包括臂上部、腋窝、胸前区、肩胛骨所在的背部区域等身体很大的一部分。肩关节是上肢最大、最灵活的关节，属于球窝关节。通过本章节的内容，大家可以对肩关节有一个全新的了解。

## 第一节 肩关节解剖结构

肩关节是活动度最大的三维运动关节，由锁骨、肱骨和肩胛骨构成。肩关节周围有大量的肌肉，可以在提高肩关节的灵活性的同时保持其稳定性。肩关节的韧带结构提高了关节的稳定性，防止肩关节过度屈伸。

### 一、肩关节骨骼结构

肩关节由三个骨骼构成，分别是锁骨、肱骨、肩胛骨。

（一）锁骨

位置：横架于胸廓的前上方（见图9-1）。

功能：为肌肉提供附着点。

图9-1　锁骨

（二）肱骨

位置：位于上臂内部（见图9-2）。

功能：为肌肉和韧带提供附着点。

图9-2　肱骨

（三）肩胛骨

位置：贴于胸廓后外侧，位于第2和第7肋骨之间（见图9-3）。

功能：附着肌肉；决定运动方向，如上提、下降、外旋、内旋等。

图9-3　肩胛骨

## 二、肩关节连接结构

肩关节中的韧带结构，如喙肱韧带、喙肩韧带、盂肱韧带、喙锁韧带等，具有加强关节稳定性的作用，能够防止肩关节做过多的屈伸。

（一）喙肱韧带

位置：位于喙突根部外侧缘和肱骨大结节之间（见图9-4）。

功能：限制肩关节的外展和外旋。

图9-4　喙肱韧带

（二）喙肩韧带

位置：位于喙突外侧缘和肩峰尖部前缘之间（见图9-5）。

功能：防止肱骨头向上方脱位。

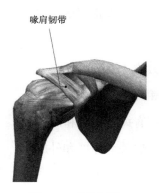

图9-5　喙肩韧带

（三）盂肱韧带

位置：起自肩胛骨关节盂边缘，止于肱骨外科颈（见图9-6）。

组成：分为盂肱上韧带、盂肱中韧带和盂肱下韧带。

功能：稳定肩关节。

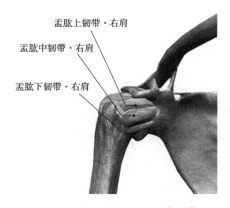

图9-6　盂肱韧带

### 三、肩关节肌肉结构

肩关节周围有大量的肌肉，这些肌肉对促进肩关节完成屈、伸等动作，对保持肩关节的稳定性具有重要的意义。

（一）三角肌前束

起点：锁骨外侧三分之一处。

止点：肱骨三角肌粗隆（见图9-7）。

功能：1.向心收缩：肩关节屈曲和内旋。

2.离心收缩：肩关节伸展和外旋。

3.等长收缩：稳定肩胛骨。

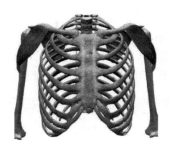

图9-7　三角肌前束

（二）三角肌中束

起点：肩胛骨的肩峰。

止点：肱骨三角肌粗隆（见图9-8）。

功能：1.向心收缩：肩关节外展。

2.离心收缩：肩关节内收。

3.等长收缩：稳定肩胛骨。

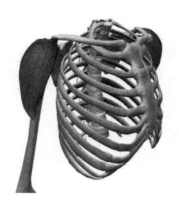

图9-8　三角肌中束

（三）三角肌后束

起点：肩胛冈。

止点：肱骨三角肌粗隆（见图9-9）。

功能：1.向心收缩：肩关节伸展和外旋。

　　　2.离心收缩：肩关节屈曲和内旋。

　　　3.等长收缩：稳定肩胛骨。

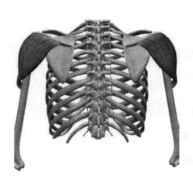

图9-9　三角肌后束

（四）小圆肌

起点：肩胛骨外侧缘。

止点：肱骨大结节（见图9–10）。

功能：1.向心收缩：肩关节外旋。

2.离心收缩：肩关节内旋。

3.等长收缩：稳定肩胛骨。

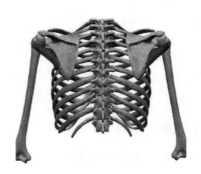

图9–10　小圆肌

（五）大圆肌

起点：肩胛骨的肩胛下角。

止点：肱骨小结节（见图9–11）。

功能：1.向心收缩：肩关节内旋、内收和伸展。

2.离心收缩：肩关节外旋、外展和屈曲。

3.等长收缩：稳定肩胛骨。

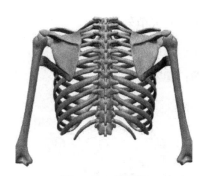

图9-11 大圆肌

（六）冈上肌

起点：肩胛骨的冈上窝。

止点：肱骨大结节的上方（见图9-12）。

功能：1.向心收缩：肩关节外展。

2.离心收缩：肩关节内收。

3.等长收缩：稳定肩胛骨。

图9-12 冈上肌

（七）冈下肌

起点：肩胛骨的冈下窝。

止点：肱骨大结节的中部（见图9-13）。

功能：1.向心收缩：肩关节外旋。

2.离心收缩：肩胛骨内旋。

3.等长收缩：稳定肩胛骨。

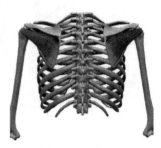

图9-13　冈下肌

（八）肩胛下肌

起点：肩胛骨的肩胛下窝。

止点：肱骨小结节（见图9-14）。

功能：1.向心收缩：肩关节内旋。

2.离心收缩：肩关节外旋。

3.等长收缩：稳定肩胛骨。

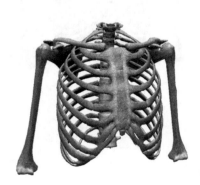

图9-14　肩胛下肌

（九）肩胛提肌

起点：C1 — C4的横突。

止点：肩胛骨的肩胛上角（见图9-15）。

功能：1.向心收缩：颈椎固定时，肩胛骨上提和下回旋。

　　　2.离心收缩：颈椎固定时，肩胛骨下降和上回旋。

　　　3.等长收缩：稳定肩胛骨。

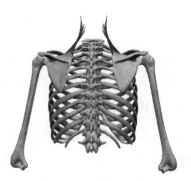

图9-15　肩胛提肌

（十）背阔肌

起点：T7 — T12的棘突、骨盆髂棘、胸腰筋膜、第9 — 第12肋骨。

止点：肩胛骨的肩胛下角、肱骨结节间沟（见图9-16）。

功能：1.向心收缩：肩关节伸展、内收和内旋。

　　　2.离心收缩：肩关节屈曲、外展和外旋。

　　　3.等长收缩：稳定肩胛骨。

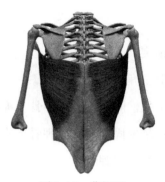

图9-16　背阔肌

（十一）胸大肌

起点：锁骨的前表面、胸骨的前表面、第1—第6肋软骨。

止点：肱骨大结节（见图9-17）。

功能：1.向心收缩：肩关节屈曲、水平内收和内旋。

　　　2.离心收缩：肩关节伸展、水平外展和外旋。

　　　3.等长收缩：稳定肩胛骨。

图9-17　胸大肌

（十二）胸小肌

起点：第3—第5肋骨。

止点：肩胛骨喙突（见图9-18）。

功能：1.向心收缩：肩胛骨前伸。

2.离心收缩：肩胛骨后缩。

3.等长收缩：稳定肩胛骨。

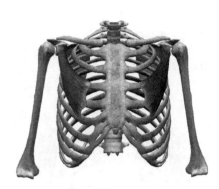

图9-18 胸小肌

（十三）前锯肌

起点：第1—第9肋骨。

止点：肩胛骨内侧缘（见图9-19）。

功能：1.向心收缩：肩胛骨前伸。

2.离心收缩：肩胛骨后缩。

3.等长收缩：稳定肩胛骨。

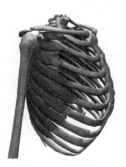

图9-19 前锯肌

（十四）喙肱肌

起点：肩胛骨喙突。

止点：肱骨内侧的中部（见图9-20）。

功能：1.向心收缩：肩胛骨上提。

2.离心收缩：肩胛骨下降。

3.等长收缩：稳定肩胛骨。

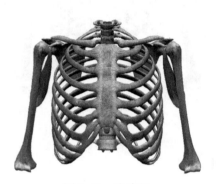

图9-20　喙肱肌

（十五）肱二头肌

起点：短头起自喙突，长头起自肩胛骨盂上结节。

止点：桡骨粗隆（见图9-21）。

功能：1.向心收缩：肩关节屈曲。

2.离心收缩：肩关节伸展。

3.等长收缩：稳定肩胛骨。

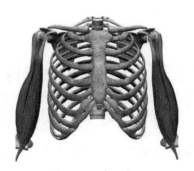

图9-21　肱二头肌

（十六）肱三头肌

起点：长头起自盂下粗隆，外侧头起自肱骨体的后表面，内侧头起自肱骨体的后表面、桡神经沟以下。

止点：尺骨鹰嘴（见图9-22）。

功能：1.向心收缩：肩关节伸展。

　　　2.离心收缩：肩关节屈曲。

　　　3.等长收缩：稳定肩胛骨。

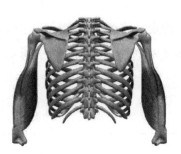

图9-22　肱三头肌

# 第二节　肩关节功能评定

肩关节是人体重要的组成部分，具有灵活性和稳定性。在正常的状态下，肩关节的灵活性主要体现为矢状面方向的屈曲和伸展，冠状面方向的外展和内收，水平面方向的内旋和外旋，稳定性主要体现为防止肩关节过度屈伸、外展等。

## 一、肩关节灵活性评定

根据相邻关节假说，肩关节位于强调稳定性的肩胸关节和肘关节之间，因此其强调灵活性。肩关节灵活性不足，导致能量的泄露和代偿动作的产生，就会增大肩胸关节及肘关节损伤的风险。

肩关节灵活性一般通过以量角器测量肩关节的主动关节活动度和被动关节活动度的方法进行评定，将受试者实际可达到的关节活动范围同正常范围进行比较来确定该关节活动受限的程度。表9-1列出了正常的肩关节的主动关节活动范围。

表 9-1　肩关节活动度

| 动作 | 主动活动度 |
| --- | --- |
| 屈曲 | 160° |
| 伸展 | 50° |
| 外展 | 180° |

续表

| 动作 | 主动活动度 |
| --- | --- |
| 内收 | 50° |
| 水平外展 | 140° |
| 水平内收 | 50° |
| 内旋 | 70° |
| 外旋 | 90° |

（Jackson B H. Joint Motion：Method of Measuring and Recording[J]. American Academy of Orthopaedic Surgeons，1965.）

肩关节灵活性评定方法主要有：

（一）肩关节屈曲

受试者仰卧，肩关节处于中立位。测试者将量角器的中心正对受试者的肩关节外侧，末段距离其肩峰1英寸，使固定臂位于其上胸段的腋中线，移动臂位于其肱骨外侧中线，可以参照肱骨外上髁。受试者节屈曲肩关节，保持躯干平直（见图9-23）。通过测量量角器两边的夹角，可得出肩关节主动屈曲的活动度。然后测试者在此状态下对受试者的肩关节施加一定的继续屈曲的力量，力量不要过大，到受试者无法承受为止；最后测出肩关节被动屈曲的活动度。

图9-23　肩关节屈曲

（二）肩关节伸展

受试者保持坐姿。测试者将量角器的中心正对受试者的肩关节外侧，末段距离其肩峰1英寸，使固定臂位于其上胸段的腋中线，移动臂位于其肱骨外侧中线，可以参照肱骨外上髁。受试者伸展肩关节，保持躯干直立（见图9-24）。通过测量量角器两边的夹角，可得出肩关节主动伸展的活动度。然后测试者在此状态下对受试者的肩关节施加一定的继续伸展的力量，力量不要过大，到受试者无法承受为止；最后测出肩关节被动伸展的活动度。

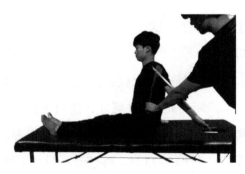

图9-24　肩关节伸展

（三）肩关节外展

受试者保持坐姿或站姿。测试者将量角器的中心正对受试者的肩关节的后表面，使固定臂位于其上胸段的腋下线，移动臂为位于其肱骨外侧中线，可以参照肱骨外上髁。受试者外展肩关节，保持躯干直立（见图9-25）。通过测量量角器两边的夹角，可得出肩关节主动外展的活动度。然后测试者在此状态下对受试者的肩关节施加一定的继续外展的力量，力量不要过大，到受试者无法承受为止；最后测出肩关节被动外展的活动度。

图9-25　肩关节外展

（四）肩关节内收

受试者保持站姿。测试者将量角器的中心正对受试者的肩关节的前表面，使固定臂垂直于地面，移动臂位于其肱骨外侧中线，可以参照肱骨外上髁。受试者内收肩关节，保持躯干直立（见图9-26）。通过测量量角器两边的夹角，可得出肩关节主动内收的活动度。然后测试者在此状态下对受试者的肩关节施加一定的继续内收的力量，力量不要过大，到受试者无法承受为止；最后测出肩关节被动内收的活动度。

图9-26　肩关节内收

（五）肩关节水平外展

受试者保持坐姿；一只手臂侧平举，与地面平行。测试者将量角器的中心正对受试者的肩关节的上表面，使固定臂位于其手臂初始位置，移动臂位于其肱骨中线，可以参照肱骨外上髁。受试者水平外展肩关节，保持躯干直立（见图9-27）。通过测量量角器两边的夹角，可得出肩关节主动水平外展的活动度。然后测试者在此状态下对受试者的肩关节施加一定的继续水平外展的力量，力量不要过大，到受试者无法承受为止；最后测出肩关节被动水平外展的活动度。

图9-27　肩关节水平外展

（六）肩关节水平内收

受试者保持坐姿；一只手臂前平举，与地面平行。测试者将量角器的中心正对受试者的肩关节的上表面，使固定臂位于其手臂初始位置，移动臂位于其肱骨中线，可以参照肱骨外上髁。受试者水平内收肩关节，保持躯干直立（见图9-28）。通过测量量角器两边的夹角，可得出肩关节主动水平内收的活动度。然后测试者在此状态下对受试者的肩关节施加一定的继续水平内收的力量，力量不要过大，到受试者无法承受为止；最后测出肩关节被动水平内收的活动度。

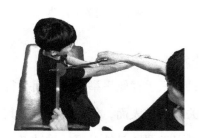

图9-28　肩关节水平内收

（七）肩关节内旋

受试者保持坐姿；上臂紧贴躯干，下臂向前伸直，上、下臂的夹角为90°。测试者将量角器的中心放在受试者的肩关节和上臂的正下方，使固定臂与其下臂平行并垂直于躯干，移动臂位于其尺骨外侧中线，可以参照尺骨茎突和鹰嘴。受试者内旋肩关节，保持躯干直立（见图9-29）。通过测量量角器两边的夹角，可得出肩关节主动内旋的活动度。然后测试者在此状态下对受试者的肩关节施加一定的继续内旋的力量，力量不要过大，到受试者无法承受为止；最后测出肩关节被动内旋的活动度。

图9-29　肩关节内旋

（八）肩关节外旋

受试者保持坐姿；上臂紧贴躯干，下臂向前伸直，上、下臂的夹角为90°。测试者将量角器的中心放在受试者的肩关节和上臂的正下方，使固定臂与其下臂平行并垂直于躯干，移动臂位于其尺骨外侧中线，可以参照尺骨茎突和鹰嘴。受试者外旋肩关节，保持躯干直立（见图9-30）。通过测量量角器两边的夹角，可得出肩关节主动外旋的活动度。然后测试者在此状态下对受试者的肩关节施加一定的继续外旋的力量，力量不要过大，到受试者无法承受为止；最后测出肩关节被动外旋的活动度。

图9-30　肩关节外旋

## 二、肩关节稳定性评定

肩关节虽然是强调灵活性功能的关节，但也离不开稳定性。动作模式灵活性和稳定性的高度统一是创造优异运动成绩的重要基础。肩关节属于球窝关节，使得其在许多方向上都具有较强的灵活性，但也对稳定性有较高的要求。

如果肩关节稳定性出现问题，会使相邻的关节产生代偿动作，造成运动损伤。因此我们需要对肩关节稳定性进行评定。

（一）静态姿势评定

评定方法：

受试者保持标准站立姿势，双腿伸直，躯干直立。测试者通过观察受试者的正面、背面和侧面，对其肩关节进行评定（见图9-31）。

评定标准：

标准动作 —— 受试者的双肩成一条直线，无耸肩、前伸现象。

代偿动作 —— 受试者的双肩一高一低，出现肩关节屈曲和耸肩现象。

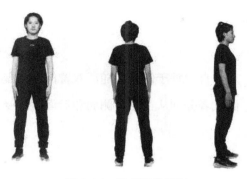

图9-31　静态姿势评定

（二）肩水平外展

评定方法：

受试者站立；双臂前平举，双手拇指朝上；躯干直立；双臂水平外展，直至双臂和躯干在一个平面内。测试者分别从正面、侧面和后面观察受试者肩关节的状态（见图9-32）。

评定标准：

标准动作 —— 受试者的双臂与肩关节成一条直线，躯干和肩关节在一个平面内。

代偿动作 —— 受试者出现耸肩、肩前伸现象。

图9-32　肩水平外展

（三）肩外展

评定方法：

受试者站立，双臂自然垂于体侧；随后双臂向上伸展，直至双臂和躯干在一个平面内。测试者分别从正面、侧面和后面观察受试者肩关节的状态（见图9-33）。

评定标准：

标准动作 —— 受试者的双肩成一条直线，躯干和肩关节在一个平面内。

代偿动作 —— 受试者出现耸肩、肩关节屈曲现象。

图9-33　肩外展

（四）肩旋转

评定方法：

受试者站立；肩外展90°，肘屈曲90°，肱骨平行于地面；内旋上臂，然后外旋上臂，双臂始终与躯干在一个平面内（见图9-34）。测试者分别从正面、侧面和后面观察受试者肩关节的状态。

评定标准：

标准动作 —— 受试者的双肩成一条直线，躯干和肩关节在一个平面内。

代偿动作 —— 受试者出现耸肩、肩前伸、肱骨内旋或外旋现象。

图 9-34 肩旋转

（五）过顶深蹲

评定方法：

受试者双脚平行开立，间距与肩同宽，脚尖朝前；将双臂伸直并举过头顶；下蹲，直至大腿与地面平行，然后回到起始姿势。测试者分别从正面、侧面和后面观察受试者肩关节的状态（见图9-35）。

评定标准：

标准动作 —— 受试者的双臂、肩关节与躯干成一条直线。

代偿动作 —— 受试者的双臂向前落，肩关节不在一条直线上，出现不稳定现象。

图9-35 过顶深蹲

（六）站立划船

评定方法：

受试者前后分腿站立，双脚脚尖朝前，双臂前伸，握住弹力带；将弹力带拉至胸前，然后回到起始位置；躯干处于中立位，肩部保持水平（见图9-36）。测试者分别从侧面和背面观察受试者肩关节的状态。

评定标准：

标准动作 —— 受试者的肩关节和躯干在一个平面内，双肩在一条水平线上。

代偿动作 —— 受试者的双肩不在一条水平线上，出现耸肩现象。

图9-36 站立划船

（七）哑铃过头举

评定方法：

受试者双脚平行开立，间距与肩同宽，脚尖朝前；将哑铃举过头顶，双臂伸直，躯干保持直立，肩部保持水平（见图9-37），然后回到起始姿势。测试者分别从侧面和背面观察受试者肩关节的状态。

评定标准：

标准动作 —— 受试者的肩关节和躯干在一个平面内，双肩在一条水平线上。

代偿动作 —— 受试者的双肩不在一条水平线上，出现耸肩现象。

图9-37　哑铃过头举

# 第三节　肩关节纠正性训练

我们已经对肩关节的功能进行了评定，当肩关节出现功能障碍时，便会被肌体当成"损伤"看待，于是便开始了损伤积累循环的过程。因此，我们需要针对肩关节障碍进行纠正性训练，使其灵活性和稳定性得到改善和提高。

肩关节纠正性训练方法主要包括松解技术、拉长技术、激活技术和整合技术四种。

## 一、松解技术

松解技术即使用泡沫轴、按摩球等工具对肩关节周围的大臂前表面肌群、大臂后表面肌群、背部肌群、肩部肌群等肌肉和运动肌群进行松解，以减小肌肉张力，降低神经、肌肉、筋膜组织的过度活跃状态。

（一）泡沫轴·肱二头肌松解

动作要点：

1.受试者保持俯身跪姿；右臂侧平举，放在泡沫轴上，左手撑地；双腿屈髋、屈膝跪于地面，脚尖撑地（见图9-38）。

2.右手推地带动身体移动，使泡沫轴从肘关节至肩关节来回滚动。

3.在肌肉酸痛点停留一段时间，按规定时间完成动作；对侧亦然。

图9-38　泡沫轴·肱二头肌松解

（二）泡沫轴·肱三头肌松解

动作要点：

1.受试者侧卧；右臂屈肘，将泡沫轴放在上臂的下方，左手于体前撑地；右腿伸直，左腿屈髋、屈膝于身体的后方（见图9-39）。

2.左腿屈伸带动身体移动，使泡沫轴从腋窝至肘关节来回滚动。

3.在肌肉酸痛点停留一段时间，按规定时间完成动作；对侧亦然。

图9-39 泡沫轴·肱三头肌松解

（三）泡沫轴·上背部松解

动作要点：

1.受试者仰卧；双腿屈膝，将泡沫轴放在上背部的下方；双臂交叉，放在胸前，双手分别放在对侧肩上；腹部收紧，使髋关节抬离地面（见图9-40）。

2.双腿带动身体前后移动，使泡沫轴在上背部匀速地来回滚动。

3.在肌肉酸痛点停留一段时间，按规定时间完成动作。

图9-40 泡沫轴·上背部松解

（四）泡沫轴·背阔肌松解

动作要点：

1.受试者侧卧；将泡沫轴放在右臂腋窝处，右臂在头顶方向水平伸直，右手掌心朝下；双腿屈膝，双脚撑地，使髋关节抬离地面（见图9-41）。

2.双腿发力带动身体移动，使泡沫轴从下腰背的一侧至腋窝来回滚动。

3.在肌肉酸痛点停留一段时间，按规定时间完成动作；对侧亦然。

图9-41　泡沫轴·背阔肌松解

（五）泡沫轴·肩胛提肌松解

动作要点：

1.受试者侧卧；将泡沫轴放在颈部的下方，手臂放松（见图9-42）。

2.腿部发力带动身体移动，使泡沫轴在颈侧前后滚动。

3.在肌肉酸痛点停留一段时间，按规定时间完成动作；对侧亦然。

图9-42　泡沫轴·肩胛提肌松解

（六）泡沫轴·菱形肌松解

动作要点：

1.受试者仰卧；将泡沫轴放在胸椎关节的下方，双肘在体侧支撑，髋关节处于中立位（见图9–43）。

2.双臂发力带动身体轻微地左右移动，使泡沫轴在两肩胛骨之间滚动。

3.在肌肉酸痛点停留一段时间，按规定时间完成动作。

图9–43　泡沫轴·菱形肌松解

（七）按摩球·喙肱肌松解

动作要点：

1.受试者侧卧，屈髋、屈膝；右臂上臂与身体垂直，将按摩球放在右肩外侧（见图9–44）。

2.调整位置直至找到酸痛点，左手下压右臂使按摩球加压于肩后位置。

3.在肌肉酸痛点停留一段时间，按规定时间完成动作；对侧亦然。

图9-44　按摩球·喙肱肌松解

（八）按摩球·三角肌前束松解

动作要点：

1.受试者保持坐姿或站姿，躯干直立，将按摩球放在三角肌的前表面（见图9-45）。

2.双手按压按摩球，被按压侧肩关节后展，按压几秒后在周围进行滚动按压。

3.在肌肉酸痛点停留一段时间，按规定时间完成动作；对侧亦然。

图9-45　按摩球·三角肌前束松解

（九）按摩球·三角肌后束松解

动作要点：

1.受试者侧卧，躯干略向后倾斜；将按摩球放在三角肌后窝位置；同侧手臂向前伸直，掌心朝上（见图9-46）。

2.按压几秒后在周围进行滚动按压，在刺痛点缓慢地进行手臂屈伸运动。

3.在肌肉酸痛点停留一段时间，按规定时间完成动作；对侧亦然。

图9-46　按摩球·三角肌后束松解

（十）按摩球·冈下肌松解

动作要点：

1.受试者靠墙站立；将按摩球放在肩胛骨内侧和脊柱外侧之间；双臂放松，自然下垂。

2.静止按压并保持5—10秒；同时头部向后下方转动，或者缓慢地举起按压侧手臂（见图9-47）。

3.在肌肉酸痛点停留一段时间，按规定时间完成动作；对侧亦然。

图9-47　按摩球·冈下肌松解

（十一）按摩球·胸大肌松解

动作要点：

1.受试者俯卧，将按摩球放在左侧胸大肌处、腋窝之上（见图9-48）。

2.调整位置直至找到酸痛点，左臂摆动带动按摩球加压滚动。

3.在肌肉酸痛点停留一段时间，按规定时间完成动作；对侧亦然。

图9-48　按摩球·胸大肌松解

（十二）花生球·菱形肌松解

动作要点：

1.受试者仰卧，将花生球放在胸椎关节的下方，双脚脚后跟着地。

2.双手抱头，双肘夹紧；仰卧时吸气，卷腹时呼气；在最高点停留3秒，回到起始姿势（见图9-49）。

3.在肌肉酸痛点停留一段时间，按规定时间完成动作。

图9-49　花生球·菱形肌松解

## 二、拉长技术

拉长技术即利用静态拉伸和PNF拉伸对肩关节周围那些过度活跃或被压缩的神经、肌肉、筋膜组织进行拉长，恢复肩关节的关节活动度，增加肌肉组织的延展性，使肩关节更好地完成相关动作。

（一）静态拉伸

1.肱二头肌拉伸

动作要点：

（1）受试者前后分腿站立，抬头，挺胸；右腿在前，右手自然放在右膝上；左臂在身体的后方抬起，左手掌心朝外抓住牵拉架或其他辅助工具。

（2）保持左臂伸直的同时，逐渐下蹲（见图9-50），直至肱二头肌有中等强度的牵拉感。

（3）按规定时间保持姿势，对侧亦然。

图9-50 肱二头肌拉伸

2.肱三头肌拉伸

动作要点：

（1）受试者站立，抬头，挺胸；抬左臂直至肘部靠近左耳，左手靠近右侧肩胛骨。

（2）右手抓住左肘，向头部的后方拉（见图9-51），直至肱三头肌有中等强度的牵拉感。

（3）按规定时间保持姿势，对侧亦然。

图9-51　肱三头肌拉伸

3.胸大肌拉伸

动作要点：

（1）受试者站立，抬头，挺胸；左臂自然垂于体侧，右臂抬起，上、下臂成90°夹角，下臂抵住牵拉架或其他辅助工具（见图9-52）。

（2）保持背部挺直的同时，身体逐渐前倾，直至胸大肌有中等强度的牵拉感。

（3）按规定时间保持姿势，对侧亦然。

图9-52　胸大肌拉伸

4.胸小肌拉伸

动作要点

（1）受试者前后分腿站立，抬头，挺胸；双臂伸直，双手手指于背后相扣（见图9-53）。

（2）保持身体直立的同时，尽量将肩胛骨向下拉，缓慢地向上抬臂，直至胸小肌有中等强度的牵拉感。

（3）按规定时间保持姿势。

图9-53　胸小肌拉伸

5.肩胛下肌拉伸

动作要点

（1）受试者站立，抬头，挺胸；右手自然垂于体侧，左手掌心朝外抓住牵拉架或其他辅助工具，左臂上、下臂成90°夹角（见图9-54）。

（2）保持身体不动的同时，内旋左臂，尽力推牵拉架或其他辅助工具，直至肩胛下肌有中等强度的牵拉感。

（3）按规定时间保持姿势，对侧亦然。

图9-54　肩胛下肌拉伸

6.肩胛提肌拉伸

动作要点：

（1）受试者盘腿坐在垫上，躯干直立，双肩处于水平状态；右手放在头部左侧，左手于身后撑地（见图9-55）。

（2）右手轻轻地用力，将头拉向右肩，拉伸轨迹保持在额状面上，躯干保持不动，直至肩胛提肌有中等强度的牵拉感。

（3）按规定时间保持姿势，对侧亦然。

图9-55　肩胛提肌拉伸

7. 斜方肌拉伸

动作要点：

（1）受试者站立，下肢微屈；双臂伸直并于体前交叉，双手掌心朝前。

（2）双臂向前移动，胸部向内夹紧并微微弯腰、屈膝（见图9-56），直至斜方肌有中等强度的牵拉感。

（3）按规定时间保持姿势。

图9-56　斜方肌拉伸

8. 背阔肌拉伸

动作要点：

（1）受试者站立，抬头，挺胸；双臂向上伸直，双手抓住牵拉架或其他辅助工具，握距比肩稍宽（见图9-57）。

（2）屈膝，身体逐渐下沉，双臂伸展，直至背阔肌有中等强度的牵拉感。

（3）按规定时间保持姿势。

图9-57　背阔肌拉伸

9.三角肌前束拉伸

动作要点：

（1）受试者屈髋、屈膝坐在垫上；双手于身后撑地，掌心朝下，拇指朝内（见图9-58）。

（2）背部挺直，双臂伸直支撑躯干，双手向后移动，使双臂尽可能地后伸。要避免肘关节过度拉伸，直至三角肌前束有中等强度的牵拉感。

（3）按规定时间保持姿势。

图9-58　三角肌前束拉伸

10.三角肌中束拉伸

动作要点：

（1）受试者站立，双腿伸直，躯干直立；左臂于背后屈曲。

（2）右手握住左侧腕关节，将左臂上臂向右侧拉动，直至三角肌中束有中等强度的牵拉感（见图9-59）。

（3）按规定时间保持姿势，对侧亦然。

图9-59　三角肌中束拉伸

11. **三角肌后束拉伸**

动作要点：

（1）受试者站立；左臂前平举，左手拇指朝下，右臂屈臂夹住左臂，双肩处于水平状态。

（2）右臂将左臂向右侧拉动，左臂始终处于伸直状态，左侧肘关节低于右侧肩关节（见图9-60），直至三角肌后束有中等强度的牵拉感。

（3）按规定时间保持姿势，对侧亦然。

图9-60 三角肌后束拉伸

12. **肩内旋肌群拉伸**

动作要点：

（1）受试者站在柱子或墙体旁边；左臂上臂紧贴躯干，上、下臂成90°夹角，左手抓住柱子或墙体。

（2）右手拉住左臂上臂使其紧贴躯干（见图9-61），以左侧肩关节为轴，身体向右侧旋转，直至肩内旋肌群有中等强度的牵拉感。

（3）按规定时间保持姿势，对侧亦然。

图9-61　肩内旋肌群拉伸

13.肩外旋肌群拉伸

动作要点：

（1）受试者右侧卧在垫上；右侧肩关节前屈90°，肘关节屈曲90°，左臂下臂与地面垂直，右臂上臂紧贴垫子。

（2）左手握住右侧腕关节，用力缓慢地将右臂下臂向下压（见图9-62），直至肩外旋肌群有中等强度的牵拉感。

（3）按规定时间保持姿势，对侧亦然。

图9-62　肩外旋肌群拉伸

（二）PNF拉伸

1.PNF拉伸·肩内旋肌群

动作要点：

（1）受试者仰卧；左侧肩关节外展90°，左臂上、下臂成90°夹角，右臂放松，放在按摩床上。

（2）牵拉者站在受试者左侧；左手固定其左侧肩关节，右手握住其左臂下臂，将其下臂向下压（见图9-63）。

（3）受试者内旋肩关节，对抗牵拉者施加的阻力；牵拉者协助受试者做左侧内肩旋肌群等长收缩并保持6秒。

（4）等长收缩后，回到起始位置，让受试者放松并深吸气。

（5）受试者呼气，收缩肩内旋肌群，将下臂抬离床面；可进一步加大对左侧肩内旋肌群的牵拉幅度。

（6）按规定次数重复动作，对侧亦然。

图9-63　PNF拉伸·肩内旋肌群

2.PNF拉伸·肩外旋肌群

动作要点：

（1）受试者仰卧；左侧肩关节外展90°，左臂上、下臂成90°夹角，下臂与地面平行。

（2）牵拉者站在受试者左侧；右手固定其左侧肩关节，左手握住其左臂下臂，将其下臂向下压（见图9-64）。

（3）受试者外旋肩关节，对抗牵拉者施加的阻力；牵拉者协助受试者做左侧肩外旋肌群等长收缩并保持6秒。

（4）等长收缩后，回到起始位置，让受试者放松并深吸气。

（5）受试者呼气，收缩肩外旋肌群，将下臂抬离床面；可进一步加大对左侧肩外旋肌群的牵拉幅度。

（6）按规定次数重复动作，对侧亦然。

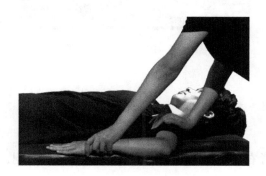

图9-64　PNF拉伸·肩外旋肌群

3.PNF拉伸·前锯肌

动作要点：

（1）受试者俯卧；双臂放松，放在身体两侧；双腿伸直。

（2）牵拉者站在受试者左侧，双手手指的指腹放在其右侧肩胛骨的外侧缘（见图9-65），并指导其向脊柱方向回缩肩胛骨。

（3）受试者前伸右侧肩胛骨，对抗牵拉者施加的阻力；牵拉者协助受试者做右侧前锯肌等长收缩并保持6秒。

（4）等长收缩后，回到起始位置，让受试者放松并深吸气。

（5）受试者呼气，收缩菱形肌拉动肩胛骨靠近脊柱；可进一步加大对右侧前锯肌的牵拉幅度。

（6）按规定次数重复动作，对侧亦然。

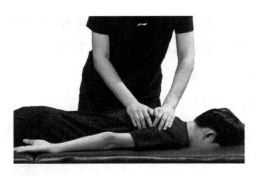

图9-65　PNF拉伸·前锯肌

4.PNF拉伸·菱形肌

动作要点：

（1）受试者右侧卧；头枕在右臂上，左臂伸向右侧，使肩胛骨远离脊柱。

（2）牵拉者蹲在受试者身后；双手放在其左侧肩胛骨上，双手拇指呈对接状放在其肩胛骨的内侧缘（见图9-66）。

（3）受试者缓慢地向脊柱方向回缩肩胛骨，对抗牵拉者施加的阻力；牵拉者协助受试者做菱形肌等长收缩并保持6秒。

（4）等长收缩后，回到起始位置，让受试者放松并深吸气。

（5）受试者呼气并向更远处伸左臂，可进一步加大对菱形肌的牵拉幅度。

（6）按规定次数重复动作，对侧亦然。

图9-66 PNF拉伸·菱形肌

5.PNF拉伸·冈下肌

动作要点：

（1）受试者俯卧，将脸放在按摩床的护脸圈中；右侧肩关节外展90°，右臂上、下臂成90°夹角，左臂放松，放在按摩床上。

（2）牵拉者站在受试者右侧，左手握住其右侧腕关节，右手放在其右肘处（见图9-67）。

（3）受试者逐渐外旋右臂，对抗牵拉者施加的阻力；牵拉者协助受试者做右侧冈下肌等长收缩并保持6秒。

（4）等长收缩后，回到起始位置，让受试者放松并深吸气。

（5）受试者继续完成右臂内旋动作，呼气并主动收缩肩胛下肌；可进一步加大对右侧冈下肌的牵拉幅度。

（6）按规定次数重复动作，对侧亦然。

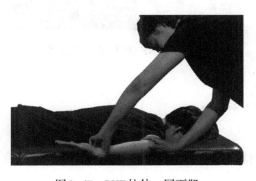

图9-67 PNF拉伸·冈下肌

6.PNF拉伸·斜方肌上束

动作要点：

（1）受试者仰卧；在无痛的情况下，尽量向右侧旋转头部，尽可能地收下颌。

（2）牵拉者站在受试者头部左上方45°位置；左手放在其枕骨位置，右手放在其左肩上（见图9-68）。

（3）受试者缓慢地旋转头部，使其向左肩靠近，对抗牵拉者施加的阻力；牵拉者协助受试者做左侧斜方肌上束等长收缩并保持6秒。

（4）等长收缩后，回到起始位置，让受试者放松并深吸气。

（5）受试者呼气，更大幅度地向右侧旋转头部，收下颌，同时，更大幅度地向下拉左肩；可进一步加大对左侧斜方肌上束的牵拉幅度。

（6）按规定次数重复动作，对侧亦然。

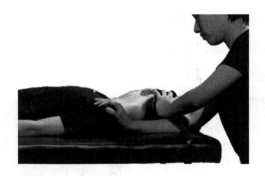

图9-68　PNF拉伸·斜方肌上束

7.PNF拉伸·肱二头肌

动作要点：

（1）受试者仰卧；左肩位于按摩床的边缘，左臂伸直，同时肩关节最大限度地后伸。

（2）牵拉者单膝蹲在受试者左侧，左手固定其左肩的前表面，右手握住其同侧腕关节（见图9-69）。

（3）受试者缓慢地屈肩、屈肘，下臂用力旋后，对抗牵拉者施加的阻力；牵拉者协助受试者做肱二头肌等长收缩并保持6秒。

（4）等长收缩后，回到起始位置，让受试者放松并深吸气。

（5）受试者主动收缩肱三头肌，同时，进一步伸展左臂上臂；可进一步加大对肱二头肌的牵拉幅度。

（6）按规定次数重复动作，对侧亦然。

图9-69　PNF拉伸·肱二头肌

8.PNF拉伸·肱三头肌

动作要点：

（1）受试者俯卧，将脸放在按摩床的护脸圈中；右肩和右肘屈曲，右臂上臂尽可能地靠近耳朵。

（2）牵拉者站在牵拉者右侧；右手握住其右肘的后表面，左手握住其同侧腕关节（见图9-70）。

（3）受试者缓慢地在头部方向伸肘，对抗牵拉者施加的阻力；牵拉者协助受试者做肱三头肌等长收缩并保持6秒。

（4）等长收缩后，回到起始位置，让受试者放松并深吸气。

（5）受试者主动收缩肱二头肌，同时，向背后更远处伸展右臂；可进一步加大对肱三头肌的牵拉幅度。

（6）按规定次数重复动作，对侧亦然。

图9-70　PNF拉伸·肱三头肌

9.PNF拉伸·胸大肌

动作要点：

（1）受试者俯卧，将脸放在按摩床的护脸圈中；右侧肩关节外展90°，右臂上、下臂成90°夹角，左臂放松，放在按摩床上。

（2）牵拉者弓步蹲在受试者右侧；用右臂下臂和右手支撑受试者的右臂下臂和右手，与其贴紧（见图9-71）。

（3）受试者尽可能地抬高右臂上臂并保持下臂处于水平位，胸部不能离开床面；然后缓慢地从肘部开始收缩，将手臂缩回至胸前，做右侧胸大肌等长收缩并保持6秒。

（4）等长收缩后，回到起始位置，让受试者放松并深吸气。

（5）受试者进一步抬高右臂上臂，同时，保持下臂处于水平位；可进一步加大对右侧胸大肌的牵拉幅度。

（6）按规定次数重复动作，对侧亦然。

图9-71　PNF拉伸·胸大肌

10.PNF拉伸·胸小肌

动作要点：

（1）受试者仰卧，右臂自然放在体侧，双腿屈膝。

（2）牵拉者弓步蹲在受试者左侧；左手握住其左手，右手放在其左肩的前表面（见图9-72）。

（3）受试者尽可能地使肩部靠近床面，同时，使肩胛骨向后下方移动，牵拉者可以辅助受试者完成这一动作；受试者缓慢地向上方用力，然后做左侧胸小肌等长收缩并保持6秒。

（4）等长收缩后，回到起始位置，让受试者放松并深吸气。

（5）受试者再次使肩部靠近床面，肩胛骨向后下方移动；可进一步加大对左侧胸小肌的牵拉幅度。

（6）按规定次数重复动作，对侧亦然。

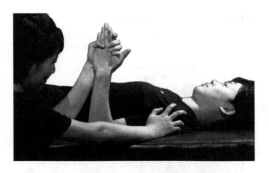

图9-72　PNF拉伸·胸小肌

11.PNF拉伸·肩胛下肌

动作要点：

（1）受试者仰卧；左侧肩关节外展90°，左臂上、下臂成90°夹角，右臂放松，放在按摩床上。

（2）牵拉者站在受试者左侧；右手握住其左侧腕关节，左手协助其做同侧肩胛下肌等长收缩并保持6秒（见图9-73）。

（3）等长收缩后，回到起始位置，让受试者放松并深吸气。

（4）受试者继续完成左臂内旋动作，呼气并主动收缩冈下肌；可进一步加大对左侧肩胛下肌的牵拉幅度。

（5）按规定次数重复动作，对侧亦然。

图9-73　PNF拉伸·肩胛下肌

12.PNF拉伸·肩胛提肌

动作要点：

（1）受试者仰卧；在无痛的情况下，尽量向右侧旋转头部，尽可能地收下颌。

（2）牵拉者站在受试者头部左上方45°位置；左手放在其枕骨位置，右手放在其左肩上（见图9-74）。

（3）受试者缓慢地旋转头部，使其向左肩靠近，对抗牵拉者施加的阻力；牵拉者协助受试者做左侧肩胛提肌等长收缩并保持6秒。

（4）等长收缩后，回到起始位置，让受试者放松并深吸气。

（5）受试者呼气，更大幅度地向右侧旋转头部，收下颌，同时，更大幅度地向下拉左肩；可进一步加大对左侧肩胛提肌的牵拉幅度。

（6）按规定次数重复动作，对侧亦然。

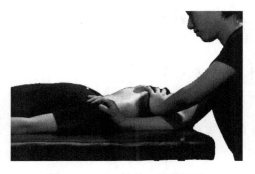

图9-74　PNF拉伸·肩胛提肌

13.PNF拉伸·背阔肌

动作要点：

（1）受试者俯卧；双臂向前伸展并外旋，双腿伸直。

（2）牵拉者弓步站在受试者头顶方向，双手紧握住其手腕（见图

9-75）。

（3）受试者缓慢地内旋双臂，使其靠向体侧，然后做背阔肌等长收缩并保持6秒。

（4）等长收缩后，回到起始位置，让受试者放松并深吸气。

（5）受试者继续向前伸展手臂，更大幅度地外旋手臂；可进一步加大对背阔肌的牵拉幅度。

（6）按规定次数重复动作。

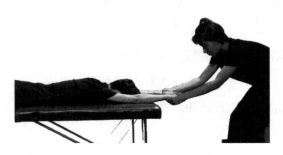

图9-75　PNF拉伸·背阔肌

14.PNF拉伸·三角肌前束

动作要点：

（1）受试者盘腿坐在垫上，躯干直立；肩部处于水平状态，双臂后伸。

（2）牵拉者单膝跪在受试者身后；双手握住其肘关节的前表面，将其双臂向后上方拉动。整个过程中受试者要始终保持躯干直立（见图9-76）。

（3）受试者缓慢地向前拉动肘关节，然后做三角肌前束等长收缩并保持6秒。

（4）等长收缩后，回到起始位置，让受试者放松并深吸气。

（5）受试者加大向前拉动肘关节的幅度，可进一步加大对三角肌前束的牵拉幅度。

（6）按规定次数重复动作。

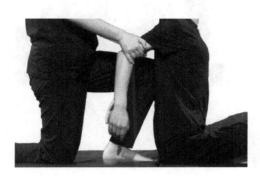

图9-76　PNF拉伸·三角肌前束

15.PNF拉伸·三角肌中束

动作要点：

（1）受试者盘腿坐在垫上，躯干直立；肩部处于水平状态，右手放在背后。

（2）牵拉者单膝跪在受试者左侧；左手扶住其左肩以固定其身体，右手握住其右侧腕关节，将其右臂下臂拉向左肩（见图9-77）。

（3）受试者缓慢地向外侧伸展右侧肘关节，然后做三角肌中束等长收缩并保持6秒。

（4）等长收缩后，回到起始位置，让受试者放松并深吸气。

（5）受试者加大右侧肘关节外展的幅度，可进一步加大对三角肌中束的牵拉幅度。

（6）按规定次数重复动作，对侧亦然。

图9-77　PNF拉伸·三角肌中束

**16.PNF拉伸·三角肌后束**

动作要点：

（1）受试者盘腿坐在垫上，躯干直立；肩部处于水平状态，右臂向前伸直。

（2）牵拉者站在受试者身后；右手固定其右侧肩胛骨，左手握住其同侧肘关节，将其右臂上臂拉向左肩，使上臂贴在胸前（见图9-78）。

（3）受试者缓慢地向外伸展右臂，然后做三角肌后束等长收缩并保持6秒。

（4）等长收缩后，回到起始位置，让受试者放松并深吸气。

（5）受试者加大右臂外展的幅度和肘关节外旋的幅度，可进一步加大对三角肌后束的牵拉幅度。

（6）按规定次数重复动作，对侧亦然。

图9-78　PNF拉伸·三角肌后束

## 三、激活技术

激活技术即通过分离强化和定位等长对肩关节进行训练，目的是刺激肩关节周围不够活跃的肌肉，通过向心、离心训练和定位等长运动增强肩关节的灵活性和稳定性。

（一）分离强化训练

1. "I/Y"字形站姿

动作要点：

（1）受试者保持运动姿势；抬头，挺胸，背部平直，双臂自然垂于体侧。

（2）双侧肩胛骨向上、向内收紧；抬起双臂，举过头顶，与躯干成"I"或"Y"字形；躯干保持平直（见图9-79）。

（3）回到起始姿势，按规定次数重复动作。

图9-79 "I/Y"字形站姿

## 2. "T"字形站姿

动作要点：

（1）受试者保持运动姿势；抬头，挺胸，背部平直，双手放在体侧。

（2）双侧肩胛骨向上、向内收紧，然后双手侧向抬起，与躯干成"T"字形，躯干保持平直（见图9-80）。

（3）回到起始姿势，按规定次数重复动作。

图9-80 "T"字形站姿

## 3. 仰卧肩屈伸

动作要点：

（1）受试者仰卧；双脚脚掌着地，屈膝；肩关节下沉，躯干紧贴地面；双臂自然放在体侧，掌心朝下。

（2）吸气，举起双臂，向头顶方向伸（见图9-81）；呼气，收紧腹部，双臂从体侧还原至初始位置。

（3）按规定次数重复动作。

图9-81　仰卧肩屈伸

4.仰卧肩绕环

动作要点：

（1）受试者仰卧，双脚脚掌着地，屈膝；肩关节下沉，躯干紧贴地面；双臂向上伸直。

（2）双臂向脚尖方向移动，接触地面时侧平举，然后移动到耳朵两侧（见图9-82）。

（3）回到起始姿势，按规定次数重复动作。

图9-82　仰卧肩绕环

5.哑铃·站姿前平举

动作要点：

（1）受试者站立，躯干直立；肩关节处于中立位；双手握哑铃，自然垂于体侧，肘关节微屈。

（2）保持肘关节微屈，双臂前平举，与地面平行，肩部处于水平状态（见图9-83），不能出现耸肩现象。

（3）回到起始姿势，按规定次数重复动作。

图9-83　哑铃·站姿前平举

6.哑铃·站姿侧平举

动作要点：

（1）受试者站立，躯干直立，肩关节处于中立位；双手握哑铃，自然垂于体侧，肘关节微屈。

（2）保持肘关节微屈，双臂侧平举至肩部高度，肩部处于水平状态（见图9-84），不能出现耸肩现象。

（3）回到起始姿势，按规定次数重复动作。

图9-84　哑铃·站姿侧平举

7.哑铃·过头侧举

动作要点：

（1）受试者站立，躯干直立，肩关节处于中立位；双手反握哑铃，自然垂于体前，肘关节微屈。

（2）保持肘关节微屈，双臂在体侧抬起至肩部的正上方，肩部处于水平状态（见图9-85），不能出现耸肩现象。

（3）回到起始姿势，按规定次数重复动作。

图9-85　哑铃·过头侧举

8.哑铃·站姿提拉

动作要点：

（1）受试者站立，躯干直立，肩关节处于中立位；双手握哑铃，自然垂于体前，肘关节微屈。

（2）双肩后缩，肘关节上提，垂直向上拉起哑铃至胸部高度，肩部处于水平状态（见图9-86），不能出现耸肩现象。

（3）回到起始姿势，按规定次数重复动作。

图9-86　哑铃·站姿提拉

9.哑铃·坐姿上举

动作要点：

（1）受试者保持坐姿，躯干直立，肩关节处于中立位；双手持哑铃，双臂外展，上臂与地面平行，上、下臂夹角为90°。

（2）双臂向上举起，将哑铃推至肩关节的正上方，双臂伸直，肩部处于水平状态（见图9-87），不能出现耸肩现象。

（3）回到起始姿势，按规定次数重复动作。

图9-87　哑铃·坐姿上举

10.哑铃·仰卧水平内收

动作要点：

（1）受试者仰卧；双脚脚掌着地，屈膝；肩关节下沉，躯干紧贴地面；双手握小重量哑铃，双臂侧平举，放在体侧。

（2）呼气，双臂内收并向上伸直（见图9-88）。

（3）回到起始姿势，按规定次数重复动作。

图9-88　哑铃·仰卧水平内收

11.哑铃·俯卧肩外展

动作要点：

（1）受试者俯卧在多功能训练椅上，将训练椅的倾斜角度调至30°左右；双手握哑铃，自然垂于肩部的下方，肘关节微屈。

（2）保持肘关节微屈，双臂侧平举，几乎与地面平行（见图9-89）。

（3）回到起始姿势，按规定次数重复动作。

图9-89　哑铃·俯卧肩外展

12.弹力带·肩上举

动作要点：

（1）受试者站立或保持坐姿，躯干直立，肩关节处于中立位；将弹力带固定在体前，双手握住弹力带的两端，将其举至颈前，握距稍宽于肩。

（2）将弹力带竖直举至肩部的正上方，双臂伸直，肩部处于水平状态（见图9-90），不能出现耸肩现象。

（3）回到起始姿势，按规定次数重复动作。

图9-90 弹力带·肩上举

13.弹力带·站姿飞鸟

动作要点：

（1）受试者背对弹力带前后分腿站立，双手握住弹力带的两端于腰部高度；身体适当前倾，躯干处于中立位。

（2）保持躯干位置和肘关节角度不变，双臂内收，将弹力带拉向身体的正前方，直至掌心相对。整个过程要始终保持躯干平直，肩关节在一条水平线上（见图9-91）。

（3）回到起始姿势，按规定次数重复动作。

图9-91 弹力带·站姿飞鸟

（二）定位等长训练

1. 背阔肌训练

动作要点：

（1）受试者俯卧；一只手臂叉腰，肘关节向上抬，使肩胛骨后缩到最大限度。

（2）牵拉者站在受试者体侧；一手放在其叉腰的手臂下臂处，一手放在其对侧肩关节处（见图9-92）。牵拉者对受试者的手臂施加与抬高相反的力，受试者对抗其阻力。

（3）牵拉者施加肩胛骨后缩的阻力分别为最大主动收缩力量（MVC）的25%、50%、75%和100%，保持4秒等长收缩（每次收缩间歇2秒）。

（4）按规定次数重复动作，对侧亦然。

图9-92　背阔肌训练

2. 屈曲肌群训练

动作要点：

（1）受试者保持坐姿或站姿，双臂自然垂于体侧；一只手臂向上伸直，做肩关节屈曲动作到最大限度。

（2）牵拉者站在受试者体侧；一手放在其向上伸直的手臂下臂处，一手放在其同侧肩胛骨处（见图9-93）。牵拉者对受试者的肩关节施加与屈曲相反的力，受试者对抗其阻力。

（3）牵拉者施加肩关节屈曲的阻力分别为最大主动收缩力量（MVC）的25%、50%、75%和100%，保持4秒等长收缩（每次收缩间歇2秒）。

（4）按规定次数重复动作，对侧亦然。

图9-93　屈曲肌群训练

### 3.伸展肌群训练

动作要点：

（1）受试者保持坐姿或站姿，双臂自然垂于体侧；一只手臂向后伸展，做肩关节伸展动作到最大限度。

（2）牵拉者站在受试者身后；一手放在其向后伸展的手臂下臂处，一手放在其对侧肩关节处（见图9-94）。牵拉者对受试者的肩关节施加与伸展相反的力，受试者对抗其阻力。

（3）牵拉者施加肩关节伸展的阻力分别为最大主动收缩力量（MVC）的25%、50%、75%和100%，保持4秒等长收缩（每次收缩间歇2秒）。

（4）按规定次数重复动作，对侧亦然。

图9-94　伸展肌群训练

**4. 外展肌群训练**

动作要点：

（1）受试者保持坐姿；一只手臂从体侧抬起，做肩关节外展动作到最大限度。

（2）牵拉者站在受试者体侧；一手放在其抬起的手臂腕关节处，一手放在其同侧肩关节处（见图9-95）。牵拉者对受试者的肩关节施加与外展相反的力，受试者对抗其阻力。

（3）牵拉者施加肩关节外展的阻力分别为最大主动收缩力量（MVC）的25%、50%、75%和100%，保持4秒等长收缩（每次收缩间歇2秒）。

（4）按规定次数重复动作，对侧亦然。

图9-95　外展肌群训练

5. 内收肌群训练

动作要点：

（1）受试者保持站姿或坐姿；一只手臂从体侧向下内收，做肩关节内收动作到最大限度。

（2）牵拉者站在受试者身后；一手放在其向下内收的手臂腕关节处，一手放在其同侧肩关节处（见图9-96）。牵拉者对受试者的肩关节施加与内收相反的力，受试者对抗其阻力。

（3）牵拉者施加肩关节内收的阻力分别为最大主动收缩力量（MVC）的25%、50%、75%和100%，保持4秒等长收缩（每次收缩间歇2秒）。

（4）按规定次数重复动作，对侧亦然。

图9-96　内收肌群训练

6. 水平外展肌群训练

动作要点：

（1）受试者保持站姿或坐姿；一只手臂向外侧伸展，与地面保持平行，做肩关节水平外展动作到最大限度。

（2）牵拉者站在受试者身后；一手握住其向外侧伸展的手臂腕关节，一手放在其对侧肩关节处（见图9-97）。牵拉者对受试者的肩关节施加与水平外展相反的力，受试者对抗其阻力。

（3）牵拉者施加肩关节水平外展的阻力分别为最大主动收缩力量（MVC）的25％、50％、75％和100％，保持4秒等长收缩（每次收缩间歇2秒）。

（4）按规定次数重复动作，对侧亦然。

图9-97　水平外展肌群训练

7.水平内收肌群训练

动作要点：

（1）受试者保持站姿或坐姿；一只手臂向前伸直，然后内收，与地面平行，做肩关节水平内收动作到最大限度。

（2）牵拉者站在受试者体侧；一手握住其向前伸直的手臂腕关节，一手放在其同侧肩胛骨处（见图9-98）。牵拉者对受试者的肩关节施加与水平内收相反的力，受试者对抗其阻力。

（3）牵拉者施加肩关节水平内收的阻力分别为最大主动收缩力量（MVC）的25％、50％、75％和100％，保持4秒等长收缩（每次收缩间歇2秒）。

（4）按规定次数重复动作，对侧亦然。

图9-98　水平内收肌群训练

### 8.内旋肌群训练

动作要点:

（1）受试者站立；一只手臂上臂紧贴躯干，下臂水平前伸，上、下臂夹角为90°，做肩关节内旋动作，使肩关节内旋到最大限度。

（2）牵拉者站在受试者体侧；一手握住其内旋手臂腕关节，一手放在其同侧肩关节处（见图9-99）。牵拉者对受试者的肩关节施加与内旋相反的力，受试者对抗其阻力。

（3）牵拉者施加肩关节内旋的阻力分别为最大主动收缩力量（MVC）的25%、50%、75%和100%，保持4秒等长收缩（每次收缩间歇2秒）。

（4）按规定次数重复动作，对侧亦然。

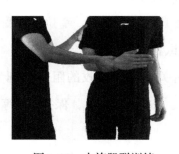

图9-99　内旋肌群训练

9.外旋肌群训练

动作要点：

（1）受试者站立；一只手臂上臂紧贴躯干，下臂水平前伸，上、下臂夹角为90°，做肩关节外旋动作到最大限度。

（2）牵拉者站在受试者体侧；一手握住其外旋手臂腕关节，一手放在其同侧肩关节处（见图9–100）。牵拉者对受试者的肩关节施加与外旋相反的力，受试者对抗其阻力。

（3）牵拉者施加肩关节外旋的阻力分别为最大主动收缩力量（MVC）的25%、50%、75%和100%，保持4秒等长收缩（每次收缩间歇2秒）。

（4）按规定次数重复动作，对侧亦然。

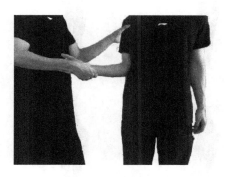

图9–100 外旋肌群训练

## 四、整合技术

整合技术即通过多平面、多关节的动态动作练习对肩关节进行再训练，重塑肩关节良好的神经控制能力，提高肌肉的协调性，使其成为一个具有功能性的关节，减少运动损伤的发生。

（一）"L"字形站姿

动作要点：

1.受试者保持运动姿势；抬头，挺胸，背部平直，双臂自然垂于体侧，肩关节处于中立位。

2.肩胛骨向内收紧，肘关节上抬，直至双臂上、下臂成90°夹角；然后下臂向上抬起，与上臂成"L"字形，双臂再向上伸直，与躯干成"Y"字形；躯干平直（见图9-101）。

3.回到起始姿势，按规定次数重复动作。

图9-101 "L"字形站姿

（二）瑞士球·"Y"字形练习

动作要点：

1.受试者俯卧；将瑞士球放在腹部的下方，身体成一条直线；双手持小重量哑铃，双臂伸直，与身体垂直。

2.双臂向斜上方抬起，与身体成"Y"字形，并与身体在同一平面内

（见图9-102）；同时保持身体稳定、平直。

3.回到起始姿势，按规定次数重复动作。

图9-102　瑞士球·"Y"字形练习

（三）瑞士球·"T"字形练习

动作要点：

1.受试者俯卧；将瑞士球放在腹部的下方，身体成一条直线；双手持小重量哑铃，双臂伸直，与身体垂直；然后双臂水平举起，与身体成"T"字形（见图9-103）。

2.双臂保持在同一平面内并向身体的下方移动，同时保持身体稳定、平直。

3.回到起始姿势，按规定次数重复动作。

图9-103　瑞士球·"T"字形练习

（四）瑞士球·军式肩推举

动作要点：

1.受试者俯卧；将瑞士球放在腹部的下方，双脚前脚掌撑地，身体成一条直线；双手持小重量哑铃，屈臂，使哑铃和肩部在一条直线上。

2.双臂向斜上方推过头顶，同时保持身体稳定、平直（见图9-104）。

3.回到起始姿势，按规定次数重复动作。

图9-104　瑞士球·军式肩推举

（五）瑞士球·肩外旋

动作要点：

1.受试者俯卧；将瑞士球放在腹部的下方，身体成一条直线；双手持小重量哑铃，屈臂，使下臂与地面垂直，上臂与地面平行。

2.肩关节外旋带动下臂向上翻转，直至下臂与地面平行（见图9-105）；上、下臂始终保持90°夹角，身体始终保持平直。

3.回到起始姿势，按规定次数重复动作。

图9-105　瑞士球·肩外旋

（六）瑞士球·屈伸肩

动作要点：

1.受试者双臂上、下臂成90°夹角俯卧在瑞士球上，肩关节处于中立位；双腿伸直，双脚前脚掌撑地，身体成一条直线。

2.双肘将瑞士球向前推出，推到最大限度后，拉回瑞士球（见图9-106）。整个过程中要始终保持身体成一条直线。

3.回到起始姿势，按规定次数重复动作。

图9-106　瑞士球·屈伸肩

（七）瑞士球·俯卧撑

动作要点：

1.受试者双手撑在瑞士球上，肩关节处于中立位；双脚撑地，身体平直。

2.双臂屈曲，降低躯干高度，使胸部紧贴球面（见图9-107）；然后向上推起躯干。整个过程中要始终保持身体成一条直线。

3.回到起始姿势，按规定次数重复动作。

图9-107　瑞士球·俯卧撑

（八）哑铃·分腿姿交替举

动作要点：

1.受试者保持前后低分腿姿势；双手握哑铃举至头顶的上方，双臂伸直，躯干和肩关节处于中立位。

2.左臂保持不动，右臂屈臂下降至肩关节高度（见图9-108）；然后将哑铃上举至头顶，回到起始姿势。换至对侧。

3.按规定次数重复动作。

图9-108　哑铃·分腿姿交替举

（九）哑铃·跪姿单臂推举

动作要点：

1.受试者保持前后分腿半跪姿势，右腿在前；左臂屈曲，左手握哑铃于肩部的上方，右手叉腰，躯干和肩关节处于中立位。

2.将哑铃推举至肩部的正上方，手臂伸直（见图9-109）。整个过程中要始终保持躯干直立，肩关节处于水平状态。

3.回到起始姿势，按规定次数重复动作；对侧亦然。

图9-109　哑铃·跪姿单臂推举

（十）哑铃·单腿硬拉

动作要点：

1.受试者保持单腿微蹲姿势；单手持哑铃，自然垂于体前，躯干平直，支撑腿踝关节、膝关节处于中立位。

2.向上抬腿，持哑铃手臂向上伸直（见图9-110）。整个过程中要始终保持躯干稳定。

3.回到起始姿势，按规定次数重复动作；对侧亦然。

图9-110　哑铃·单腿硬拉

（十一）哑铃·弓步至过头推举

动作要点：

1.受试者单膝跪地，躯干直立，肩关节处于中立位；双手握哑铃，双臂于胸前屈曲。

2.后面的腿向前迈出站起，双腿并拢、伸直；双臂上举并伸直（见图9-111）。整个过程中要始终保持躯干稳定。

3.回到起始姿势，按规定次数重复动作。

图9-111　哑铃·弓步至过头推举

（十二）壶铃·俯桥交替后拉

动作要点：

1.受试者保持俯卧撑姿势，身体成一条直线；双手握壶铃撑地，掌心相对，肩关节处于中立位。

2.左臂支撑，右臂屈曲将壶铃拉至胸部高度。整个过程中要始终保持躯干稳定（见图9-112）。

3.回到起始姿势，按规定次数重复动作；对侧亦然。

图9-112　壶铃·俯桥交替后拉

（十三）弹力带·单臂推胸

动作要点：

1.受试者保持弓步姿势；屈臂单手在身后握住弹力带的一端，将另一端固定在身后。

2.躯干保持不动；将弹力带向前推到最大限度，手臂伸直，肩关节处于水平状态（见图9-113）。

3.回到起始姿势，按规定次数重复动作；对侧亦然。

图9-113　弹力带·单臂推胸

（十四）弹力带·单臂划船至拉弓

动作要点：

1.受试者前后分腿，面向弹力带站立；一只手握住弹力带的一端，手臂向前伸直。

2.肩胛骨内收，屈臂，将弹力带向后拉至胸前（见图9-114）；保持躯干直立，肩关节处于水平状态。

3.回到起始姿势，按规定次数重复动作；对侧亦然。

图9-114　弹力带·单臂划船至拉弓

（十五）弹力带·深蹲至划船

动作要点：

1.受试者面向弹力带半蹲，躯干平直；双手握住弹力带的两端，双臂向前伸直。

2.起身的同时屈臂，双臂内收，双侧肩胛骨收紧，将弹力带向后拉至胸前（见图9-115）。整个过程中要始终保持核心收紧、躯干稳定。

3.回到起始姿势，按规定次数重复动作；对侧亦然。

图9-115　弹力带·深蹲至划船

# 第十章　再生恢复

从训练规律的角度来讲，大众健身领域的体育活动和竞技体育领域的运动训练一样，都应该围绕着"训练 — 恢复 — 适应"三个阶段来安排体育活动（见图10-1）。在一堂训练课中让练习者练到呕吐是一件很简单的事情，但这并不是体育锻炼的本质，也不符合训练规律。练习者从事体育锻炼的主要目的是强健体魄，持续、稳步地提高运动能力。所以说，疲劳是必须的，不疲劳的训练是没有效果的，但是，如果只有训练而没有恢复，其结果是危险的。人体肌体能力和能量储备由负荷后暂时下降、减少的状态恢复到负荷前的水平的过程，称为"恢复"。在恢复的过程中，能源物质的补偿在一段时间内超过原有水平，这种现象叫作"超量恢复"。超量恢复持续一段时间后再降回原有水平，即完成了一次训练负荷后恢复的全过程。在一定范围内，运动负荷越大，消耗越剧烈，恢复过程就越长，超量恢复也越明显。正是由于运动训练能引起超量恢复效应，使得练习者运动能力的提高成为可能，并为之奠定了物质基础，所以，运动训练中的恢复并不表现为满足于回到先前水平的恢复，而是追求超量恢复（见图10-2）。对于追求高质量训练的练习者，恢复不仅仅体现为在每周的训练中安排1 — 2天的休息时间，或者说简单地进行一下按摩。恢复应当贯串于每一堂课，每一天、每一周和每个月的训练过程中；恢复应当体现在生活方式的每一个方面，从起床的那一刻起，一直到上床休息为止。

能够加速肌体恢复的措施有很多种，包括训练学恢复手段，医学、生物学恢复手段，营养学恢复手段，心理学恢复手段等。本着经济、实用的原则，本书着重分析营养、睡眠、呼吸、水疗、筋膜梳理和静态拉伸对恢复的影响。

图10-1 "训练 — 恢复 — 适应"三个阶段

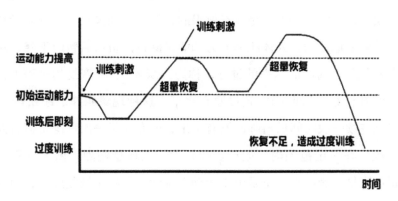

图10-2 超量恢复

# 第一节　营养

体能训练的成败不仅仅取决于体能训练本身，训练后及时、有效的营养恢复也是不可或缺的关键因素。近几年有人提出了"时相营养"的概念，这一概念的诞生是运动营养发展过程中的一个新的里程碑。John等人将运动肌肉24小时代谢循环分为3个时期，即肌肉运动能量期、恢复期和生长期，并提出3个相应的时相，即能量时相、合成时相和生长时相。在力量训练过程中，为使肌肉在各个不同的时期内达到最佳的代谢功能状态，就应在相应的时期给予适量、正确的营养物质。

## 一、能量时相

能量时相又称"运动时相"，这一时相的关键是要释放出足够的能量，以满足肌肉收缩之需。碳水化合物是这一时相的关键物质，它可以防止肌糖原的耗竭，提高耐力，保持血糖水平，推迟疲劳的发生。如果碳水化合物加蛋白质、特定的氨基酸、维生素，将节省肌糖原，增加肌肉耐力，抑制分解激素 —— 皮质醇的升高（因此减少肌肉损伤），有助于肌肉中各种酶的迅速恢复，为后续的运动奠定基础。运动中能量的及时供给不仅有助于实现力量训练所需要的强度和持续时间，同时也有助于加速力量训练后的恢复过程。

（一）碳水化合物的补充

力量训练前除了要保证摄入足够的主食，还应该根据训练量在训练前期、中期、后期适当补充运动饮料，以保证最佳能源 —— 糖的及时补充。

（二）肌酸

肌酸之所以在运动中被广泛应用，不仅仅因为它有促进肌肉蛋白合成的作用，还因为它有助于运动能量的迅速补充。当ATP充足时，肌酸在肌肉中与磷酸结合成为磷酸肌酸，运动时磷酸肌酸分解成磷酸和肌酸，同时释放出ATP，为肌肉收缩提供能量。肌肉中肌酸的含量越高，生成的磷酸肌酸越多，储存的ATP越多，肌肉从事无氧运动的能力越强。

## 二、合成时相

合成时相即运动后即刻至45分钟这段时间。此时的关键是受损的肌肉组织开始修复、肌肉蛋白合成和肌糖原填充。在运动后即刻，肌细胞对合成激素 —— 胰岛素高度敏感（胰岛素是机体唯一降低血糖的激素，也是唯一同时促进糖原、脂肪、蛋白质合成的激素），运动后即刻是实施肌糖原填充和肌肉修复的最佳时间。这时所需的营养物质是碳水化合物、蛋白质、抗氧化剂。随后这种敏感性会很快下降，在几个小时后，肌细胞甚至会对胰岛素产生抵抗。在产生胰岛素抵抗的情况下，肌糖原的恢复、肌肉组织的修复、新的肌肉合成都会明显下降。

## 三、生长时相

生长时相即从合成时相结束到下一次运动开始这段时间。此时涉及肌肉酶、收缩蛋白数量、肌纤维体积的增加及能量时相所消耗的肌糖原的完全填充。蛋白质和碳水化合物是保持最佳肌肉生长的基本因素。

如果在营养素的补充上遵循营养时相系统的规律，就可以保持高水平的合成状态，完成肌糖原储备，修复肌肉组织损伤并合成新的肌肉。

（一）训练后肌糖原的及时恢复

在大负荷量训练中，肌糖原会消耗，甚至耗竭，运动后肌糖原的再合成就成为恢复的关键；同时，该过程也是后续训练的必要条件。运动后营养素的及时补充则是糖原再合成的关键。长时间运动后到第一次补糖的时间间隔能够对肌糖原再合成的速度产生明显的影响。在运动后即刻给予糖补充，糖原再合成速率将明显高于在运动后2小时补糖。

（二）训练后肌肉微结构损伤的修复

训练的效能和训练后肌肉的恢复都与肌肉微结构损伤密切相关。没有达到足够的肌肉微结构损伤强度的训练，对肌肉体积和力量的增长来说是无效的训练；达到肌肉微结构损伤强度以后，如果损伤得不到及时的修复，疲劳就无法消除，肌肉体积和力量的增长也只能是空谈。骨骼肌微损伤涉及形态组织、自由基代谢、蛋白质代谢、亚细胞，以及细胞器的结构和功能的改变。要实现这些改变，并在改变后迅速恢复，减轻延迟性肌肉酸痛，使肌肉的代谢状态达到一个更高的水平，合理的训练安排是第一位的。但是，要达到所需的训练强度，且在训练后使肌肉微结构损伤尽快恢复，营养学的手段也是不可缺少的。研究揭示了大豆蛋白和活性肽对运动性骨骼肌微损伤和修复有很好的营养干预作用，而且活性肽这方面的效果优于大豆蛋白。

（三）自由基清除与疲劳推迟和恢复加速

在高强度的力量训练中，耗氧量是休息时的10—15倍。耗氧量的增加导致体内自由基的浓度增加2—3倍。过量的自由基将造成肌肉和红细胞膜的脂质过氧化损伤，致使肌肉疲劳过早发生，延长训练后的恢复过程，并加速红细胞的老化和溶解。人体有两个抗氧化防御体系，即内源性体系和外源性体系。内源性抗氧化防御体系即抗氧化活性的内源性蛋白，如超氧化物歧化酶等12种；外源性抗氧化防御体系即抗氧化营养素，如番茄红素、维生素E、维生素C等。

在时相营养体系中，合成期和生长期的关键是拮抗分解激素，刺激合成激素，从而提升合成能力，减少肌肉损伤并加速糖原和蛋白质合成。Lvy等人针对合成期和生长期的营养补充提出了如下建议，见表10-1和表10-2。

表 10-1  合成期时相营养目标

| 合成期时相营养目标 | 营养品 | 数量 |
| --- | --- | --- |
| 分解代谢转化为合成代谢 | 乳清蛋白 | 13 — 15 g |
| 增加肌肉血流量，加快代谢废物的排出 | 高血糖指数碳水化合物 | 40 — 50 g |
| 补充肌糖原储备 | 亮氨酸 | 1 — 2 g |
| 启动肌肉修复，促进肌肉增长，减少肌肉分解，增强免疫系统功能 | 谷氨酰胺 | 1 — 2 g |
| | 维生素C | 60 — 120 mg |
| | 维生素E | 80 — 400 IU |

表 10-2  生长期时相营养目标

| | 生长期时相营养目标 | 营养品 | 数量 |
| --- | --- | --- | --- |
| 快速阶段（前4小时） | 保持、增加胰岛素的敏感性 | 乳清蛋白 | 14 g |
| | 保持合成状态 | 酪蛋白 | 2 g |
| 稳定阶段（随后的16 — 18小时） | 保持正氮平衡并参与蛋白合成 | 亮氨酸 | 3 g |
| | 促进蛋白更新和肌肉发展 | 谷氨酰胺 | 1 g |

# 第二节　睡眠

睡眠对恢复来说至关重要。睡眠过程中人体会释放一系列起修复作用的激素，能够在一定程度上重建我们的大脑和身体，有利于我们长时间保持专注的状态。

美国国家睡眠基金会曾进行过一项名为"美国睡眠"的调查。数据显示：63%的成年人每晚睡眠时间少于8小时；而31%的成年人每晚睡眠时间不足7小时；另外，超过40%的人表示他们在白天很难保持清醒状态。

睡眠不足会导致记忆力下降、精力不足，对认知和情绪产生负面影响。没有充足的睡眠，练习者很难在体能训练中表现出最佳的状态。此外，睡眠不足还会对人的饮食习惯产生负面影响，导致体脂水平升高。当大脑处于疲劳状态时，它无法判断究竟是因为睡眠不足还是因为饥饿导致的状态不佳，但其共同的反应就是要摄入糖类。这也解释了为什么我们在深夜疲惫不堪的时候往往渴望进食。当我们精力不足的时候，身体会启动自我保护，所以训练的热情会被极大地削弱。

睡眠可以让人体的所有系统焕然一新，同时也能够提高肌体的运动能力。睡眠期间大脑会对一天当中接收到的信息进行修复、还原，使人加深记忆。身体同样如此，大多数激素也在此时被释放出来，包括生长激素、睾酮等；筋膜，神经、肌肉系统的功能也会在睡眠期间得到提升。睡眠和日常生活中的其他事情一样，是一项技能。因此，睡个好觉就变成了一项必须掌握的技能，不仅在体能训练中如此，从事其他运动项目同样如此。高质量的睡眠能够在不进行更多的身体训练的前提下提高肌体的运动能力。那么，如何才能获得高质量的睡眠呢？

首先，有必要了解一下"睡眠周期"。根据睡眠深度的不同，整个睡眠周期可以分为以下三个阶段：浅度睡眠、快速眼动睡眠和深度睡眠。最初阶段是浅度睡眠。入睡90分钟后就会进入快速眼动睡眠。这一阶段对大脑功能的发挥起着至关重要的作用，同时也是组织记忆的关键期，以便更好地应用学到的知识。快速眼动睡眠期间，大脑开始加工、处理一天当中接收到的刺激，在这个过程中完成一次升级。如果这一阶段的睡眠质量很高，醒来之后人就会感到精神饱满，注意力得到大幅度提高。如果说快速眼动睡眠有助于提升大脑的表现，深度睡眠则作用于肌体本身。深度睡眠期间，体内会释放生长激素和睾酮，这些激素对肌体从之前的训练刺激中恢复有着很重要的作用，比如有助于保持较高的瘦体重、减少体脂及促进身体各大系统更好地恢复。

整个睡眠周期的长度为90 — 120分钟。每一个睡眠周期都是从浅度睡眠开始，到快速眼动睡眠，再到深度睡眠，最后又回到浅度睡眠。人在每个晚上都会经历3 — 5个睡眠周期，具体取决于睡眠时间的长短。

促进高质量睡眠的另一个因素是保持睡眠时间的一致性，换言之，每晚的睡眠时间应为7 — 9小时，且应在同一时间段。有人可能说虽然自己睡得很少，但依然能保持上佳的训练状态。其实不然，只能说如果他有充足的睡眠，他的训练状态会更好。在理想状态下，每晚的睡眠时间应该是固定的。身体会根据白天的活动形成一种规律，这种变化最终会延伸到睡眠之中。不要认为从午夜睡到早上九点和从晚上九点睡到早上六点的效果是一样的，这两种睡眠方式会产生两种不同的休息效果。一般而言，午夜之前的睡眠时间越长，睡眠的质量就越高，原因是会经历更多的快速眼动睡眠和深度睡眠，使身体释放更多的有益激素。

目前，在睡眠时间的话题上尚存争议，在这种情况下，睡眠时间的一致性就显得尤为重要。如果一个人的睡眠时间是7个小时，那么就稳定在7个小时。一旦睡眠的长度有了一致性，身体就会制定出一套规则，决定每个睡眠周期应持续多久，从而确保每天醒来的时候都会感到精力充沛。可以假设以下两种情况：一种是每天都睡7个小时；另一种是第一天晚上睡10个小时，第二天晚上睡4个小时，第三天晚上睡6个小时，第四天晚上睡8个小时。尽管在第二种情况下，每天的平均睡眠时间也是7个小时，但是很明显，第一种情况下的身体状态肯定好于第二种情况。

虽然8个小时的睡眠被看作黄金标准，但现实中人们的睡眠时间通常都达不到这一标准。即便如此，美国国立卫生研究院还是建议所有的成年人每天都睡7—9个小时。当然，随着年龄的增长，人们的睡眠时间也处于一个动态变化的过程中。对20几岁的人来说，平均睡眠时间为每天7.3小时，其中有1.6小时处于快速眼动睡眠状态，83分钟处于深度睡眠状态，入睡时间为16分钟；30几岁时，人的平均睡眠时间为7.1小时，包括1.5小时的快速眼动睡眠、69分钟的深度睡眠，入睡时间为21分钟；40几岁时，人的平均睡眠时间为6.8小时，包括1.4小时的快速眼动睡眠、56分钟的深度睡眠，入睡时间为28分钟。从中可以看出，随着年龄的增长，人的睡眠时间逐渐缩短。50几岁时，人的平均睡眠时间变为6.5小时，包括1.3小时的快速眼动睡眠、44分钟的深度睡眠，入睡时间为38分钟；60几岁时，人的平均睡眠时间变为6.3小时，包括1.2小时的快速眼动睡眠、36分钟的深度睡眠，入睡时间为52分钟；70几岁时，人的平均睡眠时间变为6个小时，包括1.1小时的快速眼动睡眠、30分钟的深度睡眠，入睡时间为68分钟。

除了晚上的睡眠之外，在中午或是其他时间打个盹也会在短时间内提高肌体的机能状态。打盹的好处有很多：缓解压力、提高记忆力、增强耐力、提升创造力等；同时，打盹还可以控制体重、提高洞察力和行为的准确性。打盹的时候尽量平躺着，脚部稍微抬高一点，睡上20—30分钟。具体来说，就是闭上双眼，全身放松，通过调节呼吸尽量平静下来——数四拍吸气，再数两拍屏住呼吸，最后数六拍呼气。如果担心打盹好几个小时都醒不过来，那有可能是因为睡眠不足。对此，我们可以在手机上定个闹铃或者在小睡之前喝点咖啡。从表面上看，摄入咖啡好像和午睡是相互矛盾的，但实际上，在短短的20—30分钟的时间内，咖啡因不会起太大作用，所以我们还是可以从快速眼动睡眠中醒过来，并且在咖啡因的作用之下，我们的精力会更加充沛。

为了获得高质量睡眠，以下建议或许能够起到一点指导作用：

第一，控制光源。杜绝卧室里的一切光源，如外部光源（街道灯光、来往车辆灯光）和内部光源（夜明灯等）。有时候，清早的阳光会过早地把我们唤醒，可以使用不透明的窗帘或者采用戴眼罩的方式来隔断光源的干扰，创造一个尽可能舒适的睡眠环境。

第二，调整房间的温度和气味。凉爽的环境能够延长睡眠时间，因此在睡觉之前适当降低室温有助于提高睡眠质量；此外，带有甘菊或薰衣草香味的香薰油等能够起到安神、静气的作用，帮助大脑放松，易于深度睡眠。

第三，关闭电源。电子产品会让大脑处于兴奋状态。移走卧室里所有的电子设备，能够显著提高睡眠质量。

第四，放松心情，化消极为积极。在睡前30分钟做一些放松身心的活动，比如喝一杯草本茶、做一些静态拉伸动作等。几周以后，这会成为一个好习惯，有助于入睡。另外，要学会将消极的心态转化为积极的心态。消极的心态会令人沮丧，不利于入睡。如果还在与消极情绪做斗争，那就想三件当天发生的开心的事吧！这样做时，思绪会开始发生转变，会逐渐从消极情绪中走出来而变得更加积极，只有这样才会拥有高质量的睡眠。

第五，创造一个安静的睡眠环境。比如听一些轻松的音乐，屏蔽掉外界的噪音。上床之后则要整理思绪，专注自己的呼吸，用6—4—10的节奏进行呼吸。这一方法与4—2—6呼吸法类似，就是数6拍吸气，再数4拍屏息，最后数10拍呼气，重复10次左右就可以达到放松身心、易于睡眠的效果。

# 第三节　呼吸

普通人每年的呼吸次数可达到800多万次，次数之多，以至于我们从来没有考虑过呼吸也会对训练后的恢复情况产生影响。呼吸这个动作每人每天要重复2.3万多次，若其中存在某种固定的呼吸模式，那么毫无疑问，我们需要对其进行测评，以确保测试对象拥有正确的呼吸动作模式。但是，我们总是想当然地认为呼吸所呈现的是一个所有人都会而且不会出现问题的动作模式。事实上，很多人的呼吸模式可能是错误的，只是没有对日常生活产生影响，所以他们没有察觉到这种错误带来的问题。在竞技体育领域则不然，很多时候，高水平运动员的技战术水平往往不分伯仲，在这种情况下，一个在常人看来微不足道的问题就可能决定比赛的胜负，甚至导致运动损伤的发生。

经常在健身房锻炼的体育爱好者们都知道：不管是深蹲还是卧推，正确的做法都是在杠铃缓慢下降的过程中吸气，然后稍做屏息，最后在推起杠铃时呼气。但不管是深蹲还是卧推，都只是我们一天生活当中的一部分。这里我们要谈的"呼吸"是从我们起床的那一刻开始到上床睡觉的那一刻止，当然还包括我们睡眠中的呼吸。

对很多人而言，他们将氧气吸入肺部的能力没有得到完全的发挥，这主要是因为他们采用胸式呼吸居多，而不是腹式呼吸。膈肌应该是整个呼吸运动的发起者，而非胸部或颈部的呼吸肌，整个胸腔的扩张应该体现为一个三维的模式：从上到下、从前到后及从左到右。为了更好地理解这种三维模式，练习者可以采用仰卧位，将右手拇指放在肋骨下面，将手掌中心放在腹肌上，就像胃痛时做出的反应一样；将左手放在胸口肋骨中央。通过鼻腔吸气，让气息深入小腹，练习者能够感受到胸腔一直向下背部及腹腔扩张，右手会被小腹向上顶起。横膈肌在向盆底方向运动的同时，会伴随着盆底肌的运动而运动。此时，胸腔及左手会有微小的运动。完成吸气动作后呼气，然后重复该动作。

调整呼吸节奏可以间接地对神经系统产生影响。自主神经系统（ANS）控制着身体的大部分功能，它主要包括两个部分：交感神经系统和副交感神经系统。前者能够在人体面临威胁时做出"攻击或逃离"的应激反应，后者则负责人体"休息和消化"方面的活动。在当前快节奏的社会生活中，由于工作压力、不正确的饮食习惯（大量摄入咖啡因等）和糟糕的呼吸习惯，交感神经系统处于主导地位，做出"攻击或逃离"的应激反应似乎已经成为人们的生活常态。但是这种状态是不正常的，"攻击或逃离"是出于生存目的而做出的反应，并不适用于日常生活条件下的稳定状态的活动。交感神经系统兴奋会刺激脑垂体分泌皮质醇激素，长期作用下，这种激素会对大脑和身体机能带来负面影响。

因此，要始终保持良好的运动水平，自主神经系统间的平衡就显得尤为重要。调整呼吸、睡眠及合理膳食可以使人体在必要的时候发挥出最高水平（交感神经系统兴奋，进而做出"攻击或逃离"的应激反应），而后迅速回到安静状态下的水平（副交感神经系统兴奋，进而做出"休息和消化"的应激反应）。

前文所介绍的6—4—10呼吸节奏的调整，其背后蕴藏的原理就是更长时间的呼气会让副交感神经系统活跃起来。所以，在睡觉的时候，可以采用上述方式调整呼吸节奏，从而尽快地开启睡眠模式；在比赛现场采用上述呼吸节奏，能够让运动员保持冷静、放松；在吃饭的时候采用上述呼吸节奏，能够让更多的血液流入消化系统，为即将到来的食物消化做好准备。相反，如果感觉浑身乏力，精神不振，可以采用6—2—X的呼吸节奏来唤醒自己，这里的"X"指的是尽可能快地呼气。这种呼吸节奏能够动员交感神经系统，从而使肌体为接下来的训练或比赛任务做好准备。表10-3列出了在不同场景下可以参考的呼吸节律。

表 10-3 不同场景下的呼吸节律

| 场景 | 呼吸节律：吸气—保持—呼气（秒），"X"表示尽可能快地呼气 |
| --- | --- |
| 很累 | 6—2—X |
| 很焦虑 | 6—4—10 |
| 疲劳时 | 4—0—X |
| 沉思时 | 8—4—12 |
| 吃饭前 | 4—2—6 |
| 睡前 | 6—4—12 |

# 第四节 水疗

水不仅是我们维持生命的要素，也是我们强身健体和防治疾病不可缺少的重要物质。水的医疗价值在于它有很重要的物理特性：热容量大、导热性好并且是良好的溶剂。因而，可以利用水的温度、机械性质和化学成分的刺激作用达到防病和康复的目的。凡是利用水的物理性质，以各种方式作用于人体，达到预防、治疗及康复目的的方法，都称为"水疗法"。

水疗法的作用主要包括以下几个方面：第一，促进循环，减轻疼痛。使用冷热交替的水进行体能训练后的恢复，可促进全身或肢体局部的血液循环，从而有利于加快损伤组织修复的速度。热水或冷水具有减轻疼痛的作用，通过热传导作用将温度刺激传递给身体，能够减轻关节炎、风湿病、神经炎、痛风病等的疼痛。这些治疗的作用，尤其是热水浴，可通过加入盐类或化学物质进行加强。第二，控制炎症，降低水肿。在急性运动损伤的早期，可以通过冰敷等方式降低损伤部位的温度，以减少组织液的渗出，促进肌体恢复。第三，减轻负重，利于步行。人体进入水中之后，根据浸入水中的深度不同，浮力作用会减轻不同程度的体重负荷，如浸入肚脐高度可以减轻下肢负重的50%，侵入颈部下面则可以减轻90%的体重。在减重的状态下行走，关节压力会下降，疼痛会减轻，对下肢力量的要求也会减少，因此，恢复训练更易于进行。第四，使肌肉兴奋，提高运动表现。用冰对人体进行短时间的刺激，可加强局部循环并提高肌肉的兴奋性，可以使肌肉获得较高的运动表现。第五，抗阻运动，提高肌力。由于人体在水中运动时会受到水的黏滞性的影响，因而阻力较在空气中大很多。阻力的大小一方面与运动时受力面的大小有关；另一方面也与运动速度直接相关，即受力面越大，速度越快，则阻力越大。

鉴于水疗的方法有很多种，本书中介绍的水疗的主要目的是采用不同的水温帮助体能爱好者从训练的疲劳中恢复并缓解疼痛。考虑到现实的操控性和成本，目前最常用的水疗方法有冷水浴和冷热水浴两种。

冷水浴的水温为 $10℃ — 13℃$。对瘦体重比例较高的练习者而言，在水中浸泡的时间为6分钟；对体脂含量较高的练习者而言，水温可能需要

15—20分钟才能够穿透防护体脂，然后作用于肌肉。冷水浴能够降低肌体的炎症反应，加速肌体的恢复。

冷热水浴指采用3分钟冷水淋浴（或浸泡）和3—5分钟38℃—43℃热水淋浴交替进行的方法。其原理是：在寒冷的情况下，血液会从皮肤和四肢流向心脏，此时皮肤和四肢的颜色会因血流量减少而发白；在热水中，血液则流向皮肤和四肢，增大热量耗散表面积，此时皮肤和四肢会变得潮红。这种温度反差能够加速血液的流动：从躯干流向四肢，再从四肢流向躯干，从而加速肌体的恢复过程。

# 第五节　筋膜梳理

在阐述肌肉功能时，人们往往孤立地看待骨骼上的单块肌肉，割裂了其与神经、血管、邻近的组织结构的连接。这种普遍的理论仅仅是通过肌肉的起点和止点来给单块肌肉功能下定义。广为人知的观点是肌肉连接两骨，唯一的功能就是将两端拉近，或者抵抗拉力。肌肉孤立论贯串于肌肉解剖理论的始终（再加上人们天真而又简单地认为：只要将单块肌肉的功能简单地叠加，就可以得出其在人体运动和稳定时具备的复杂功能），使得当下的治疗师们很少有机会再做其他的思考。然而，这种对肌肉的观察和定义仅仅建立在一种人为的解剖方式之上。一刀在手，我们可以轻松地将单块肌肉从其周围的筋膜组织中分离出来，但这并不意味着身体就是这样"认为"的，或者说在生物学上，人体的相关组织就是这样被"组装"的。

肌筋膜指肌肉组织和伴随它的结缔组织网之间的成束而又不可分割的

部分。随着现代科学技术的进步，"肌筋膜"的概念正逐渐被人们认识并应用。这里的肌筋膜理论和前述的单块肌肉分析并不是矛盾对立的关系，而是互为补充的关系。爱因斯坦的相对论非但不否认牛顿的运动定律，反而从更大的范围涵盖了它。同样，肌筋膜经线理论不会消除基于单块肌肉的技术和分析的重要价值，而会把它们放在系统整体里。该理论只是表现为对现有肌肉知识的补充，而不是取而代之。

我们以西柚为例来解释筋膜结构。试想一下，如果我们把西柚中的汁全部抽出来而不破坏其内部结构，就可以得到它完整的皮下组织和疏松结缔组织层，还可以看见每一部分的支持结构。此外，我们还会看到分割每个富含果汁细胞的细小间隔。人体筋膜系统与其相似，差别在于前者由柔软的胶原构成，后者由相对坚硬的纤维构成。筋膜袋把我们体内的"汁"分成不同的束，以对抗地心引力。这种管理体液的功能能够让我们更好地理解针对细胞外基质的推拿手法和运动治疗的原理。

基于这样一个概念，对于训练后的再生恢复过程，同样可以采用本书中提到的松解技术来进行恢复。训练前，我们将其称为"软组织激活"，体现出为后续训练服务的特征；训练后，我们将其称为"再生恢复"，体现出主动恢复的特征。不管是训练前还是训练后，对筋膜的整体梳理对身体运动机能的发挥和超量恢复都是大有裨益的。

# 第六节　静态拉伸

如果您对本书中提到的采用拉伸技术中的静态拉伸方式进行准备活动尚有疑虑，那么对在训练课后采用静态拉伸的方式进行再生恢复就不应该有任何困惑了。

　　静态拉伸分为主动静态拉伸和被动静态拉伸。主动静态拉伸指练习者通过自身的力量或体重把肌肉拉开并保持一定的牵拉力，由练习者自己控制拉力的大小和位置，这种方法相对来说比较安全。主动拉伸运动幅度小，速度慢，甚至不动，这样不易激发肌肉的牵张反射而引起肌肉收缩，以至于对抗拉伸。当拉伸时间和力量达到一定程度时，就会激活高尔基腱器官，使肌肉放松。被动静态拉伸指被拉伸者肢体放松，不参与发力，通常体现为体能教练或康复治疗师移动运动员的肢体，到其可以忍受的关节活动限度，并使其保持这一姿势不动。被动静态拉伸的好处是被拉伸肌肉有更好的放松效果，可以获得更大的关节活动幅度。而且，有经验的体能教练或康复治疗师能够非常准确、细致地拉伸到不同的肌肉纤维束，效果更为明显。对于静态拉伸的时间，目前的研究文献尚未达成共识：有的研究建议拉伸可长于30秒，甚至到60秒，重复次数可高达每个动作6次；有的研究则建议10—15秒，重复2—3次即可。最终时间的长短取决于不同的人、不同的肌群、不同的需要和允许的时间。对大多数人而言，进行耗时30分钟的静态拉伸是不现实的。实践证明，静态拉伸持续15—30秒，重复2—3次比较容易被大多数人接受。

# 第十一章　综合运动表现提升训练方案

训练方案的制定要立足于科学，并在执行的过程中加以完善。有科学基础且组织实施良好的训练方案会减少训练实践的随意性和盲目性。在制定训练方案时，练习者不要产生"强度第一""没有痛苦就没有收获"的错误的训练理念，而应以科学化的体能训练原则为依据设计合理的训练。训练方案的目标是让练习者的身体接受适宜的训练刺激，进而产生特定的生理适应，这样才能让练习者在恰当的时间达到某种运动表现水平。训练中发生的任何事情都不是偶然的，出现的任何反应都是训练方案设定的结果。

## 第一节　"主厨"和"一般厨师"的区别

在设计训练方案的过程中，采用或部分采用已有的训练方案时，可以用烹饪的例子进行类比。在体能训练这个领域中，有些人的"厨艺"达到了炉火纯青的水平，具备了自我创作"食谱"的能力；还有一些人可能需要借助"食谱"和"配方""才能烹饪出色、香、味俱全的美味佳肴"。而这就是"主厨"和"一般厨师"的区别所在：前者是"创作食谱"的人，后者是"看食谱"的人。

　　所以，作为本书读者的您是"主厨"还是"一般厨师"呢？如果您正在制定自己或运动队的第一个训练方案，那么您就是"一般厨师"，您需要找到能满足需求的"食谱"，并按照上面的要求才能做出想要的"菜肴"。在这个过程中，"食谱"的每一个步骤和原材料都是"烹饪"过程中不可或缺的构成部分，缺少任何一个部分，您"烹饪"出的"菜肴"都达不到"食谱"创作者想要的色、香、味。最正确的做法是：根据"食客"的口味选择经验丰富的"主厨"创作的食谱，严格按照"食谱"对"食材"和"烹饪"步骤的要求进行"烹饪"。换句话说，在体能训练领域，您要严格执行训练计划，不要擅自对其进行修改。

　　如果您是一个有着几年训练方案设计经验的教练，那么您的专业技能可能相当于一个副主厨 —— 厨房的第二领导者。那些有着3 — 4年训练计划制定经验的教练具备在不损坏"美食"的条件下更改"食谱"的能力，他们知道材料可以改变，但必须在合理计划的范围之内进行改变。副主厨知道不同材料的比例，能做到不简单地按照自己的口味进行烹饪。

　　有了5年成功设计体能训练方案的经验之后，您就拥有了成为一名"主厨"的资格。此时，您可以考虑对"食谱"进行大胆的变革，因为您具有丰富的"烹饪"经验。打破规则是没有问题的，但您必须了解规则。5年后，您就不应该在看了新的训练视频后就抛弃自己设计的训练方案。"主厨"不会因为新潮流而抛弃自己的"烹饪"方法；相反，他会进行细微的调整，以进一步优化自己的"食谱"。

# 第二节　训练方案要素

　　力量是其他运动素质的基础。从这个角度出发，大多数运动项目都是一样的。这可以借用运动表现总监马可·卡尔迪纳莱（Marco Cardinale）在备战2012年伦敦奥运会的过程中的一句话来进行证明："你的项目并没有什么不同，只是你认为它很不同而已。"卡尔迪纳莱指的是在备战伦敦奥运会时他协调不同的队伍进行体能训练的经历。当时所有的教练都认为自己的项目非常特殊，需要不一样的训练方案。而事实上，所有运动项目对基础力量训练的需求都非常相似。并且，即使它们有所不同，也不会彻底改变力量训练的方式。力量训练同样遵循帕累托法则（二八效应），即80%的训练内容都可能是相同的。就是美国体能界的顶级人物迈克·鲍威尔（Michael Boyle）也持有同样的观点："我曾有幸指导、训练篮球、美式橄榄球、冰球、足球、柔道、赛艇及许多其他运动项目的奥运奖牌得主和世界冠军。我可以告诉你，80 — 20的比例是准确的，如果它不够准确，那么这个比例也应该更接近90 — 10，而不是70 — 30。"除此之外，在训练方案的设计方面还要考虑以下几个原则：

　　第一，先学习基本动作模式。先掌握动作的基础要素，再考虑升级训练方案。对大多数人来说，最大的错误莫过于还没有掌握基础动作（如自重深蹲）就尝试进阶动作（负重深蹲）。任何人在进行负重训练前都必须先掌握每一个练习的自重模式，然后才可以尝试进阶练习。

　　第二，从简单的自重训练开始。把一套力量训练方案搞砸的首要原因就是过早地尝试举起过大的重量。如果练习者可以进行自重训练，但在施加了外部负荷后表现得非常困难，那么这显然就是外部负荷的问题。此时，要么减轻外部负荷，要么去除该负荷。对于上肢拉的一些动作（如引体向上），很多练习者开始时甚至无法在自重阻力下完成，此时就需要借助固定器械或弹力带，以小于自重的负荷进行训练。

第三，从简单到复杂。任何一个训练动作都应该遵循该原则，如单腿深蹲训练：练习者首先应该掌握最简单的练习动作，如分腿蹲；然后再进阶较复杂的练习，如后脚抬高分腿蹲（RFE）；最后过渡到单腿深蹲训练。

第四，使用"渐进式阻力"的概念。有效进行渐进式阻力训练是力量训练成功的关键。最简单的表达就是：每周尝试增加负重或重复次数。如果练习者用同样的重量多做了1—2次，说明他已经取得了进步；或者练习者增加了2.5公斤的重量完成相同的次数，也说明他取得了进步。渐进式阻力训练如今被运用要归功于克里特岛的米洛，他开始时与一头小牛做伴，每天都抱着它，小牛最终长成了一头公牛，而米洛也变成了大力士。这正是对渐进式阻力训练最朴实的解释。

对于自重训练，进阶过程很简单。第1周从3组、每组8次开始，第2周进阶到3组、每组10次，最后在第3周做到3组、每组12次。这是只利用自重的渐进式阻力训练的简单升级。到了第4周，通常可以进阶到去完成更难的练习，或增加外部负荷。外部阻力可以是哑铃、壶铃、负重背心、沙袋、药球等。然后，这些更难的练习可以通过相同的方法（8—10—12），或者通过基本的阻力概念再次进阶。

## 一、周期划分

周期划分可能是训练领域中研究最多的课题，研究大周期、中周期和小周期的复杂性的科研文献数以万计。随着研究深度和广度的不断推进，人们对这个概念愈发感到困惑。其实，可以将这个概念进行简单化处理："大训练量、低强度期"和"低训练量、高强度期"应交替进行。体能训练领域的大师级人物丹·约翰（Dan John）建议重要的训练应该保持在每组重复15—25次。这意味着您可以选择3组8次（总计24次），或强度更高的3组5次（总计15次）来达到训练量的要求。

## 二、动作分类

根据身体部位，力量训练可以分为上肢训练、下肢训练和躯干部位训练三类。其中上肢训练动作可以分为上肢推和拉，进而又可分为上肢水平推和垂直推、水平拉和垂直拉；同理，下肢训练动作也可分为推和拉，下肢推的动作又可分为双腿推、分腿推和单腿推，下肢拉的动作又可分为以髋为主和以膝为主两类；躯干部位训练动作可分为对抗屈、对抗伸和对抗旋转（见图11-1）。

根据动作的难易程度，力量训练动作又可分为基准类动作、进阶类动作和退阶类动作。基准类动作是训练的起点。练习者首先进行3周的基准类动作训练，然后进行进阶类动作训练。因为伤病或技术问题而在基准类动作训练中遇到困难的练习者应立即进行退阶类动作训练。

进阶类动作训练是从基准类动作向前推进，并且从易到难连续编号。进阶可以简单到仅仅通过渐进式阻力增加负荷，难度的进阶也可以通过改变自重使用百分比的方式来实现。

退阶类动作训练也有编号，但在等级上顺序与进阶类动作相反，表现为从容易到更容易，再到最容易。

在评判练习者采用何种动作分类进行训练时，这里更多依靠的是"目测"。著名的田径教练布·希内德曾说过："教练这项工作不是编写训练计划，而是观察训练。"

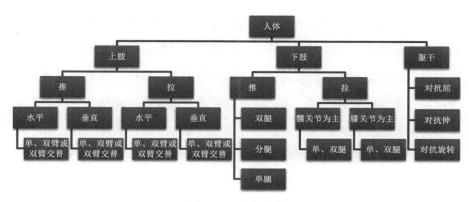

图11-1　动作分类

## 三、训练工具

很多人认为，功能性训练就是用瑞士球和平衡训练器材完成的一些可爱的训练动作。这种认识与事实相距甚远，真正的功能性训练以自重训练和渐进式阻力训练为核心。练习者应该先掌握自重训练，然后在这些训练的基础上逐渐增加外部负荷。当一个新手试图完成自重分腿蹲时，我们会很容易发现他缺乏平衡。这里所说的"平衡"其实是稳定肌的力量。大多数情况下，练习者在学习这些动作模式时，最初并不需要被施加外部阻力。他们需要做的就是先熟练掌握动作模式，然后我们再对他们施加阻力。正如美国物理治疗师、FMS创始人之一格雷·库克总喜欢说的那样：功能障碍训练是在功能障碍上添加力量。与功能障碍训练相反，"功能性训练"这个概念的核心是在负重之前先学会动作。以下是一些功能性训练器材的概述，以及关于在什么时间如何使用它们的简单指导。

（一）药球

药球（见图11-2）用于通过胸前传球、过顶抛球、猛摔砸球等方式训练上肢的爆发力，也可用于通过远距离投掷训练全身的爆发力。在与砖石墙结合使用时，药球无疑是核心和髋部肌群爆发力训练的最佳工具。

我们必须运用常识来预防药球训练可能带来的损伤。如果练习者不会进行需要接球的配合训练，接药球可能导致手部受伤；而单臂过头动作可能对肩关节造成较大的压力。药球分弹性药球和非弹性药球，并且有不同的重量和尺寸，最常用的药球一般介于2 — 8磅（1 — 3.5公斤）。

图11-2 药球

（二）负重背心和负重腰带

负重背心（见图11-3）和负重腰带（见图11-4）用于通过纵跳、跳箱等方式训练下肢的爆发力，也可用于通过平板撑、侧桥、臀桥等核心训练方式训练躯干的稳定性。

需要注意的是长时间穿负重背心、戴负重腰带带来的损伤。长时间穿戴负重物会对脊柱、肩胛骨、背部肌肉等造成伤害，并影响肌肉的发展。建议每次穿戴的时间不要超过30分钟。

图11-3　负重背心　　　　　　　图11-4　负重腰带

（三）泡沫轴

泡沫轴（见图11-5）的主要原理是通过自身重量的下压力和泡沫轴对放松部位的支撑力挤压长时间、大强度运动后长度缩短的肌肉群。进行泡沫轴挤压可以放松深层的神经，从而达到放松整个肌群的目的。

在使用泡沫轴进行激活和放松时，顺序一般是从肌肉始端（靠近身体中心）过渡到肌肉终端（远离身体中心）。另外，使用泡沫轴时，不要直接放在骨头或者关节处，应放在肌肉软组织处。

图11-5　泡沫轴

（四）按摩棒

按摩棒（见图11-6）放松原理与泡沫轴放松相同，都是利用身体自我抑制原理放松紧张的肌肉。与泡沫轴相比，按摩棒更注重对某一肌肉进行放松，可以有针对性地放松运动后绷紧的各部位肌肉，且便于携带。

按摩棒的材质大多是硬塑料，硬度较大。所以应注意，不要将其直接放在骨头或关节处进行放松，以免造成损伤。

图11-6 按摩棒

（五）按摩球

按摩球（见图11-7）目前有很多种，如各种规格的棒球、网球、弹力球、花生球等。按摩球放松的目的是消除肌肉中的打结现象并恢复肌肉原有的功能（长度、弹性、收缩力）。与泡沫轴、按摩棒放松不同的是，按摩球放松主要通过放松与目标肌群相邻的肌肉或筋膜达到放松的效果，能够对特定肌群或部位进行松解。

使用按摩球进行放松时，开始时可能有强烈的疼痛感，在找到痛点的位置后，在该位置逐渐增加对其压力，不要突然加压，以免产生刺痛或损伤肌肉组织。另外，动作幅度不要过大，找到酸痛点后再逐步放松。

图11-7 按摩球

（六）瑞士球

瑞士球（见图11-8）主要用于通过提供不稳定的支撑点或支撑面来促进运动训练，对发展核心力量、提高人体平衡能力、改善人体柔韧性有着积极的作用。

在使用瑞士球进行训练时，要注意安全，控制好身体平衡，避免对关节造成强大的冲击，出现运动损伤。瑞士球内的气体不要太足，要根据练习者的需要和习惯进行调整。

图11-8　瑞士球

（七）BOSU球

BOSU球（见图11-9）的训练原理和瑞士球一样，都是通过提供不稳定的支撑点和支撑面帮助练习者训练；该训练同样对发展核心力量、提高人体平衡能力、改善人体柔韧性有着积极的作用。

由于BOSU球一面为平面，另一面为弧面，因此在训练时一定做到注意力集中，如果平衡性不好或动作不标准，很容易受伤。

图11-9　BOSU球

（八）滑垫

滑垫（见图11-10）用于利用练习者克服滑行的动力进行训练，可以有效调动所有肌群适应这样的核心和稳定性训练，刺激腰腹部及臀部的肌肉，从而增加训练效果；该训练还可以用于拉伸、巩固肩部、胸部和背部的肌肉。

在使用滑垫进行训练时，应注意严格控制身体平衡，防止身体不稳定造成肌肉拉伤等损伤。另外，练习动作要准确、到位，避免出现错误动作导致运动代偿现象。

图11-10　滑垫

（九）绳梯

绳梯（见图11-11）是脚步练习的主要工具，可以有效提高快速脚步移动能力，提高身体的灵活性、平衡性和协调性。绳梯训练还能够增强足底肌肉、踝关节和膝关节的小肌肉群的功能，降低下肢受伤的风险，提高身体的节奏性。

在进行绳梯练习时应注意了解步伐的具体步骤，等动作熟练后再进行加速练习；另外，要避免踩到绳梯而受伤。

图11-11　绳梯

（十）弹力带

弹力带（见图11-12）属于小型体能训练工具，可以锻炼身体的多个部位，有效促进肌肉的增长。相比于其他训练工具，弹力带的练习方向更加多样，可以在多个平面内自由移动，适合多种专项练习。此外，我们还可以根据弹力带长度的变化改变训练阻力的大小，使训练更加方便、高效。

在弹力带的选取上，要根据自身能力选择适合自己的，这样才能使训练效果更好。在使用弹力带时，要采用正确的动作姿势，及时纠正错误动作，避免出现运动代偿，造成运动损伤。

图 11-12 弹力带

（十一）悬吊带（TRX）

悬吊带（TRX）（见图 11-13）是一种运动感觉综合训练工具，使练习者在不稳定的状态下进行训练，可以提高人体躯干、髋部深层肌肉的力量，提高身体在运动中的平衡、控制能力和稳定状态。

使用悬吊带（TRX）进行训练时，要注意在自己能够承受的范围内进行练习，不可急于挑战高难度，还要注意动作姿势，避免造成肌肉和韧带损伤。另外，在练习中要控制好身体平衡，避免受伤。

图 11-13 悬吊带（TRX）

（十二）壶铃

壶铃（见图11-14）练习可以迅速增强身体的肌力、耐力、平衡能力及灵活性。在用壶铃进行训练时，可以通过各种推举、甩摆、蹲跳等练习有效增强上肢、躯干、下肢等肌肉的力量。

进行壶铃训练时，动作要标准，避免出现运动代偿现象，从而造成运动损伤。由于壶铃的重心在下方，因此在训练时要控制好身体平衡。

图11-14　壶铃

（十三）哑铃

哑铃（见图11-15）也是重量训练工具中的一种，可以分为单侧和双侧训练。哑铃训练可以提高肌肉的控制能力，通过调节左右两侧的重量解决不平衡的问题。另外，可以根据专项特点，有针对性地进行单侧力量训练。

使用哑铃进行训练时，动作要标准，以免造成关节和肌肉的损伤。左右两侧的重量要合适，避免两侧重量失衡造成损伤。

图11-15　哑铃

（十四）杠铃

杠铃（见图11-16）也是重量训练工具中的一种，可以通过杠铃训练增强肌肉的力量，也可以利用杠铃进行核心训练，促进整体的协调性。另外，通过杠铃进行下肢力量训练，可有效增强下肢的爆发力和弹跳力。

进行杠铃训练时，要掌握动作要领，科学、有效地进行训练，避免出现运动代偿现象，从而造成运动损伤；并且要量力而行，根据自身能力选择适合自己的重量，避免拉伤肌肉。

图11-16　杠铃

（十五）跳箱

跳箱（见图11-17）是增强式训练的工具之一，主要用来提高下肢的爆发力。跳箱训练可以增强练习者下肢的弹跳能力和爆发力，对踝关节、膝关节进行功能性训练，提高关节的稳定性，有效防止出现损伤。

进行跳箱训练时一定注意落地姿势的控制，避免出现运动代偿或关节移位现象，造成运动损伤；另外，还要注意踝关节、膝关节和髋关节的位置，避免出现外翻、内扣等错误动作。

图11-17　跳箱

（十六）小栏架

小栏架（见图11-18）也是增强式训练的工具之一，可以有效提高弹跳力、下肢的爆发力，以及身体的协调性、稳定性和控制能力，可以根据练习目的不同有针对性地进行组合练习。

在进行小栏架训练时，要注意跳跃后落地缓冲的姿势，避免出现关节外翻、内扣等错误现象，从而造成运动损伤。

图11-18　小栏架

# 第三节　综合运动表现训练方案

## 一、"一般"和"专项"的论战

必须制定专项运动训练方案是当今体能训练界最大的错误观念之一。如前文所讲，每项运动都需要独立的训练方案，这种观念从根本上就是错误的。大多数团队运动项目，甚至许多个人运动项目，都有着相似的一般性需求，都需要速度和爆发力，并且以力量为基础。不同项目的速度、力量和爆发力的培养方式不能也不应该有很大的差异。

全美国最好的体能教练大多以非常相似的方案训练不同项目的运动员。教练极少遇到太强壮、速度太快的运动员。可以这样想：速度快的棒球运动员与速度快的美式橄榄球或足球运动员在任何方面有什么不同吗？作为教练，对于棒球、美式橄榄球或足球，会用不同的方法去培养速度吗？教练们可能争辩说，不同项目的测试方法不一样啊。但这并不是个问题，在训练上可能没有什么不同。最重要的大概是运动员10米内的加速能力及迅速减速的能力，而非其他完成特定运动专项测试的能力。这同样适用于力量训练。如果棒球运动员想变得更强壮，其力量训练过程会与美式橄榄球运动员有任何不同吗？对棒球、网球、游泳等项目的运动来说，制定训练方案时可能考虑到平时的训练对肩部产生的压力较大，从而要在体能训练中减少过头举的训练量，但大部分其他训练元素将保持不变，力量就是力量。

对任何一种项目来讲，练习者增加力量的方式对于另外一种项目也同样合理。同理，任何一个项目的速度训练方案对另一项运动也同样合适。重要的是相似性，而不是差异。与运动专项相关性更大的是用于专门培养力量的时间总量，而不是使用的方法。我们可以采用2天的赛季期方案、3天的训练方案，也可以采用1周4天的暑期训练计划。

## 二、综合训练方案

所有的方案都从准备期开始，并遵循一套"配方"。我们沿用本章开头的"主厨"和"一般厨师"的比喻，一个训练计划就是一个"配方"，而不是一个"菜单"。只要增加或减少了项目，就肯定影响最终的结果。所以，下面的"配方"与本书的章节顺序非常相似，这并非巧合，而是有意为之。

步骤一：评估和训练目标设定。

步骤二：相邻关节假说视域下的训练体系内容主要包括松解技术、拉伸技术、激活技术和整合技术。

步骤三：综合训练方案主要包括动作准备、爆发力训练、快速伸缩复合训练、速度训练、力量训练、能量代谢训练几个方面。

步骤四：再生恢复。

关于步骤一评估和训练目标设定，本书第二章进行了详尽的介绍。经过评估后，练习者在动作模式中存在的问题可以通过步骤二的内容进行有针对性的训练，即本书第三章至第九章的内容。该部分内容以相邻关节假说为指导，针对人体的每一个关节，分别按照"松解技术 — 拉伸技术 — 激活技术 — 整合技术"的思路来解决各关节存在的运动功能障碍。待练习者解决了关节灵活性和稳定性问题后，就可以根据步骤三中所列内容进行标准化体能训练，因力量是所有运动素质的基础，在体能训练中占据着重要的地位，所以本书接下来将对步骤三中的爆发力和力量训练部分内容进行简单的介绍，其他部分内容请参阅体能训练相关书籍。没有疲劳感的训练是无效的，没有恢复的训练是危险的，经过步骤二和步骤三的训练后，本书第十章带领读者进行再生恢复方面的训练，从而让读者体验一个完成了的体能训练流程所包含的内容。

（一）爆发力和力量训练计划的制定

理想的情况是，所有的力量训练方案都以爆发性练习或奥林匹克举为开端来发展练习者的爆发力，这部分内容应在训练课之前进行。换言之，爆发性练习要先做。爆发力训练的组间休息时间可用于进行发展核心力量和提高关节灵活性的练习，以尽可能充分地利用时间。

在惜时如金的当前社会，要在一定的时间内产生更大的训练效益，那么在设计力量训练方案时就需要认真考虑训练密度（每小时可以做多少练习），这里建议练习者在间歇时间进行一些核心训练和提高关节灵活性的练习。

爆发力训练后，一般会安排重点组合力量训练，也就是本次训练课的重点内容。同样，可以在重点组合力量训练的组间休息时间加入核心力量训练或灵活性练习，以便充分利用休息时间。

需要再次强调的是，各运动专项的主要差别并未体现在力量训练中，而是体现在各运动专项能量代谢系统发展方面。但有过头举动作的运动项目是例外，如羽毛球、游泳、网球和排球都是有过头举动作的运动项目，在力量训练方案制定中需要做微小的调整。

一份科学、合理的力量训练计划需要包括很多内容，所有这些内容都在前面的章节中进行了论述。要根据可使用的训练时间来安排训练内容，当训练天数从每周4天减到3天，再减到2天时，设定优先次序就会变得更加困难。在每周2天的训练方案中，可以采用如下安排：一个爆发力练习、一个上肢推、一个由膝关节主导的练习、一个上肢拉，以及一个由髋关节主导的练习。在每周4天的训练方案中，某些组成部分可能每周执行2次；而在每周2天的训练方案中，每个组成部分只能进行1次。合理设计力量训练方案的关键在于对下述动作类别进行组合，不过分重视但也不应忽略任何特定组成部分。

1.发展爆发力 —— 最常见的是奥林匹克举，但可以用快速伸缩复合练习、壶铃甩摆或蹲跳来代替。

2.双侧髋关节主导的练习 —— 通常是菱形架硬拉，也可以进行壶铃相扑式硬拉和高脚杯深蹲。

3.单腿膝关节主导的练习 —— 单腿蹲起、分腿蹲及其变形练习。

4.单侧髋关节主导的练习 —— 直腿硬拉及其变形练习。

5.核心练习 —— 对抗屈、对抗伸和对抗旋转练习。

6.上肢水平推 —— 卧推、上斜卧推。

7.上肢垂直推 —— 哑铃或壶铃过头推举。

8.上肢水平拉 —— 划船及其变形练习。

9.上肢垂直拉 —— 引体向上及其变形练习。

（二）力量训练计划的阶段划分

这里以12周训练时间为例分析力量训练计划的阶段划分。12周的训练时间可以划分为4个阶段，每个阶段持续3周。

第一阶段是基础阶段。练习者在此期间要积累很多训练量。这一阶段也可以称为"解剖学适应阶段"。第1周训练先从2组8 — 10次练习开始，让练习者逐步适应相对低的训练量，然后在第2周和第3周进阶到3组。奥林匹克举每组练习5次。

第二阶段是强化阶段。换句话说，强度增加而训练量减少，即重量增加，重复次数减少。练习者可以练习卧推、引体向上和奥林匹克举，每组3次，加上下肢力量练习，每组5次，比如后脚抬高分腿蹲和单腿直腿硬拉。在此阶段，练习量从24次（3组8次）减少到9次（3组3次）或15次（3组5次），强度从70%左右变为略高于80%。

第三阶段是第二个基础阶段，但方法有所变化。该阶段会采用复合训练（力量练习与爆发力练习配对），强调离心（用较少的重复次数累积训练时间和训练量）。第三阶段的总训练量再度增加，恢复至24次的总量。

第四阶段是力量 — 耐力阶段。该阶段的重点是重复次数略高，以帮助练习者为即将到来的比赛做好准备（假如练习者需要参加一场单位组织的比赛又想获得好名次）。但是，对于那些对绝对力量要求较高的项目，比如美式橄榄球，这一阶段也可以是另一个重复次数较少的力量强化阶段。

（三）力量训练方案示例

这里展示了每周安排3天力量训练的计划方案。每周3天训练方案的设计比每周4天训练方案稍难一些，因为可用的训练时间少了25%。但即便如此，每节训练课依然要安排一些爆发力训练，然后安排本次课主要的力量训练内容，设计思路见表11-1：

1.表11-2划分了每周3天训练的主体内容，以保证上、下肢力量训练的均衡性，同时鉴于现代化生活方式导致人体后表链力量普遍较弱的趋势，强化身体后表链的训练。

2.根据动作分类，结合训练环境的实际情况，每3周为一个周期，确定每次课的具体训练内容并将其记录在表中，根据表格提示注明次数、重量和总负荷量。表中提供的动作仅作为解释操作流程之用，因人与人存在差异，设计力量训练方案时应充分考虑个体特征。

3.动态调整训练负荷变量，每3周对训练负荷数据进行一次统计，为下一周期的训练提供参考。

表 11-1　3 周力量训练计划方案

第一天

| 第一周 2020-07-06 | | | 第二周 2020-07-13 | | | 第三周 2020-07-20 | | |
|---|---|---|---|---|---|---|---|---|
| 次数 | 重量 | 总负荷 | 次数 | 重量 | 总负荷 | 次数 | 重量 | 总负荷 |

- 下蹲
- 平板支撑
- 俯卧撑
- 坐姿划船
- 自重深蹲
- 仰卧哑铃上斜下斜硬拉

第二天

| 第一周 2020-07-08 | | | 第二周 2020-07-15 | | | 第三周 2020-07-22 | | |
|---|---|---|---|---|---|---|---|---|
| 次数 | 重量 | 总负荷 | 次数 | 重量 | 总负荷 | 次数 | 重量 | 总负荷 |

- 上提
- 仰卧臂屈
- 坐姿转体上举
- 引体向上
- 单腿深蹲
- 单腿罗马尼亚硬拉

第三天

| 第一周 2020-07-10 | | | 第二周 2020-07-17 | | | 第三周 2020-07-24 | | |
|---|---|---|---|---|---|---|---|---|
| 次数 | 重量 | 总负荷 | 次数 | 重量 | 总负荷 | 次数 | 重量 | 总负荷 |

- 农夫走
- 仰卧哑铃上斜平板
- 悬吊划船
- 前后分腿蹲（RPE）
- 坐姿下拉
- 直腿硬拉

表 11-2　每周 3 天力量训练动作分类

| 第一天 | 第二天 | 第三天 |
|---|---|---|
| 爆发力训练 | 爆发力训练 | 爆发力训练 |
| 对抗旋转训练 | 对抗旋转训练 | 对抗旋转训练 |
| 对抗伸训练 | 对抗屈训练 | 对抗屈训练 |
| 重点组合力量训练 | 重点组合力量训练 | 重点组合力量训练 |
| 上肢水平推 | 上肢垂直推 | 上肢水平拉 |
| 上肢水平拉 | 上肢垂直拉 | 下肢推·分腿 |
| 下肢推·双腿 | 下肢推·单腿 | 上肢垂直拉 |
| 下肢拉·以膝为主 | 下肢拉·以髋为主 | 下肢拉·以髋为主 |